PARLONS VIN PARLONS BIEN !

Direction éditoriale : Bérengère Baucher
Édition : Charlotte Lebot
Correction : Nathalie Rachline
Fabrication : Nicolas Zeifman
Conception graphique de l'intérieur et de la couverture : marguerite.coop

92, avenue de France, 75013 Paris

ISBN 978-2-32101-739-4

ALICIA DOREY MARCELLE RATAFIA LOUISE PIERGA

PARLONS VIN PARLONS BIEN !

LE VIN COMME VOUS NE L'AVEZ JAMAIS BU

Le Robert

À DÉGUSTER DANS CE LIVRE

UNE PETITE GORGÉE POUR COMMENCER

De tous les aliments terrestres, le vin est sans doute celui dont nous avons toujours eu tant besoin de parler. Ainsi, pas une civilisation un tant soit peu portée sur la bouteille n'a eu de cesse de marmotter à propos de ce divin liquide, capable de délier les langues les plus timorées. De la littérature aux arts de la table en passant par la musique, la peinture, la culture pop ou la politique, le vin reste le réceptacle de toute une flopée de paroles, de la plus experte à la plus profane.

Pourtant, parler du vin est encore l'une des choses les plus difficiles qui soit. Ce jus précieux qui a rendu la France si fière de ses coteaux, nous le connaissons tous... si mal. Il y a, bien sûr, le vin de tous les jours, auquel on prête une molle attention, et tout là-haut, les prestigieuses bouteilles qui dorment dans le secret de caves opulentes. Accaparé par les connaisseurs, le vin s'entoure souvent d'un discours spécialiste qui s'avère, pour le béotien, intimidant, ampoulé, voire pompeux. Il y a cependant mille façons d'évoquer le vin sans siroter du Petrus au petit-déj' ! Copieusement imbibés, les expressions, les mots et l'argot rappellent constamment que le vin fut, pendant des siècles, plus cher aux cœurs que l'eau. Responsable d'innombrables cuites, muse des poètes et terreur des foyers, choyé par l'Église et fustigé par les hygiénistes, objet de guéguerres entre provinces, instigateur de progrès et monnaie d'échange ô combien crapuleuse, le vin fait partie d'une histoire furieuse, drôle et chavirante.

Ce livre n'est donc ni un guide, ni un atlas, ni un manuel, encore moins une encyclopédie. Il vient se glisser dans le trou béant laissé par une armée d'ouvrages aussi digestes qu'une purée de topinambours. Nous y avons rassemblé pêle-mêle tout ce qui nous a paru futé, étonnant et surtout drôle à raconter sur ce sacré breuvage. Il ne se réclame d'aucune école, si ce n'est l'amour du beau verbe et du bon verre, et peut être lu et apprécié de ceux qui boivent comme de ceux qui s'enivrent à l'eau de Seltz. Avec un peu de chance, il pimentera quelques soirées jusque-là soporifiques, donnera envie d'ouvrir un grand cru ou de prendre un malin plaisir à parler d'un vin que l'on n'a jamais bu. Proverbes potaches, cépages rois, régions souveraines, vocabulaire de bistrot, histoires de comptoir, picrates et crus, autant d'entrées réjouissantes dans cet univers pour le moins inépuisable que sont aujourd'hui le vin et son langage.

LE
B.-A. BOIRE

« Je parle à mon vin quand ma tête est malade », disait Pierre Desproges. Et pour cause ! Parler à son vin, c'est encore la plus commode des parades lorsqu'on n'y comprend rien. Ou que l'on croit ne rien comprendre. Que l'on s'érige en œnologue, sommelier, caviste, amateur avisé ou néophyte aviné, il semblerait que le langage échoue toujours à décrire autre chose que des éléments très concrets : terroir, sol, viticulture, élevage, robes, arômes, notes, tout un vocable barbare qui donne à juste titre aux « experts » le sentiment de connaître leur affaire. Mais lorsqu'on y regarde de plus près, si l'on devait s'en tenir au goût, on devrait s'ébattre avec seulement quelques mots d'un mortel ennui : du *sucré* à l'*amer* en passant par le *salé*, l'*acide* et l'*umami*. Une paille, lorsque l'on sait à quel point la langue et l'histoire viticole françaises foisonnent d'expressions et de récits éminemment croustillants, de traditions et de pratiques tout aussi belles, dont nous vous dévoilons ici la substantifique moelle : vignobles célèbres et plus confidentiels, cépages phares, insolites et oubliés, traditions viticoles encore bien ancrées, conseils avisés pour bien déguster... Autant d'informations qui vous donneront enfin l'impression d'en connaître un rayon !

À DÉGUSTER DANS CETTE PARTIE

LES RÉGIONS VITICOLES DU GRAND NORD: LES STARS

DE L'ALSACE À LA VALLÉE DE LA LOIRE EN PASSANT PAR LA BOURGOGNE ET LA CHAMPAGNE, LES VIGNOBLES SEPTENTRIONAUX FIGURENT PARMI LES PLUS COTÉS DE L'HEXAGONE.

LA VALLÉE DE LA LOIRE

Si l'histoire du vin remonte ici à nos aïeux gallo-romains, cette région viticole autrefois baptisée *Jardin de la France* est encore aujourd'hui l'un des fleurons du vignoble français. Il serait pourtant bien difficile de la décrire d'un seul tenant, avec des terroirs qui démarrent en Auvergne avant de s'alanguir jusqu'au Pays nantais, en passant par le Centre-Val de Loire, la Touraine, le Saumurois et l'Anjou. Leurs points communs ? Une fraîcheur étonnante, un fruit croquant, et une délicatesse des plus émouvantes...

Les cépages principaux : chenin blanc, sauvignon, melon de Bourgogne, pinot noir, cabernet franc, gamay.

Les appellations phares : *saumur-champigny, anjou, muscadet, cheverny, bourgueil, sancerre.*

LA CHAMPAGNE

Seule et unique région à ne revendiquer jalousement qu'une appellation principale, la Champagne est l'un des vignobles les plus septentrionaux de France, frissonnant sur les départements de la Marne, de la Haute-Marne, de la Seine-et-Marne, de l'Aube et de l'Aisne, avec un classement qui s'étend sur plus de 300 communes, au-dessus desquelles trônent 17 grands crus. Avec un climat aussi humide et froid qu'un matin dunkerquois, des sols calcaires et des pluies diluviennes, ses célèbres effervescents et autres vins tranquilles (les *coteaux-champenois*) se distinguent par une certaine élégance, chaque maison inscrivant dans ses cuvées son propre seing, à la manière des grands parfums (voir « Champagne ! », p. 28).

Les cépages principaux : chardonnay, pinot noir, pinot meunier.

Les appellations phares : *champagne, coteaux-champenois, rosé des riceys.*

LA BOURGOGNE

Savant mélange de noblesse et de complexité, le vignoble bourguignon s'étend d'Auxerre à Mâcon, et n'en finit pas de déchaîner les passions. Divisée en cinq sous-régions de variable réputation – Côte de Nuits, Côte de Beaune et Chablisien ayant réussi haut la main –, la Bourgogne reste le seul endroit au monde où l'adéquation sol-cépage règne sans partage. Elle est dentelée de ses fameux climats (plus de 1 000, délimités par les moines il y a plusieurs siècles), qui se composent chacun d'une parcelle, d'un sol, d'un cépage, d'une exposition particulière... Ainsi, n'en déplaise aux Américains, on ne se délecte pas d'un *chardonnay* mais d'un *meursault* ou d'un *gevrey-chambertin*, et l'on boit un *vosne-romanée* ou un *volnay* plutôt qu'un *pinot noir.*

Les cépages principaux : pinot noir, chardonnay, gamay, aligoté.

Les appellations phares : *chablis, meursault, vosne-romanée, volnay, pouilly-fuissé.*

L'ALSACE

Malmené par les rixes franco-allemandes et entaché par l'indigne réputation faite à certains de ses blancs qui vous feraient saigner les gencives, le vignoble alsacien se déploie sur une fine bande de coteaux reliant Strasbourg à Mulhouse en passant par Colmar. Avec plus de 600 AOC-AOP, 7 cépages et 2 assemblages, ce véritable bas-relief viticole jouit encore aujourd'hui de sacrés jolis crus, majoritairement classés en *vins d'Alsace, grands crus* et *crémants*. Sans oublier ses sirupeux moelleux et liquoreux, élaborés à partir de grains dotés d'une sucrosité à se faire exploser le compteur d'insuline.

Les cépages principaux : muscat, sylvaner, pinot blanc, pinot gris, pinot noir, riesling et gewurztraminer.

Les appellations phares : *alsace grand cru, alsace riesling, crémant d'Alsace.*

LES RÉGIONS VITICOLES DU GRAND NORD: LES PÉPITES D'INITIÉS

DANS LA MOITIÉ NORD DE L'HEXAGONE, ON TROUVE AUSSI, EN QUEUE DE COMÈTE, QUELQUES TERROIRS PLUS MÉCONNUS QUI MÉRITENT TOUTEFOIS D'ÊTRE BUS !

LE JURA

Certains ne jurent plus que par le Jura et s'offusqueront sans doute de le voir sur cette page... Mais si l'on y trouve parmi les plus grands vins de France, bon nombre de buveurs ignorent encore qu'au-delà des rutilants vins jaunes et autres vins de paille, la région produit de délicieux rouges à la fois fluides et pleins de caractère, ainsi que des blancs voluptueux à tomber par terre.

Les cépages principaux : chardonnay, savagnin, trousseau, poulsard, pinot noir.

Les appellations phares : *arbois, château-chalon, macvin du Jura, crémant du Jura.*

LE POITOU-CHARENTES

Il y aurait quelques hésitations à le placer en contrées viticoles nordiques, tant cette région coincée entre vallée de Loire et Aquitaine ne semble aujourd'hui connue que pour sa production de cognac, d'armagnac et autre pineau des Charentes. Il y subsiste pourtant quelques rouges, rosés et blancs à déboucher un soir au bord de l'océan...

Les cépages principaux : ugni blanc, chardonnay, sauvignon, merlot, cabernet-sauvignon, cabernet franc.

Les appellations phares : *cognac, pineau des Charentes, haut-poitou.*

LA LORRAINE

Célèbre pour la noirceur de son passé minier autant que pour la richesse de sa quiche, la Lorraine abrite un minuscule vignoble dont les contours comprennent la Meuse, la Moselle et la Meurthe-et-Moselle, et à qui l'on doit la production de rouges frais et croquants, et de jolies acidités du côté des blancs.

Les cépages principaux : auxerrois, müller-thurgau, pinot blanc, pinot gris, riesling, gamay, pinot noir.

Les appellations phares : *côtes-de-toul*, *moselle*.

LA SAVOIE

Un vignoble confidentiel dont les blancs, à la fois fruités, vifs et savoureusement lactiques, trop longtemps ignorés des amateurs et sommeliers, ravissent pourtant chaque hiver les amoureux de fondue et tartiflette... Sans parler des rouges qui, derrière leurs abords costauds et colorés, se révèlent aussi souples et légers qu'un gymnaste bien échauffé !

Les cépages principaux : chasselas, jacquère, altesse, mondeuse, persan.

Les appellations phares : *apremont*, *chignin-bergeron*, *roussette de Savoie*.

LES RÉGIONS VITICOLES DU SUD (LE VRAI) : LES STARS

SOUVENT ASSOCIÉS AUX ROSÉS TRANSPARENTS, BLANCS QUI COGNENT ET ROUGES QUI TACHENT, LES VIGNOBLES SUDISTES FORMENT POURTANT UN ENSEMBLE ON NE PEUT PLUS BIGARRÉ. D'UN CÔTÉ DE L'ARC-EN-CIEL : DES RÉGIONS ANCRÉES DANS LA PLUS PURE TRADITION.

BORDEAUX

Encensé dans le monde entier pour ses grands châteaux, cabernets francs et gros merlots, le vignoble bordelais enjambe la Garonne sur ses deux rives, avec cinq sous-régions inégalement cotées que sont le Médoc, les Graves, l'Entre-deux-Mers, la Rive Droite et le Sauternais. On y trouve en majorité des jus si boisés qu'on croirait en manger le fût, entre des rouges aux robes pourpres, dont les tanins colorent non sans humour chicots et commissures, mais aussi de puissants liquoreux et blancs au tarif d'un rognon à prix coûtant. Sans oublier de discrets rosés, risquant de causer quelques céphalées.

Les cépages principaux : cabernet franc, cabernet-sauvignon, merlot, sauvignon, sémillon, muscadelle.

Les appellations phares : *saint-émilion, pomerol, margaux, saint-julien, pauillac, pessac-léognan.*

LA VALLÉE DU RHÔNE

C'est dans cette région viticole déjà aimée des Romains que l'on vinifiait autrefois les *vins des papes*, à une époque où l'on ne pouvait avoir le front béni sans avoir le coude léger. Aujourd'hui, ce vignoble aux paysages pentus et escarpés se partage en deux vallées distinctes, de Vienne à Valence au nord, de Montélimar à Avignon au sud. Du côté des rouges, un suave mélange de chaleur torride et d'élégance papale ; du côté des blancs, l'assemblage romantique d'un doux fruité et d'une grande aromatique ; enfin du côté des rosés, les jus de Tavel à la provocante robe foncée.

Les cépages principaux : syrah, grenache noir, mourvèdre, viognier, marsanne, roussane.

Les appellations phares : *châteauneuf-du-pape, saint-joseph, crozes-hermitage, condrieu, tavel, costières-de-nîmes.*

LE LANGUEDOC-ROUSSILLON

Alangui sur non moins de quatre départements allant de Nîmes à la frontière espagnole, du Gard aux Pyrénées-Orientales en passant par l'Aude et l'Hérault, le Languedoc-Roussillon reste le vignoble le plus étendu de France, produisant blancs, rosés, rouges et vins doux à la sensualité solaire d'une danseuse andalouse. On y boit également le plus vieux pétillant brut du monde, connu sous le bovin sobriquet de *blanquette (de Limoux)*. Longtemps plombés par une réputation de tape-cornet, les vins de la région reprennent aujourd'hui du galon, portés par la grâce d'une nouvelle garde de jeunes vignerons.

Les cépages principaux : cabernet franc, cabernet-sauvignon, carignan, grenache noir, merlot, mauzac, clairette, bourboulenc, grenache blanc, macabeu, muscat à petits grains.

Les appellations phares : *minervois, faugères, corbières, côtes-du-roussillon, maury, muscat de Rivesaltes, banyuls.*

LA PROVENCE

Paradis des rosés, le vignoble provençal jouit d'un terroir particulièrement insolé, mélange bucolique de montagnes, vallées et collines caressées par de fraîches brises marines. Bordé par la Durance au nord et les flots de la Méditerranée au sud, il s'étend d'est en ouest de Nice à Arles, et produit en grande majorité de rutilants rosés, souvent trop clairs, parfois délicieusement foncés, mais aussi des rouges au coffre digne de cantatrices d'opéra, et des blancs solaires à boire à l'ombre…

Les cépages principaux : grenache noir, mourvèdre, carignan, syrah, cinsault, rolle, ugni blanc, clairette, grenache blanc.

Les appellations phares : *bandol, bellet, cassis, coteaux d'Aix-en-Provence, coteaux varois-en-Provence, côtes-de-provence, baux-de-provence, palette.*

LES RÉGIONS VITICOLES DU SUD (LE VRAI): LES PÉPITES D'INITIÉS

AUX CÔTÉS DES STARS DE CETTE CONSTELLATION COLORÉE ET GORGÉE DE SOLEIL, ON TROUVE AUSSI QUELQUES JOYAUX INCONNUS AU BATAILLON.

LE SUD-OUEST

Trapus comme des rugbymen sous corticoïdes, les vins de cette région allongée du Pays basque à l'Aveyron – avec une partie nichée jusqu'au cœur des Pyrénées – figurent sans doute parmi les plus taniques de l'Hexagone. Né sous l'impulsion des Gaulois et poursuivi par celle des monastères et abbayes où l'on s'arsouillait sur le chemin de Saint-Jacques-de-Compostelle, le Sud-Ouest est longtemps resté tapi dans l'ombre du Bordelais. Composé d'une multitude de petits vignobles autonomes, on y boit le costaud rouge de Cahors, les jus puissants du Jurançon, ou encore les nectars radieux d'Irouléguy.

Les cépages principaux : malbec, tannat, petit manseng, gros manseng, mauzac, négrette, fer servadou.

Les appellations phares : *gaillac, fronton, cahors, madiran, jurançon, irouléguy, bergerac, duras, marmande, marcillac.*

LE BEAUJOLAIS

Creuset des plus grands penseurs du vin naturel, il nous aura fallu tergiverser longtemps avant de le placer dans le camp des confidentiels. Hélas, l'aura de cette région qui se déroule sur la bordure orientale du Massif central – entre la Saône et les monts du Beaujolais – a été durablement ternie par les assauts de la chimie. Mais au-delà de ses primeurs de novembre, acides à vous brûler les amygdales et vendus pour de basses raisons commerciales, on y trouve de juteux rouges de garde, ancrés sur une myriade de sols et de pierres dorées, au milieu de paysages de coteaux et de collines aux croupes délicatement arrondies.

Le cépage principal : gamay.

Les appellations phares : *morgon, chiroubles, fleurie, brouilly, saint-amour, régnié, beaujolais-villages.*

LA CORSE

C'est au nord de cet éden viticole insulaire que l'on trouve le fameux village de Patrimonio, connu pour son luxuriant vignoble aux somptueux terroirs de schistes, d'argile et de calcaire. Magistralement posée dans un amphithéâtre, l'appellation s'étend à flanc de coteaux sur des parcelles escarpées battues à l'année par les embruns. Avec une plaine orientale moins connue et de belles étendues de vignes sur les pourtours d'Ajaccio jusqu'à Porto-Vecchio, la Corse produit des blancs insolemment salins, des rouges aussi charnus que la cuisse d'un bambin, des rosés d'une tendresse à faire fondre un saint de glace, sur des cépages principaux qui vous donnent l'impression d'apprendre l'espéranto.

Les cépages principaux : sciarello, nielluciu, barbarossa, muscat, vermentino.

Les appellations phares : *patrimonio, ajaccio, vin de Corse, muscat du Cap-Corse.*

LES TERROIRS INSOLITES

DERRIÈRE L'IMAGE D'ÉPINAL D'UN VIGNOBLE QUADRILLÉ DE SAGES RANGS DE VIGNES SE TERRENT QUELQUES TERROIRS AUX CONTOURS ÉTONNANTS. SOUS-MARINS, AU SOMMET D'UN MONT OU À FLANC DE VOLCAN, PETIT PASSAGE EN REVUE DES CURIOSITÉS VITICOLES DONT PEU D'ENTRE NOUS SOUPÇONNENT L'EXISTENCE…

À FLANC DE VOLCAN

Il faut imaginer, à perte de vue, des étendues de vignes lovées dans la lave. Dans sa célèbre *Odyssée*, Homère vantait déjà les mérites du vin sicilien de l'Etna, grâce auquel Ulysse enivra le cyclope – avant de prendre la tangente en direction de contrées plus sympathiques. C'est à se demander ce qui a pu pousser d'insensés vignerons à fureter dans des zones aussi hospitalières qu'un hangar ferroviaire : pentes vertigineuses, lave émiettée, risque d'éruption… Une hostilité compensée par un terroir incroyablement riche et une altitude qui permet de jouer sur une diversité de climats à faire trembler les grands crus bourguignons.

En France, il faut s'aventurer au cœur du Massif central pour admirer les seuls volcans qui n'auraient pas à rougir face au Vésuve. Rouges puissants, blancs terriens, rosés touchés par la grâce… À l'aveugle, il faut avoir le palais bien affûté pour reconnaître un vin volcanique, tant les terroirs diffèrent les uns des autres. Pourtant, au nez comme en bouche, on retrouve presque systématiquement ces arômes délicatement fumés de silex chauffé, et cette sensation délicieuse de suçoter un caillou – l'explosion de fruits en plus, la dureté en moins.

Un exemple d'appellation :
AOC côtes-d'auvergne (pinot noir, gamay, chardonnay).

VIGNE DE CRÊTE

Officiellement considéré comme héroïque par les plus hautes autorités de la picole d'altitude, le vignoble de montagne se déploie sur différentes régions, de la Savoie aux Pyrénées en passant par le Jura, la Drôme et le Pays basque. Plus que l'altitude, c'est bien le type de paysages qui influence culture des vignes et élaboration des vins : massifs rocheux, parcelles morcelées, pentes vertigineuses, coteaux escarpés, fâcheuses gelées… Mais ce serait omettre de sacrés avantages : une altitude si redoutable pour maladies et prédateurs que les plus fragiles cépages s'y sentent confortables, un ensoleillement digne d'un dimanche aoûtien, des neiges dont la fonte abreuve sols et sillons, et une variété de climats donnant naissance à des blancs frais comme une bise alpine et à de voluptueux rouges à la texture de taffetas pour duodénum.

Un exemple d'appellation : *AOC roussette-de-savoie* (jacquère).

BIBINES SOUS-MARINES

Tout comme le corps du vacancier ne turbine pas de la même façon au sommet des Alpes ou les pieds dans la Manche, vins et autres alcools réagissent étrangement une fois immergés dans l'eau salée : changement de pression, houle, température, obscurité, autant de facteurs qui donnent aux jus une densité et une capacité de vieillissement impossibles à dupliquer sur la terre ferme. Si certains vignerons poussent le bouchon jusqu'à enfouir cuves et amphores dans les bas-fonds au milieu des planctons, d'autres se contentent d'y faire vieillir leurs plus beaux flacons, avant de les ressortir constellés de crustacés et autres moules les ayant pris pour des rochers.

Pas d'appellation ici, mais on peut citer les vins vinifiés dans la baie de Saint-Jean-de-Luz.

Les cépages rois : les rouges

N'EN DÉPLAISE AUX AMATEURS DE VIGNOBLES BIGARRÉS, CINQ CÉPAGES ROUGEAUDS SE TIRENT MAJORITAIREMENT LA BOURRE DANS NOS CONTRÉES. DES RAISINS QU'ON AURAIT TORT D'IGNORER, AVANT D'ALLER CHERCHER DU CÔTÉ DE VARIÉTÉS PLUS CACHÉES…

Le merlot (Bordeaux)

L'expression du bon *gros rouge qui tache* semble avoir été inventée pour le merlot. Emblême du vignoble bordelais – et notamment du fameux Petrus –, le merlot, avec son teint bleu tirant vers le noir et sa peau aussi épaisse qu'un vieux loup de mer, produit des vins dotés d'une garde exceptionnelle. En bouche, on le reconnaît à ses notes de prune confite, de sous-bois et d'épices.

Le grenache noir (Provence)

Avec ses torrides origines hispaniques, ce bel hidalgo infuse principalement le Languedoc et la vallée du Rhône, surtout du côté de Châteauneuf-du-Pape. Cépage stakhanoviste par excellence, il produit à foison des raisins aussi charnus qu'un angelot, aux notes marquées de fruits noirs, de figue, de café frais ou de cacao.

Le carignan (Languedoc-Roussillon)

Solide comme un roc, on lui donne le sylvestre sobriquet de *bois dur*. Ramené en France par l'entremise de quelques pèlerins soiffards de Saint-Jacques-de-Compostelle, il a conservé de ses racines sudistes une forte résistance à la chaleur et aux terres sèches. Lorsqu'il atteint la trentaine, ses baies noir bleuté sont à leur apogée, dégageant des notes de poivre, de cerise, de mûre et de violette. Traversant les décennies avec une vaillance égale, il continue insolemment de produire après l'âge de 100 ans.

Le cabernet-sauvignon (Bordeaux)

Discret d'apparence et peu capricieux, avec ses petites baies rondelettes et sa capacité à s'épanouir sur la sévérité des sols de graves, le cabernet-sauvignon est l'un des roitelets du Bordelais. Souvent assemblé en méli-merlot, il produit des vins rouges bourrés de caractère, aux tanins savoureux après quelques années de garde dans l'aile, et aux douces notes de cassis, de framboise et d'autres opulents fruits noirs.

Le pinot noir (Bourgogne)

Chantre de l'élégance bourguignonne mais aussi de la Champagne et de l'Alsace, voilà un cépage qui évoque à lui seul toute la noblesse du vignoble français. Ses petites grappes et baies produisent des vins éclatants de rondeur et de fruit, dotés d'un extraordinaire potentiel de garde. Au nez comme en bouche, on le reconnaît à ses arômes délicatement poivrés de fruits noirs et de violette.

Les cépages rois : les blancs

SI LE PETIT BLANC SIED AUX COUPS DE 11 H EU ÉGARD À SA COULEUR, QUELS CÉPAGES SE CACHENT DERRIÈRE CETTE ÉVIDENCE PREMIÈRE ? VOICI LES CINQ PRINCIPAUX DE FRANCE À COULER DANS NOS VERRES !

L'ugni blanc (Cognac)

Contre toute attente, ce cépage souvent inconnu au bataillon des buveurs est le principal utilisé en France, composant notamment le cognac, mais il est aussi présent dans le Languedoc, en Provence et en Corse. Grandes grappes, petites baies, il affectionne les contrées sudistes tout en affichant des rendements dignes d'un champ de blé en pleine Beauce, mais se voit rarement utilisé seul en raison de son acidité tranchante et de ses arômes d'une timidité maladive.

Le sauvignon (Bordeaux)

Parfois fustigé pour rappeler au nez des relents d'urine féline, le sauvignon blanc règne en maître à Bordeaux et assure aussi la réputation de sancerres, pouillys et autres quincys dans la vallée de la Loire. Particulièrement capricieux, avec une production plutôt faible et le besoin d'être cajolé en continu, il peut être à l'origine de sombres picrates de comptoir comme de somptueux jus aux arômes de fruits blancs et de chèvrefeuille ou encore avec un petit côté fumé de silex chauffé.

Le chardonnay (Bourgogne)

Célèbre dans le monde entier, réclamé avec un fort accent par les Américains en goguette à Paris, le chardonnay jouit joyeusement du prestige de ses racines bourguignonnes et de son aura champenoise, où il est à l'origine de moult grands crus. Pas capricieux pour un cep, il s'adapte à de nombreux sols, ce qui en fait l'une des variétés les plus cultivées au monde. Ses petites grappes aux grains dorés donnent des blancs aux notes d'agrumes, de fleurs diaphanes, voire d'arômes délicatement briochés.

Le sémillon (Bordeaux)

Si les temps sont durs pour le sémillant sémillon, utilisé afin de composer des liquoreux baissant en cote, il ne reste pas moins l'un des cépages les plus répandus dans le vignoble français, principalement dans le Sud-Ouest et le Bordelais. Très productif, sa peau fine comme celle d'une nymphe lui permet de développer une pourriture noble apte à donner les plus grands sauternes. Bien élevé, on lui reconnaît un talent fou pour donner aux vins rondeur et richesse, ainsi que des arômes de noisette, de miel et de fleur d'acacia.

Le chenin (vallée de la Loire)

Cépage star de la vallée de la Loire, le chenin traduit la quintessence de la douceur angevine, où il aurait vu le jour aux alentours du XIe siècle sous l'humble houlette d'une poignée de moines méticuleux. C'est sur de sérieux sols de craie ayant par ailleurs servi à construire les fondations des plus beaux châteaux ligériens qu'il se sent à son aise, produisant des grappes joliment compactes, utilisées pour produire aussi bien des vins blancs secs ou liquoreux qu'effervescents. On lui prête de vifs arômes de fruits jaunes, d'agrumes, de fleurs blanches, et un potentiel de garde à se damner...

LES CÉPAGES INSOLITES

AU-DELÀ DES SEMPITERNELS MERLOTS ET CHARDONNAYS, LE VIGNOBLE FRANÇAIS ABRITE DE VÉRITABLES PÉPITES… SOUVENT INCONNUS ET TROP RAREMENT BUS, CES QUELQUES CÉPAGES SONT POURTANT LÉGION À POUSSER DANS NOS RÉGIONS !

Le pineau d'Aunis

Les amateurs de vins naturels seraient prêts à tuer pour s'en délecter. Principalement cultivé dans la vallée de la Loire, le pineau d'Aunis est à l'origine de jolis rouges légers, peu taniques et délicatement poivrés. Il est utilisé en solo dans les coteaux-du-vendômois et s'acoquine avec d'autres cépages ligériens dans les vins tourangeaux et angevins.

Le savagnin

On lui doit les plus grands blancs du Jura. Originaire du Tyrol autrichien et lointain cousin du gewurztraminer alsacien, ses petites grappes à la peau épaisse donnent des jus très aromatiques aux notes de noix et de miel, notamment utilisés pour les puissants vins jaunes et autre liquoreux vins de paille, sans oublier les divins arbois où il vient s'associer au charmant chardonnay.

Le tannat

Évoquant le cuir et, par extension, le métier de tanneur, son nom annonce d'ores et déjà la couleur. Si ses tanins sont aussi râpeux qu'un papier de verre, on l'utilise davantage en assemblage, afin de produire les rouges éminemment puissants de Madiran – appellation nichée au pied des Pyrénées – auxquels il faudra laisser du temps.

La folle-blanche

Natif de la Charente, ce cépage autrefois utilisé dans l'élaboration du cognac est aujourd'hui un banlieusard de Nantes. Avec son nom à effrayer les enfants, on le reconnaît à son côté vif, tendu, acidulé, à ses arômes d'agrumes et à sa minéralité qui en fait une merveille sur les crustacés. C'est le raisin majoritaire de la sympathique AOC *gros-plant-du-pays-nantais*.

LES CÉPAGES INTERDITS

GROS PLAN SUR QUELQUES VARIÉTÉS DE RAISINS (INJUSTEMENT) ACCUSÉES DE RENDRE ZINZIN.

ROUGES ET BLANCS, FOUTEZ LE CAMP !

Au banc des accusés, on dénombre encore aujourd'hui non moins de six cépages aux noms pourtant alléchants : *noah*, *isabelle*, *othello*, *clinton*, *herbemont*, *jacquez*. Interdits en France en 1934 sous prétexte de faire vriller le ciboulot, ils représentaient pourtant autrefois plus d'un tiers de la surface viticole hexagonale et se montraient particulièrement revêches aux divers maux de la vigne.

LA RAISON DE CETTE ÉTONNANTE RÉSISTANCE ?

Ils sont hybrides, c'est-à-dire qu'ils sont le fruit de savants croisements entre des ceps européens et de sauvages cousins américains. Indifférents aux maladies, on leur doit d'avoir fait bondir la production à des niveaux jamais atteints ! Principalement cultivés dans les milieux paysans à des fins toutes personnelles, ils ont rapidement été bannis par de gros faiseurs inquiets de voir surgir une concurrence déloyale et affirmant que leur teneur en méthanol présentait de sérieux risques pour la santé mentale d'une partie de la nation plutôt portée sur le litron. Aujourd'hui, on entend pourtant souffler le vent d'une résurrection…

QUAND LE VIN NOUS EN FAIT VOIR DE TOUTES LES COULEURS

DU BLANC MORDORÉ AU ROUGE CARMIN, EN PASSANT PAR LE PÂLICHON ROSÉ À LA COULEUR TIRANT SUR RIEN, LA ROBE DU VIN RESTE LE DOUX REFLET D'UNE MYRIADE DE DÉTAILS : CÉPAGE, CLIMAT, DENSITÉ DE PEAUX, VINIFICATION, ÉLEVAGE... AUTANT DE CRITÈRES QUI INVITENT À VOIR DANS L'ASPECT D'UNE CUVÉE LA PLUS BELLE EXPRESSION DE SON PÉDIGRÉE !

L'HABIT FAIT-IL LE MOINE ?

Coquette analogie vestimentaire s'il en est, la *robe* laisse souvent le néophyte perplexe. Rouge tirant vers le rosé, rosé virant au rouge, blanc aux reflets orangés, orange aux tons ambrés... Premier organe à entrer en contact avec le divin liquide, l'œil conditionne grandement la suite des opérations, comme en atteste le délicat exercice de la dégustation. Vin jaune ou moelleux ? Intense rosé de garde ou léger rouge de Loire ? Pétillant ou champagne blanc de noir ? Petit tour d'horizon des plus communes carnations.

LES JAUNES

Scintillant souvent de quelques reflets d'un doux vert clair, un vin jaune pâle évoque la tension, une pointe d'acidité et, pourquoi pas, quelques notes doucement herbacées, à l'image d'un jeune muscadet. Lorsqu'il s'intensifie vers le paille, la pensée glisse le long de la Loire, en direction des plus charnus chenins, aux arômes plus poirés, de fleurs blanches et de miel d'été.

LES DORÉS

Vert, pâle ou mordoré, l'intensité d'une telle teinte évoque à l'œil nu la richesse d'un vin doucement muscaté, dont on pourra déceler le degré de maturité. Viennent à l'esprit des arômes de noix, de pierres chaudes, de caramel, de fruits mûris sur des terres solaires et d'orange amère. On les retrouve sur les anciens jurassiens, vendanges tardives et autres sirupeux liquoreux.

LES ORANGÉS

Retour en grâce de ces jus aux couleurs chaudes dits *de macération*, à savoir des raisins blancs vinifiés comme des rouges, qui prennent au contact de l'oxygène de beaux reflets cuivrés. À l'œil, on leur prête d'ores et déjà des arômes puissants d'abricot, d'orange confite, d'épices, à l'image des muscats alsaciens et des macabeus languedociens...

LES ROSÉS

Grand favori des vacances, le rosé fait le grand écart entre une quasi-transparence très à la mode en Provence et des teintes allant jusqu'au fuchsia, en passant par le saumon et le magenta – sans oublier les vins gris, délicate déclinaison du rosé en matière de teinte, mais issus de cépages aux reflets éponymes : sauvignon gris, pinot gris, grenache gris... On prête aux provençaux des arômes de pamplemousse, de litchi et de bonbon anglais, tandis que les plus caractériels bandol et tavel poussent jusqu'aux saveurs exquises de groseille et de cerise.

LES ROUGES

Délicieux de complexité, le pantone des rouges oscille entre le vermillon, le rubis et le grenat, que l'on retrouve notamment dans les gamays du beaujolais, aux arômes de framboise et de cassis frais, pour aller jusqu'à la profondeur pourpre du pinot noir aux notes de violette, avant de s'enivrer des vins violines aux reflets noirs des bordeaux et cabernets francs de Loire.

Champagne !

LONGTEMPS RÉSERVÉ AUX GRANDES CÉLÉBRATIONS, ANNIVERSAIRES, NOCES ET AUTRES COMMUNIONS, LE CHAMPAGNE PART AUJOURD'HUI À LA CONQUÊTE D'UNE NOUVELLE GÉNÉRATION DE RIPAILLEURS. L'IDÉE : DÉMONTRER QU'IL PEUT AUSSI SE DÉGUSTER SUR LE POUCE, MAIS PAS FORCÉMENT LE PETIT DOIGT LEVÉ. AVEC TOUTEFOIS UNE MÉTHODE INCHANGÉE !

LA MÉTHODE CHAMPENOISE

Derrière le vocable barbare de *double fermentation*, un procédé propre à la Champagne, et par ailleurs indispensable pour en mériter le titre. À une première fermentation en cuves qui transforme le moût en vin succède une seconde fermentation en bouteilles qui a pour but de faire surgir la bulle.

À quel verre se vouer ?

À chaque fête ses coupettes. Encore faut-il savoir laquelle choisir. Si la tentation est grande de jeter son dévolu sur la *coupe* – qui, selon la légende, reproduirait le galbe du sein de Madame de Maintenon ou de la Pompadour –, son ouverture a le défaut de disperser la bulle et d'aplatir le vin. Mais que les joueurs de *flûtes* ne s'avouent pas vainqueurs, avec à l'inverse un format qui ne permet ni à la bulle ni aux arômes de s'épanouir. Les fins buveurs préféreront les verres à vin dits *en tulipe*, avec une ouverture proche de celle de la flûte, mais un aspect beaucoup plus rebondi. Le meilleur des deux mondes, en somme, et la garantie de donner toutes ses chances à l'effervescence. Mais alors, va-t-il falloir mettre au pilon l'intégralité du service de ses aïeux ? Non. Coupes et flûtes ont aussi un avantage majeur : la beauté. Et on peut donc en abuser.

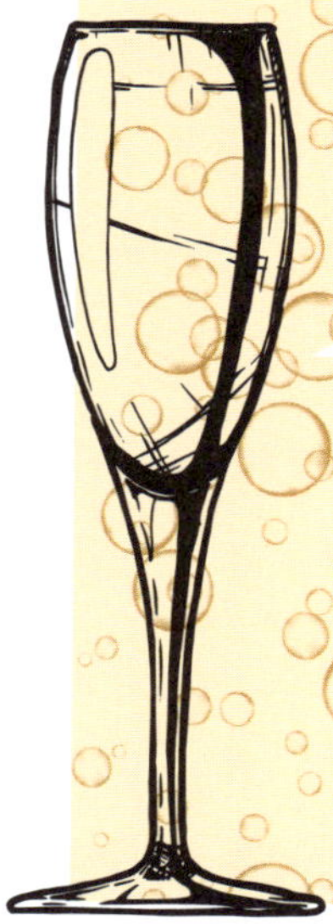

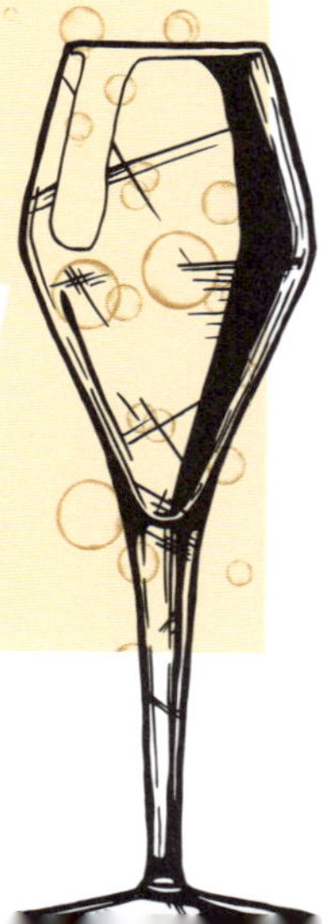

Les sept étapes reines du vin des rois

1

Le pressurage

Lors des vendanges, les raisins sont récoltés à la main en grappes entières, afin d'éviter que la peau des raisins ne vienne gâcher les jus.
Le passage au pressoir doit se faire dans les heures qui suivent, et les rendements sont strictement limités, histoire de cultiver la rareté.

2

La première fermentation alcoolique

Une première fermentation en cuves (parfois en fûts) permet d'obtenir des *vins tranquilles*, à savoir sans bulle aucune.

3

L'assemblage

Les chefs de cave assemblent joyeusement millésimes, cépages et crus pour composer leurs nouvelles cuvées.
Les vins tranquilles, issus de la fermentation alcoolique, sont assemblés à la fin de l'hiver, avant la mise en bouteilles.

4

La seconde fermentation ou prise de mousse

Dès la fin de l'hiver, les cuvées sont mises en bouteilles – une opération que l'on appelle aussi *tirage*. Afin de provoquer la prise de mousse, les Champenois ajoutent aux vins ce qu'ils appellent une *liqueur de tirage*, savant mélange de sucre, de levures et de vieux vins. Sous l'action des levures, les sucres fermentent et dégagent le précieux gaz carbonique nécessaire à l'apparition des bulles.

5

Le vieillissement

Les bouteilles sont couchées et empilées dans des caves fraîches comme un matin d'avril : au minimum 15 mois pour les champagnes non millésimés et 3 ans, voire beaucoup plus longtemps, pour les millésimés.

6

Le remuage

Afin d'aider les bouteilles à déglutir leurs dépôts, elles sont inclinées sur des pupitres et remuées régulièrement.

7

Le dégorgement

Encore un terme hautement suggestif, derrière lequel se cache une opération de congélation du goulot.
Le bouchon provisoire, joliment surnommé le « bidule », est alors retiré et les dépôts éjectés.
Le liquide perdu au cours du dégorgement est remplacé par un vin pur ou par une liqueur plus ou moins sucrée.

L'ARROSOIR À ROSÉ

DANS LA FAMILLE DES VINS QUI DIVISENT, JE DEMANDE LE ROSÉ !

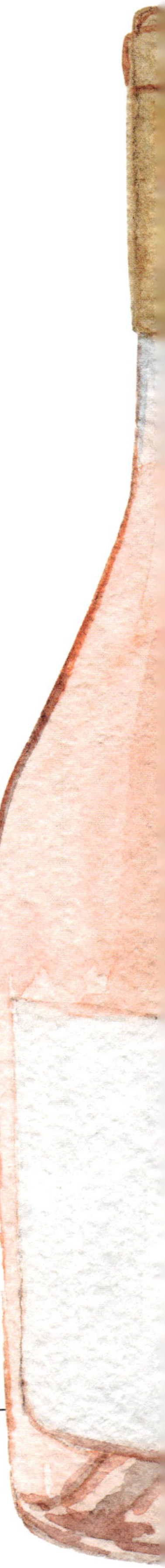

VICTIME DES CLICHÉS

Certains le prennent pour de la piquette, d'autres y voient un alcool de zoulettes, tandis que beaucoup ne le glougloutent qu'en été, le noyant dans une kyrielle de glaçons. Bref, en un mot comme en cent : le rosé ne laisse pas indifférent.

LE PREMIER VIN

S'il est revenu à la mode à la seconde moitié du xxe siècle, le rosé est pourtant un jus ancestral dont les premières vignes, originaires de Grèce, ont été rapportées à Massalia (ancien p'tit nom de Marseille) par les Phocéens au vi^{e} siècle avant notre ère. Il s'est naturellement popularisé autour du bassin méditerranéen. Jusqu'au xiiie siècle, il est même très difficile d'obtenir autre chose que du rosé. Les techniques de vinification manquent alors encore de perfectionnement pour aboutir au vin rouge tel qu'on le connaît aujourd'hui. En effet, la principale différence entre le rouge et le rosé réside dans le temps de macération du jus avec le moût du raisin qui va lui donner sa teinte : quelques semaines pour obtenir un vin rouge et quelques heures seulement pour un vin rosé. Paradoxalement, l'appellation *vin rosé* ne pointe le bout de son nez qu'au xviie siècle grâce à un vigneron d'Argenteuil ; on le nommait jusque-là le *vin clairet*.

ROSÉ BONHEUR

Boudé pendant près d'un siècle, le rosé revient à la charge tranquillement depuis les années 1950 jusqu'à un pic de prospérité dans les années 1970. La société se transforme, on compte moins d'ouvriers, moins de paysans (les traditionnels buveurs de petit rouge) et plus de travailleurs de classe moyenne. Les congés payés modélisent un nouvel imaginaire vacancier autour du soleil, de la plage et de l'apéro, paysage dans lequel le rosé s'inscrit à merveille. Et pour cause : il est bon marché, frais à souhait et sa teinte rosée donne aux innocents une douce illusion de légèreté.

UN SUCCÈS À DOUBLE TRANCHANT

La gloire du rosé ne va pas sans quelques casseroles car, lorsqu'on produit de telles quantités (400 000 hectolitres de rosé mis en bouteille en Provence en 1980), on frise la rosacée. Sans oublier que le rosé ne se déguste pas avec la même exigence : on le boit pour la soif et souvent glacé (le froid permettant habilement d'en dissimuler les défauts). Pas les meilleures conditions pour distinguer le bon du mauvais rosé, à l'instar de la gallinette cendrée.
Malgré cette mauvaise réputation, les buveurs de rosé ne se laissent pas démonter puisqu'on ne cesse d'en produire davantage d'année en année. Allez, santé !

DRÔLES DE VINS

LE VIN EST TELLEMENT GORGÉ D'HISTOIRE ET PÉTRI DE TRADITIONS QU'IL SEMBLE PARFOIS DIFFICILE DE SORTIR DES SENTIERS BATTUS. LES DERNIÈRES DÉCENNIES ONT POURTANT OUVERT LA VOIE À DES VINS D'UN NOUVEAU GENRE, POUR LE MEILLEUR ET POUR LE PIRE.

VIN VÉGANE, AH BON ?

De plus en plus de personnes se convertissent à un régime végane, dont la philosophie exclut la consommation de tout produit faisant usage de l'exploitation des animaux. Pourquoi le vin ne serait-il pas concerné ? Contre toute attente, certaines étapes de la vinification font intervenir des substances animales, notamment lors du collage. Cette étape consiste à clarifier le vin. Pour cela, on incorpore une protéine (du blanc d'œuf ou de la caséine) qui va faire redescendre au fond de la cuve les particules en suspension. La parade des producteurs de vin végane : se passer de cette étape ou opter pour une colle végétale. Sans commentaire !

SANS ALCOOL, LA FÊTE EST PLUS FOLLE ?

Si la bière sans alcool nous laissait déjà pantois, le vin sans alcool nous coupe littéralement la chique. Il est pourtant bien utile aux femmes enceintes et aux diabétiques (et plus généralement à tous les infortunés qui ne tiennent pas la marée). Brevetée en 1908, cette méthode de désalcoolisation de la bibine la limite à 0,3 degré. Reste à savoir si l'on parle toujours de *vin*, dans la mesure où le méchant composé éthylique participe grandement à la richesse aromatique ! Un dilemme qui donne autant de grain à moudre que la question de l'eau en poudre.

MANGEZ CINQ ROSÉS PAMPLEMOUSSE PAR JOUR

Parmi les buveurs de vin il y a les buveurs de rosé et parmi les buveurs de rosé il y a les buveurs de rosé pamplemousse. Qui sont-ils ? Quels sont leurs réseaux ? N'espérez pas piocher votre dose de vitamines dans ce vilain mélange qui incorpore du sirop de pamplemousse au traditionnel rosé. Les boissons de l'été ont bon dos pour nous faire avaler tout et n'importe quoi, pourvu qu'on y mette des glaçons à foison.

UNE COUPE POUR MÉDOR !

Certains se réjouissent d'une invention fun, d'autres cynophiles se félicitent de pouvoir enfin prendre l'apéro avec la prunelle poilue de leurs yeux, quand d'autres encore y décèlent un signe de la fin des haricots. Le champagne pour chien interroge. On vous rassure, ce péteux n'a rien d'un grand cru : dénué d'alcool, il n'est qu'un inoffensif mélange de jus de pomme et de cannelle. Alors, levons nos verres au canon canin.

COMME DES BLEUS

On l'a dit, le vin nous en fait voir de toutes les couleurs (voir p. 26) mais s'il y en a une plus cocasse que les autres, c'est bien le bleu. Invention saugrenue venue de Sète, le vin bleu est créé à partir d'un chardonnay auquel on ajoute des peaux de raisin rouge. Il serait toutefois bien plus vieux puisque c'est la couleur des mauvais vins que l'on servait dans les tavernes jusqu'au XIXe siècle. Gloups.

LES VENDANGES, UN PARADIS PERDU ?

IMAGE D'ÉPINAL D'UNE « FRANCE D'AVANT » AUJOURD'HUI FANTASMÉE, CE MOMENT DE L'ANNÉE A DORÉNAVANT BIEN CHANGÉ !

VENDÉMIAIRE *VERSUS* VERLAINE

Souvenir de travail champêtre, de fêtes villageoises et de déjeuners sur l'herbe, les vendanges ont longtemps été ce moment de l'année où tout un bourg se réunissait au milieu des rangs de vignes. Une période prétendument bénie ayant donné son nom au mois de vendémiaire, premier mois du calendrier républicain, qui s'étendait du 22 septembre au 21 octobre. Mais il faut piocher du côté de chez Verlaine pour entrevoir l'envers de cette chimérique mise au vert :

> *« Frère du sang de la vigne rose,*
> *Frère du vin de la veine noire,*
> *Ô vin, ô sang, c'est l'apothéose !*
>
> *Chantez, pleurez ! Chassez la mémoire*
> *Et chassez l'âme, et jusqu'aux ténèbres*
> *Magnétisez nos pauvres vertèbres. »*

Paul Verlaine, *Vendanges*, 1884.

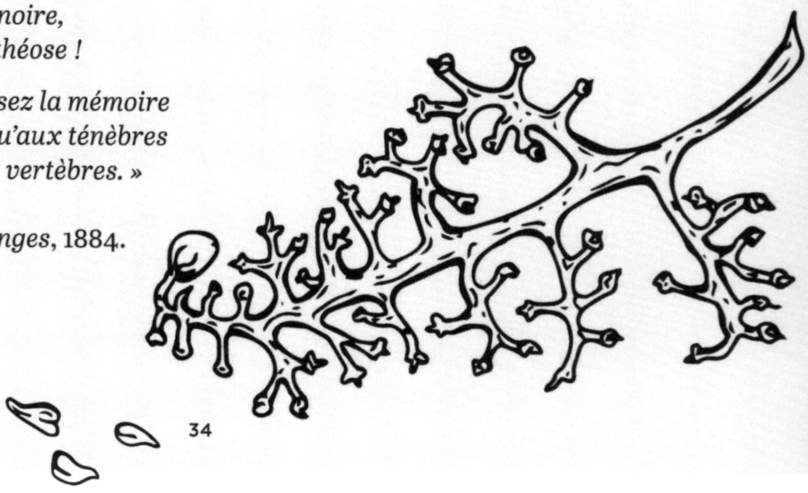

JUS ET COUTUMES

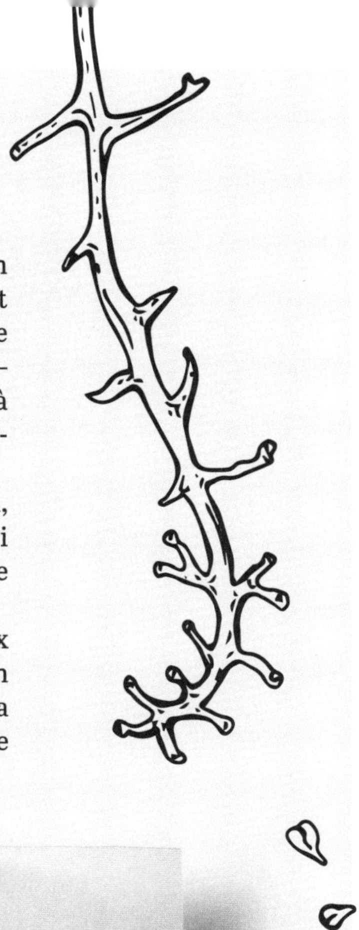

Aujourd'hui, les vendanges se déroulent de juillet à octobre (en fonction des climats et régions) et donnent encore lieu à leur lot de traditions, du *cochelet* champenois – où l'on se délectait de faire boire un coq jusqu'à le relâcher imbibé jusqu'au bout de la crête – aux éternelles *paulées,* dont le nom provient du patois *paule*, à savoir « pelle », en référence à la dernière pelletée de raisins versée au pressoir.

On les retrouve à Meursault, en Bourgogne, mais aussi en Anjou, tandis que Beaujolais et Mâconnais lui préfèrent un plus joli sobriquet : c'est la fameuse *r'voule*, qui occasionne chaque année des tablées copieusement arrosées.

La palme de la plus trompeuse appellation revient sans doute aux Bordelais, qui célèbrent quant à eux la *gerbaude*, ne désignant non pas comme on l'aimerait la fatale issue du banquet, mais plutôt la gerbe de tiges et pâquerettes que l'on fixait à l'arrière de la toute dernière charrette.

LES MOTS BARBARES

Les différentes étapes qui viennent ponctuer la dure période des vendanges s'accompagnent d'une flopée de noms barbares. À commencer par l'*éraflage* qui, pour les vins rouges, consiste à ôter le pédoncule auquel est accroché le raisin, pratique dont certains se passent afin de donner au futur cru la fraîcheur d'un premier jus. Vient ensuite le *foulage*, encore parfois réalisé à pieds joints dans les cuves, non par nostalgie, mais par pur souci de douceur, qui va permettre de libérer les tanins, enzymes et autres vitamines... Puis ce sera au tour d'un éventuel *sulfitage*, à savoir l'ajout de dioxyde de soufre afin de protéger le vin de l'oxydation, bien que cette pratique soit aussi honnie par certains vignerons. Commence alors la *fermentation alcoolique*, avec un sucre progressivement transformé en alcool et en gaz sous l'action des levures. On sépare ensuite le jeune nectar et son bien-aimé marc lors du *décuvage*, avant de le couler dans son contenant quasi final : fût, cuve, amphore... C'est ici que commence l'*élevage*, période plus ou moins longue durant laquelle le vin savoure déjà son destin.

LES MÉFAITS DE LA MÉCANISATION

Depuis l'apparition de la première machine à vendanger dans le Bordelais en 1975, le bucolique rituel a pris un sérieux coup dans l'aile. Mais la mécanisation des vignes a beau avoir durablement chassé le naturel, il semblerait qu'on en revienne depuis quelques années aux regrettées vendanges manuelles...

Tanin-nin !

IL ÉVOQUE, AU CHOIX, UN GIMMICK DU CHANTEUR RENAUD OU UN VIN ROUGE : VOICI LE PORTRAIT PAS SI CHINOIS DU MYSTÉRIEUX TANIN.

KÉZAKO ?

Énigmatique, le *tan(n)in* squatte les étiquettes de rouges ardents, sans que le béotien ne comprenne forcément pourquoi il est si malin. Protéine contenue surtout dans la rafle et les pépins du raisin, le tanin est riche d'une substance qui séduit les peaux matures : le polyphénol, molécule antioxydante destinée à braver les agressions extérieures et qui, accessoirement, pigmente les fruits mûrs. Vous avez les chicots noirs après deux verres de pinard ? Le coupable n'est pas bien loin, c'est le tanin ! Point de danger avec le vin blanc, qui n'en contient pas – hormis en sensation, sous l'effet du bois (voir « Le vin, un jour libéré de ses chênes ? », p. 38).

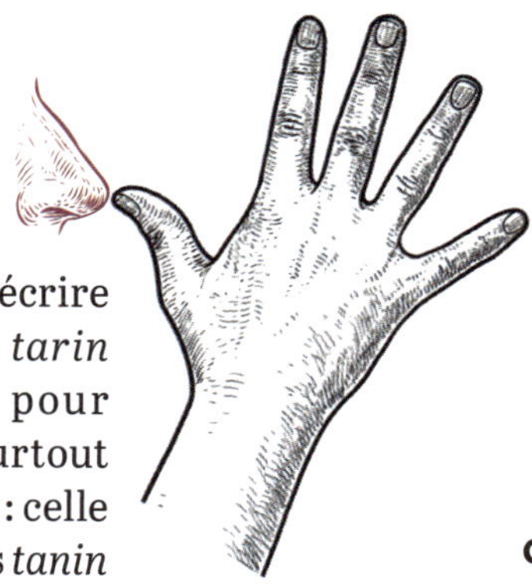

Des origines burinées

Le *tanin*, qu'on est autorisé à écrire *tannin*, est proche du mot *tarin* – par ailleurs bien utile pour déguster le vin. Il évoque surtout une famille lexicale burinée : celle de la *tannerie*. Les deux mots *tanin* et *tannerie* ont la même origine : ils sont certainement issus du nom gaulois *tann*, « chêne ». Et pour cause ! L'écorce riche en tanins de cet arbre divin était utilisée pour tanner les peaux.

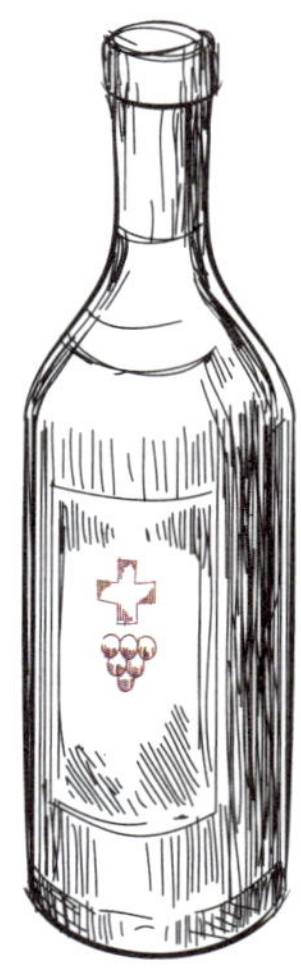

Le tanin, un ami qui vous veut du bien

À une époque où il n'y avait pas d'eau courante, il était parfois plus malin de boire du vin ou du thé. Qu'ont ces boissons en commun ? Elles sont taniques, donc antibactériennes voire antibiotiques.

Râpeux, moi ?

Siffler un vin trop jeune, c'est comme croquer un fruit trop précoce : il est *râpeux* ! La faute aux tanins, qui dénaturent les protéines salivaires chargées de lubrifier la bouche ; ce phénomène s'appelle l'*astringence*, terme bien utile pour briller au restaurant face à un vin trop vert.

Rond comme une barrique

On opposera les tanins fins des jeunes gamays aux tanins durs des sombres bordeaux. Pour arrondir le côté (sa)tanique du vin et le rendre plus harmonieux, il faudra l'élever en barrique puis, au bout de plusieurs années, laisser ses tanins se patiner en cave.

LE VIN, UN JOUR LIBÉRÉ DE SES CHÊNES ?

DANS LA GRANDE MAJORITÉ DES BORDEAUX ET BOURGOGNES, UN ARBRE SOMMEILLE… CAR SI LE VIN EST AVANT TOUT LA PLUS PURE EXPRESSION DU RAISIN, IL EST AUSSI PARFOIS LE FRUIT D'UN AUTRE ÉLÉMENT, PLUS RUGUEUX ET PLUS TRAPU : LE BOIS.

FAIRE DE NÉCESSITÉ VERTU

Autrefois, les vins étaient stockés dans des amphores. Mais l'amphore est fragile, et le tonneau la remplace, petit à petit, à partir du IIe siècle (voir « Du même tonneau », p. 100). Au XXe siècle, dès que l'occasion se présente, d'autres matières apparaissent : on fabrique des cuves en béton, en fibre de verre, en inox… Avec un impact bien plus neutre en matière de goût, tandis que le bois « marque » davantage, diffusant directement tanins et autres molécules aromatiques à l'intérieur du liquide…

QUAND LE FÛT ENVOIE DU BOIS

Le bois est un véritable mixologue, et on lui doit en théorie le bouquet final des meilleurs crus. La *vanilline* est l'un des principaux ingrédients qui compose le bois. C'est la même molécule que l'on trouve dans les gousses de vanille ; la même, aussi, que vous avez synthétisée sur une paillasse en cours de chimie, et celle qui a le goût des bonbecs à la récré. Mais le bois diffuse aussi d'autres composés, par exemple le *whisky lactone* (typique des fûts américains), le *syringol* (odeur de grillé), le *furfural* (caramel), l'*eugénol* et l'*isoeugénol* (clou de girofle), ou le *gaïacol* (fumé)…

POURQUOI DU CHÊNE ET PAS DU BAOBAB ?

Érable, acacia, châtaignier… Les résultats ne furent pas très concluants et, de nos jours, la quasi-totalité des fûts sont en chêne. Par son bouquet aromatique, sa richesse en tanins, cet arbre semble être l'époux idéal de la vigne. S'il en existe 250 espèces à travers le monde, les vignerons utilisent essentiellement des chênes rouvres ou des chênes pédonculés. Et ces différentes espèces produisent des résultats bien différents… Le chêne français distille des notes plutôt subtiles et vanillées, tandis que le chêne américain confère des arômes tels que le chocolat, la coco, le fumé ou le caramel.

LE BOIS VAUT DE L'OR

Dans la vie d'un vin, le tonneau peut intervenir à deux moments : pendant la vinification et tout au long de l'élevage au chai. Mais les tonneaux étant coûteux, on les remplace parfois par des copeaux de bois, hélas autorisés par la loi ! De la triche ? En effet. Parfois utilisé comme cache-misère, encensé par la critique à partir du début des années 1980, le bois aurait-il fait long feu ? Aujourd'hui, de plus en plus de vignerons délaissent barriques et tonneaux pour en revenir à des contenants plus neutres, et laisser ainsi les crus exprimer librement leur plus beau jus. Au détriment des petits gourmands : pas de bois, pas d'arôme chocolat !

SULFITE, TU SOUFFRES

PIRE ENNEMI DES NÉOBUVEURS DE VIN, LE SULFITE EST DÉSORMAIS *PERSONA NON GRATA*. DIABOLISÉ AU MÊME TITRE QUE LE GLUTEN, IL EST POURTANT UN ÉLÉMENT NATUREL QUI COMPTE BIEN DES QUALITÉS POUR PEU DE NE PAS EN ABUSER.

CHIMIE-FIGUE MI-RAISIN

On ne croise jamais de soufre sous sa forme propre. Ce sont ses dérivés, tel le sulfite, que l'on trouve dans le vin, mais aussi dans une foule d'autres aliments comme la charcuterie, la choucroute et certains légumes. Toutefois, le sulfite, bien que naturel, est aussi utilisé comme un additif. On peut le croiser sous quelques noms barbares : *anhydride sulfureux, disulfite de potassium* ou encore *sulfite de sodium*. Ce sont tous les additifs de E220 à E228 qui sont autorisés par l'Union européenne. Dans le cas du vin, le sulfite est déjà présent à l'état naturel, mais on peut en rajouter au cours de la vinification. C'est là que le bât blesse…

ÇA SULFITE !

Qu'on le veuille ou non, le sulfite est utile. Il intervient lors du *méchage*, c'est-à-dire la désinfection du fût à l'aide d'une mèche de soufre que l'on brûle. De cette combustion va se dégager le dioxyde de soufre (SO_2, pour les intimes). Cela permet de supprimer les bactéries non désirées. Adieu champis et autres moisissures ! Il améliore aussi la conservation du vin en le protégeant de l'oxydation et le stabilise en favorisant le développement de certaines levures plus que d'autres lors de la fermentation alcoolique. Que demande le peuple ?

C'EST L'OVERDOSE !

C'est bien joli tout ça, mais si le sulfite est si utile, pourquoi ne peut-on plus le voir en peinture ? Comme tous les éléments naturels, dès lors qu'on en rajoute en matière d'additif, rien ne va plus. Au quotidien, 70 % de nos apports en sulfites sont à imputer au vin. Plus on boit du vin conventionnel, plus on dépasse donc la dose journalière admissible en sulfites. C'est grave, docteur ? Le sulfite a la mauvaise idée d'être un allergène reconnu qui peut causer maux de tête, urticaire ou asthme dans les cas les plus graves... Georges Courteline écrivait : « L'alcool tue lentement, on s'en fout on n'est pas pressé. » Si la tendance est aujourd'hui à une baisse généralisée de l'ajout de soufre, portée par un engouement sans précédent pour les vins sans intrants (qui n'en contiennent pas ou peu en sus de leur taux naturel), la destinée des migraines devient plus qu'incertaine !

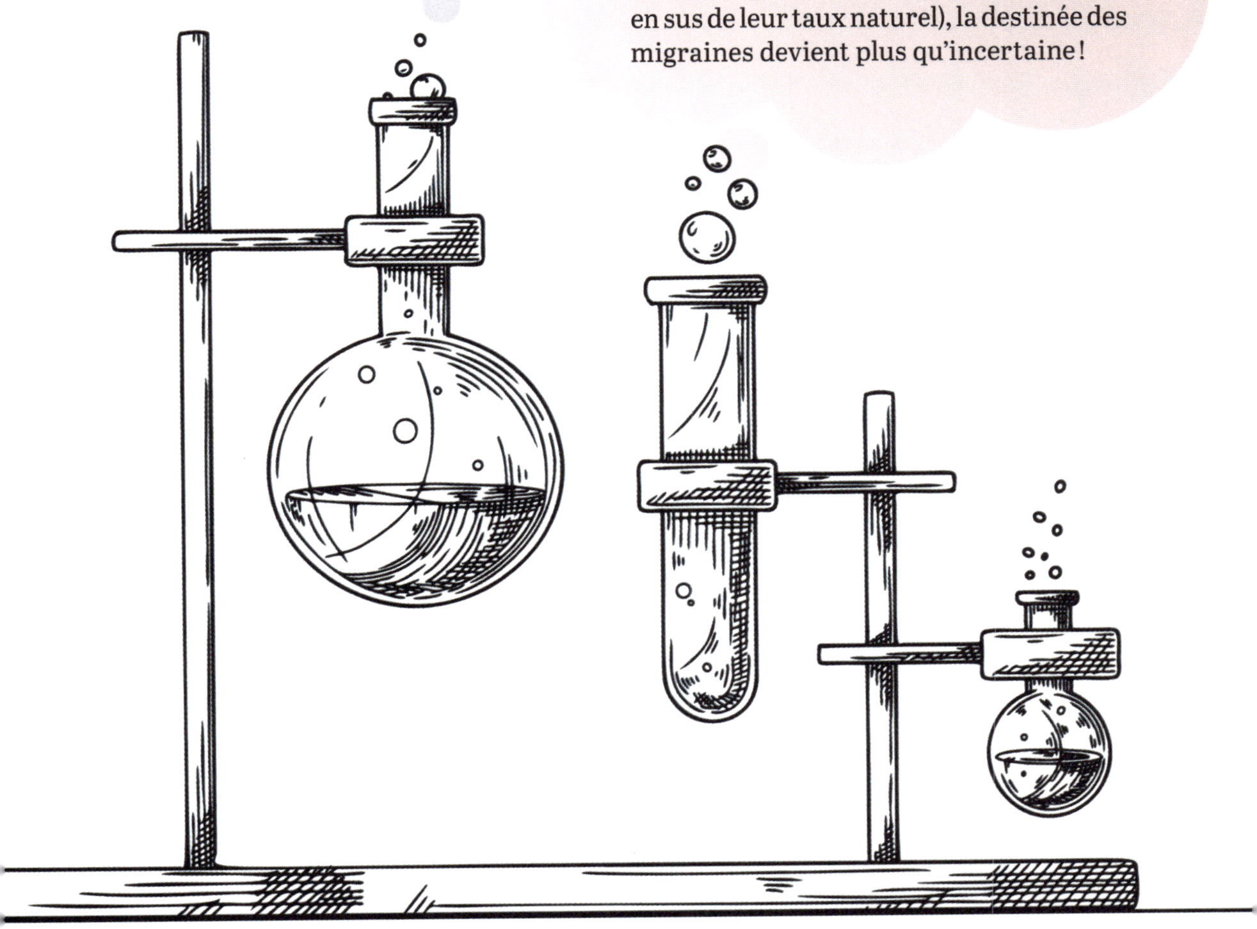

La levure

UN TOUT PETIT VIGNERON DE QUELQUES MICRONS

PETITE MAIS COSTAUDE

La levure est un champignon minuscule – une seule cellule, pas plus – qui travaille tout le temps. En effet, selon le contexte, la levure fait de la bière, du fromage, du pain et, bien sûr, du vin. Bref. La levure fait la France.

Pasteur contre la piquette

Les levures sont partout : sur le sol, la peau du raisin, les outils, le bois des cuves. Quand elles vont ainsi par monts et par vaux, cheveux au vent, les levures sont dites *indigènes*. Et, pendant des millénaires, les viticulteurs ont travaillé de concert avec ces microbes un peu bohèmes, sans le savoir d'ailleurs, puisque le mécanisme de vinification demeurait plus ou moins mystérieux... Au milieu du XIXe siècle, la bonne société souhaite comprendre pourquoi le jus de raisin se transforme en vin (et pas, par exemple, en vinaigre). Alors Napoléon III charge Louis Pasteur d'étudier le phénomène. En 1863, il se met au travail en Arbois et étudie le voile blanchâtre qui flotte dans les cuves de vin jaune. Il comprend que celui-ci n'est pas un défaut mais, au contraire, un agrégat de petits êtres vivants qui font la fermentation, et donc le vin. L'ère de l'œnologie scientifique était ouverte !

Mais pourquoi ça sent la banane ?

Si les levures font du vin, c'est par accident. Elles, tout ce qu'elles veulent, c'est vivre et se reproduire. Quand elles le peuvent, les levures respirent. Mais quand elles ne trouvent pas d'air, comme à l'intérieur d'une cuve, elles puisent leur énergie d'une autre manière, en mangeant du sucre. Ce processus laisse des déchets : de l'alcool, du gaz carbonique (apprécié dans les vins pétillants), mais aussi tout un tas de produits qui peuvent influencer le goût du breuvage : le *glycérol* (goût sucré), les *aldéhydes* (notes de citron et de caramel), les *terpènes* (fruits frais et fleurs), l'*acide succinique* (amer et salé), les *cétones* (rose et framboise), les *lactones* (pêche et fruits exotiques)… Ainsi que des *esters*, aux odeurs caractéristiques de fruits rouges, et plus rarement, de banane (voir « Le beaujolais nouveau », p. 144).

La querelle des Anciens et des Modernes

Aujourd'hui, les levures sont isolées puis cultivées dans des laboratoires.

Afin de contrôler la fermentation du raisin, aseptiser le jus de raisin et tuer toutes les levures concurrentes, la plupart des producteurs de vin utilisent le soufre (voir « Sulfite, tu souffres », p. 40). Alors ils peuvent ajouter la levure sciemment choisie pour obtenir un vin dont le goût reste stable d'une année sur l'autre.

Mais il y en a qui font de la résistance et dénoncent la standardisation, la technologisation du métier. Certaines propriétés classées du Bordelais, par exemple, continuent de parier sur les levures du château. C'est également une tendance forte chez les adeptes du vin nature et, dans une moindre mesure, dans le vin bio.

LA CHIMIE DES ARÔMES

C'EST FOU, LORSQU'ON Y PENSE : IL SUFFIT DE QUELQUES ATOMES D'HYDROGÈNE, DE CARBONE ET DE SOUFRE, POSITIONNÉS DE LA BONNE MANIÈRE, VENANT NOUS CHATOUILLER LA NARINE, POUR QUE L'ON S'EXCLAME : « TIENS, CE MALBEC A DES ARÔMES DE TRUFFE NOIRE ! » LA CHIMIE, C'EST LA MAGIE MISE À PORTÉE DE MICROSCOPE…

ARÔME, SAVEUR ET LONGUEUR

Deux types de molécules participent à l'expérience œnologique. Les premières demeurent dans le liquide et lui donnent des *saveurs*, que nous sentons par la langue : acide, sucré, amer, et même umami (expression japonaise signifiant « délicieux », désignant une saveur paradoxalement assez neutre). Les secondes sont un composé fugitif qui ne reste pas dans le verre et forme les *arômes*, passant facilement à l'état de vapeur, même à température ambiante. Les arômes décollent, viennent titiller nos récepteurs olfactifs, et paf, ça sent la rose ou le sous-bois !

À titre d'exemple, un vin n'est jamais *salé* à proprement parler. S'il lui arrive d'être *salin* ou *iodé*, comme le muscadet, l'iode n'est pas une *saveur* mais un *arôme*. Lors de la dégustation, on parle d'*arômes au nez*, de *notes en bouche* et enfin de *longueur* – que l'on appelle aussi *caudalie* –, plus ou moins intense en fonction du nombre de secondes durant lequel un vin vous reste en mémoire sur la langue…

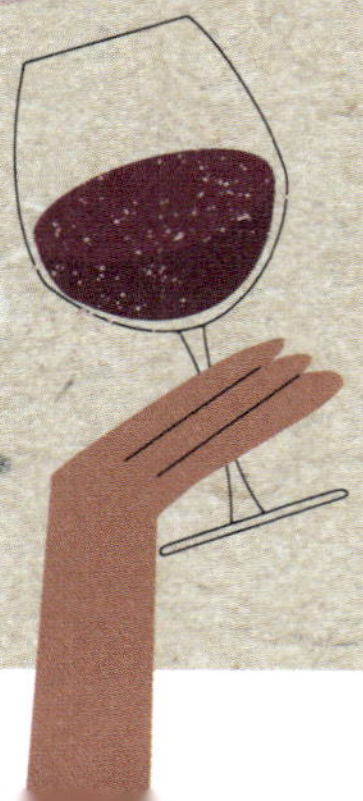

CLASSIFICATION DES ARÔMES

Traditionnellement, les arômes sont classés en trois groupes : les *arômes primaires*, qui proviennent directement du raisin ; les *arômes secondaires*, qui sont produits par l'activité des levures au moment de la fermentation ; et les *arômes tertiaires*, qui proviennent du vieillissement. Ces derniers sont le résultat de l'élevage sous bois, mais aussi de l'oxydation, phénomène par lequel l'oxygène (ce flibustier) dérobe au liquide quelques précieux électrons... Eh oui ! Un électron vous manque, et c'est tout le verre qui sent la noix.

LA SCIENCE EN ACTION

À force de spectrométrie, de chromatographie en phase gazeuse et d'autres techniques aux noms soyeux, les chimistes continuent d'explorer l'incroyable complexité du vin. L'université de Bordeaux, par exemple, forme chaque année des centaines de spécialistes, dont les thèses portent des titres comme : *Contribution à la connaissance aromatique des vins rouges : approche sensorielle et moléculaire des nuances « végétales, vertes » en lien avec leur origine.* L'œnologie compte décidément parmi les sciences dures !

LE VIN N'EST-IL QU'UNE FORMULE?

En rendant indispensables les notions de *notes*, d'*arômes* et de *longueur* – certes très utiles dans le cadre de dégustations professionnelles –, le vin est devenu une discipline froide et intimidante. Or même les plus fins dégustateurs reconnaissent que la perception est par essence subjective, intime, et qu'elle est toujours le fruit d'une histoire personnelle. S'il est tout à fait noble de vouloir intellectualiser son palais, il faut aussi accepter de laisser surgir en soi des images, des comparaisons, des subtilités, qui, en fin de compte, ne seront jamais totalement fausses !

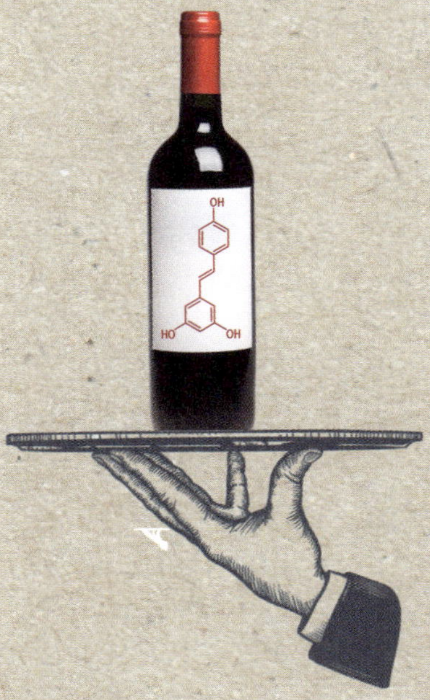

Un bon cru

**DÉFINIR CE QUI FAIT UNE PIQUETTE ? FASTOCHE !
POUR EXALTER L'EXCELLENCE D'UN VIN, EN REVANCHE,
C'EST UN PEU PLUS COMPLIQUÉ.**

CROIRE AUX (GRANDS) CRUS ?

La fameuse appellation *grand cru* a été instaurée par Napoléon III à Bordeaux en 1855. Elle permet de classer les vins par ordre de statut, et toutes les régions n'ont pas la chance d'en compter une flopée. On les trouvera donc uniquement à Bordeaux, en Bourgogne, en Alsace, en Champagne, dans la vallée de la Loire et le Languedoc. Les critères pour faire partie de la fine équipe divergent selon les vignobles : situation géographique, méthode de vendange, élevage. On a aussi pu en croiser des plutôt loufoques au cours de l'histoire, telle la beauté de la bâtisse. Et si ces vins très courus ont toujours autant la cote, on est en droit de se demander si l'on peut encore faire confiance à un concept né dans l'esprit d'un souverain dont l'oncle coupait son chambertin à la flotte (voir « À boire pour le roi ! », p. 126) !

Chenu : plus vieux, c'est mieux

Apparu au XVIIe siècle dans le vocabulaire de la dégustation, un vin dit *chenu* est un excellent cru. Issu du latin *canutus*, « gris-blanc », *chenu* signifie littéralement « blanc de vieillesse ». Le vin, comme les bons petits vieux, se bonifiant avec l'âge, on lui donne de cet adjectif qui flatte le nombre des ans.

Le *frère à* qui ?

Pour celles et ceux qu'une forme de réjouissante grossièreté n'effraie pas, on peut emprunter à René Fallet, auteur pas fâché avec le pif du *Beaujolais nouveau est arrivé* (1974), cette sonore interjection : « C'est pas *le frère à dégueulasse*, ce tutu ! Tu peux m'en remettre une giclée. » Encore moins sortable que le reconnaissant « Ça fait du bien par où ça passe », mais autrement plus truculent !

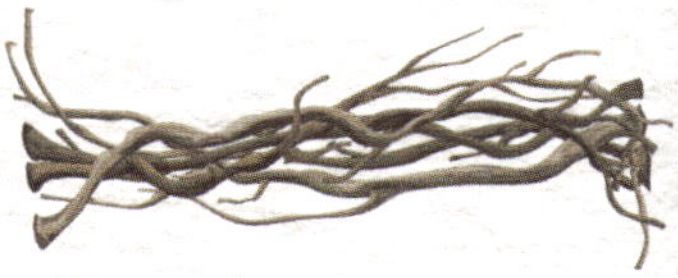

Ça sent le *fagot*

Si on met aujourd'hui beaucoup de choses derrière ces fameux fagots, à l'origine, c'est bien là où l'on planquait le bon vin ! Au XVIIIe siècle, les meilleures bouteilles étaient conservées dans des caves. Pour les protéger, elles étaient rangées derrière les fagots, ces bouquets de branchages qui servaient alors d'allume-feu dans les cheminées. Mieux conservées, mais aussi bien cachées, tiens ! Bizarrement, cette locution est parfois employée de travers : au lieu de désigner un objet précieux et/ou bien conservé, *de derrière les fagots* est parfois associé à une idée farfelue ou une curiosité loufoque.

Quel *cachet* !

Paul Claudel a beau dire qu'« en matière de vin, il faut savoir faire passer le plaisir avant le prestige », avouons qu'offrir une bouteille de choix, ça vous assied son homme. Et pour faire la différence avec le vin ordinaire, il faut qu'elle ait… du cachet ! Dès le début du XIXe siècle, le vin est *cacheté*, c'est-à-dire « fermé par un bouchon de cire », bien plus chic aux yeux des invités. Dans les mémoires romancées du grand Vidocq (1828), on peut lire un impératif « Fais venir du bon ! Des côtelettes, des cornichons, une salade, deux sous de brie, un litre de cacheté, le café et la goutte ! On va faire un balthazar » qui donne envie de s'en jeter un derrière la cravate.

LE VIN : SAVOIR LE SIROTER POUR SAVOIR EN PARLER (ET VICE VERSA)

COMMENT PEUT-ON ENCORE EXPLIQUER QU'À CHAQUE SORTIE D'UN ÉNIÈME MANUEL DE DÉGUSTATION, LES BUVEURS AFFOLÉS SE JETTENT DESSUS COMME LA PETITE VÉROLE SUR LE BAS CLERGÉ ? ALORS MÊME QUE LA RÉALITÉ EST HEUREUSEMENT BIEN MOINS COMPLIQUÉE.

PARLER RAISIN

Entre propos sibyllins, phrases étonnamment suggestives et métaphores dignes d'un agent de la CIA des années 1960, le vocabulaire de la dégustation apparaît à bon droit comme une véritable purée de pois. Afin de contrer toute tentative d'affront des empêcheurs de picoler en rond, voici quelques expressions joliment vinifiées, à garder sous un coude que l'on voudra léger.

QUELLE LONGUEUR...

Derrière une saillie propre aux champions de natation, on se réfère ici aux caudalies, à savoir une unité de mesure qui définit, en secondes, la persistance d'un vin en bouche. Au-delà de 12, nous voilà sur un cru doté d'un sacré pédigrée.

IL EST DÉFINITIVEMENT FERMÉ

Une sentence assassine évoquant la faillite, qui désigne en fait un vin dont le nez et la bouche semblent éteints, voire inexistants. Un conseil : mouchez-vous un bon coup, avant de vous munir d'une carafe, de patience et d'un verre plus grand format, histoire de lui laisser une chance de dévoiler quelques fragrances.

IL A UN BON RÔTI

Au-delà de flatter le charcutier, on parle là d'un vin au goût et à la texture d'un liquoreux. Le divin coupable, un champignon microscopique répondant au doux nom de *botrytis cinerea*, attaquant le raisin à la faveur des brouillards de l'aube. Sous l'effet du flétrissement de la peau, les sucres se concentrent, laissant alors un grain certes sec, mais au ressenti délicatement rôti.

C'EST UN JUS SUR LE FRUIT

N'imaginons pas ici un vin chevauchant une fraise en amazone, mais plutôt un jus aux arômes fruités, résolument léger, peu tanique, généralement épargné par un élevage en barriques. De plus en plus plébiscitées par une génération plombée en quête de légèreté, voilà des bouteilles à n'ouvrir qu'au firmament de l'été.

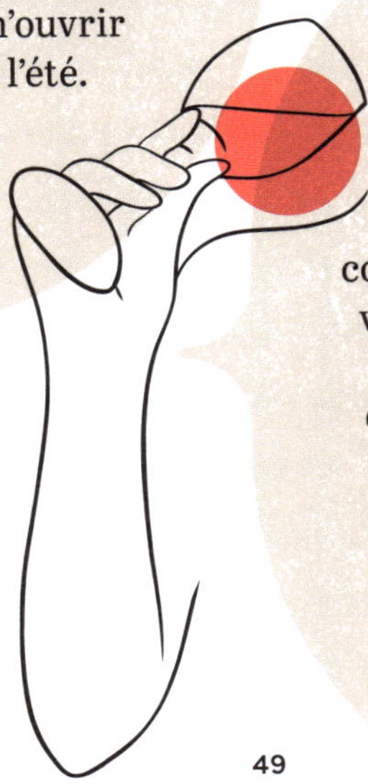

ON BOIT DU BOIS !

Une facétieuse redondance qui n'a plus forcément le vin en coupe, désignant des arômes boisés, vanillés, des tanins plutôt râpeux, que l'on trouve généralement sur des rouges encore jeunes, lorsque le fruit est encore figé par la puissance du fût. Une sorte de crise d'adolescence, qui demandera un peu de patience...

Il a de la cuisse : les textures du vin

AU-DELÀ DES SEMPITERNELS NOTES ET ARÔMES, PARLONS CHIFFONS. OU PLUTÔT ÉTOFFE, TEXTURE, TOUCHER, TOUT CE QUI FROTTE, PIQUE LA LANGUE OU VIENT LA CARESSER DÈS LA PREMIÈRE LAMPÉE.

Charnu

Si l'on dit parfois d'un bon châteauneuf du pape ou d'un gros graves qu'*il a de la cuisse*, l'analogie somme toute grivoise a fait long feu, et l'on parle aujourd'hui d'un vin *charnu*, à savoir doté d'une belle matière, qui donne envie de le croquer à pleines dents.

Velouté

C'est le fameux *petit Jésus en culotte de velours* – qui, soit dit en passant, relève du plus pur anachronisme, la douce étoffe n'étant pas arrivée dans nos contrées avant le Moyen Âge. Même si Rabelais parle déjà de vin *velouté* dans son *Gargantua* (1534), c'est manifestement en 1866, dans *Vins à la mode et cabarets au XVIIe siècle*, que l'historien Albert de La Fizelière parle littéralement d'*avaler la culotte de velours du bon Dieu*. Mais rappelons-nous que les vins du Seigneur sont impénétrables.

Huileux

Un vin *huileux* qui tapisse la luette d'une fine sensation de gras est censé s'annoncer par les *larmes* ou *jambes* qu'il laisse sur le verre. Une métaphore lacrymale et anatomique qui sied plutôt aux blancs de Bourgogne, dont la lenteur des gouttes à redescendre le long des parois trahit leur richesse en alcool.

Perlant

Lorsqu'un vin d'apparence tranquille vient vous chatouiller la glotte d'un léger picotement, on parle alors de *perlance*, phénomène plus ou moins apprécié des boit-sans-soif (voir « Le mauvais goût du vin », p. 52) ; à ne pas confondre avec un vin *piqué*, qui désigne un jus ayant (hélas) déjà viré au vinaigre.

Aqueux

Un vin rendu coupable d'avoir la cuisse légère, donnant en bouche la sensation d'avoir été coupé, est *aqueux*. Mais s'il n'est jamais trop tard pour mettre de l'eau dans son vin (voir p. 134), n'oublions pas que ce qui sort du robinet n'aura jamais la beauté d'un grand pouilly-fuissé.

LE MAUVAIS GOÛT DU VIN : UN COUILLOTIN* DANS LE BREUVAGE

DES PIRES ARSOUILLES AUX PLUS FINS ÉPICURIENS, NUL N'EST JAMAIS À L'ABRI DES MAUVAIS COUPS DU VIN. POUSSIÈRE, BOUCHON, ÉTABLE, PICOTEMENT : PETIT PASSAGE EN REVUE, DE LA PICRATE AU CRU !

* Délicat sobriquet du vin rouge, hélas tombé en désuétude.

LA *PERLANCE* OU L'ART DU PIQUANT

Comment un vin apparemment à l'abri des bulles en arrive-t-il à picoter la langue dès la première gorgée ? Il s'agit là de *perlance*, terme bien trop poétique servant à signifier que le vin contient encore un tantinet de gaz. Afin de se débarrasser de ce twist effervescent, prière de secouer la bouteille – la main sur le goulot, et pas derrière le dos.

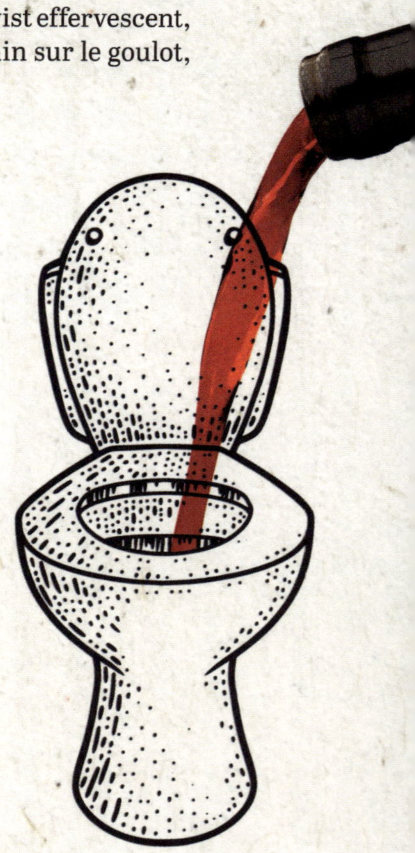

LA *RÉDUCTION* OU LA RENCONTRE AVEC UN VIEUX BOUC

À l'ouverture, certaines bouteilles vous transportent immédiatement dans les bas-fonds d'une écurie du haut Moyen Âge. Le coupable : un phénomène de réduction, soit un manque d'oxygène, qui va amener des arômes fermentaires de champignons. Si certains palais s'en délectent, d'autres lui mettront un bon coup de carafe, histoire de lui faire prendre l'air.

LA *SOURIS* OU UNE VIEILLE PEAU DANS LE GOULOT

Pas l'ombre d'un rongeur dans l'histoire, mais au premier coup de langue, la sensation de lécher à pleine bouche une pâle peau de saucisson. Remède absolu contre la biture au vin nature, voilà un défaut hélas courant des vins vivants. Indétectable aux naseaux, il s'agirait de bactéries se développant durant la phase de fermentation. Encore auréolés d'un certain mystère, ses effets pourront tout aussi bien disparaître en quelques heures qu'après de longues années, pour le plus grand plaisir des amateurs de roulette russe.

LE *BOUCHON* OU LA POUSSIÈRE EN CAUDALIE

Si votre jus sent la serpillère à poils longs, nul doute, il s'agit là d'un goût de bouchon. Ne tirez point sur le vigneron, seulement coupable d'avoir opté pour un piètre opercule, mais maudissez le TCA (trichloroanisol), molécule responsable de cet infâme défaut. Une seule solution : l'évier, et surtout pas le saucier !

LE *GOÛT DE LUMIÈRE* OU LE CHARME DU CHOU

En dépit d'un nom laissant croire à tort à l'éclat, le *goût de lumière* vous emmène au nez dans un champ de choux-fleurs, symptôme malodorant d'un vin ayant sans nul doute été trop exposé aux UV. L'idée (lumineuse) consistera donc à éviter de laisser traîner vos flacons en évidence sur le balcon.

« C'EST DU PIPI DE CHAT »

SI LES MOTS CONSACRÉS AU VIN QUI PIQUE SONT LÉGION, ONT-ILS TOUS LA MÊME SIGNIFICATION ?

MAIS POURQUOI EST-IL AUSSI DÉGUEU ?

Quand d'aucuns se gargarisent au Cheval Blanc, certains se rincent les gencives au picrate. L'argot, langue d'un peuple fort habitué aux *mauvais crus* et autres *pipis de chat*, a de quoi remplir un dictionnaire de synonymes du *vin* qui râpe le palais : *paille de fer, gros qui tache, rouquemoute, casse-pattes* et autre *brutal*. Ça déménage !

PIQUETTE

Nostalgique à souhait dans *La Montagne* (1964), Jean Ferrat reste lucide :

> *« Les vignes, elles courent dans la forêt*
> *Le vin ne sera plus tiré*
> *C'était une horrible* piquette. »

De quoi finir centenaire, oui, mais avec un *palais en plomb* !
Apparu au XVIe siècle, ce mot rigolo dérive du verbe *piquer*, *because* le goût acide. Acide, la piquette l'est ! Car, à l'origine, il s'agissait d'une ruse anti-gaspi : en fin de fermentation, le vigneron passait de l'eau sur ses marcs ou ses moûts fermentés pour extraire le restant d'alcool. Le résultat ? Un vin dilué pas terrible. En picard, la *pikette* est un mauvais cidre. Peu à peu, le sens de *piquette* évolue vers « mauvais vin », ne gardant plus que la notion d'une certaine médiocrité rendue tolérable par son guilleret suffixe.

BLEU

Dans *Le Bistrot* (1960), Georges Brassens met au défi l'auditeur :

> *« Mais si t'as l'gosier*
> *Qu'une armure d'acier*
> *Matelasse.*
> *Goûte à ce velours, ce petit* bleu *lourd de mena-a-ces. »*

Plus très usité, le *bleu* apparaît au début du XIXe siècle ; qu'il soit gros ou petit, vin de broc ou de cubi, il râpe un peu sur les bords.

JAJA

Pas contrariant, Boris Vian chante « Je bois n'importe quel *jaja* pourvu qu'il ait ses douze degrés cinq » dans son hymne à la bibine, *Je bois* (1955). Surgi au début du XXe siècle, le *jaja* met à l'honneur le J, consonne fricative dont le redoublement oblige à mâchouiller le mot. Bien que sa forme régressive puisse évoquer un diminutif, *jaja* serait en fait issu de *jajare*, « boire beaucoup » en bas-occitan. Autre hypothèse : il s'agirait d'une déformation de *jajin*, « vin défendu » – à savoir pas casher – en judéo-alsacien, d'après l'hébreu *yayinn*, « vin ».

PICRATE

Cauchemar des papilles, le *picrate* peut s'enorgueillir de sa sonorité scientifico-hellène : issu du grec ancien *pikrós*, « amer », il bénéficie du côté sérieux du suffixe *-ate*. Pendant la Grande Guerre, les poilus érudits surnomment leur cher pinard le *picrate*, allusion avinée aux vapeurs âcres d'acide picrique dégagées par les obus.

VINASSE

« Au boulot les feignasses, à la maison les pétasses, pour les clodos plus de *vinasse* », chantait Michel Sardouille, double parodique du fils de Jackie Sardou. (Infâme) résidu de la distillation des liquides alcooliques, c'est un produit agricole à l'origine : la vinasse de betterave sert ainsi comme engrais. Charriant un imaginaire plein d'haleines chargées et de bouteilles en plastique La Villageoise, la vinasse ne relève pas le niveau, et ce n'est pas son suffixe vulgaire qui va l'aider.

ARAMON

« Nous demandâmes une bouteille de Bourgogne. C'était du vulgaire *aramon*, mais il était buvable », note un Nestor Burma indulgent, dans sa première aventure *120, rue de la Gare* (Léo Malet, 1943). Nom donné au rouge ordinaire des gargotiers parigots, l'*aramon* jette le discrédit sur les cépages de la commune du Gard dont il est le toponyme. À Aramon, apparemment, le vin n'est pas bien bon !

POUSSE-AU-CRIME

« Nous allâmes nous installer au bar. Le consommateur de *pousse-au-crime* [c'était du vin rouge d'appellation incontrôlable] avait disparu », constate Nestor Burma, connaisseur, dans *Les Rats de Montsouris* (1955). Rouge grossier qui tape ou médiocre eau-de-vie, cette locution fait référence aux drames de l'alcool sans y aller par quatre chemins.

Le pinard, quelle histoire !

ARGOTIQUE À SOUHAIT, LE *PINARD* EST SANS DOUTE LE SYNONYME DU VIN LE PLUS CÉLÈBRE, OBJET DE NOMBREUSES THÉORIES AUTOUR DE SES ORIGINES, PLUS NÉBULEUSES QUE LES LUNETTES EN PEAU DE SAUCISSON DE CELUI QUI S'EN ABREUVE.

Un vin poilu...

Bien avant que Michel Simon ne chante *Vive le pinard* (1967) de sa voix un brin pâteuse, ce mot passait pour avoir été inventé par les poilus qui tâtaient du *père Pinard* ou *saint Pinard*, dès que l'occasion d'oublier la vie dans les tranchées s'offrait. Ce cru était apparenté à la *piquette* un peu fadasse offerte par le gouvernement dans la ration soldatesque. Ce quart réglementaire passe de 50 centilitres par jour en 1914 à 75 centilitres en 1917, l'eau polluée et la surproduction des vins du Midi faisant du pinard l'allié des pauvres poilus, forcés, parfois, de se raser au vin quand l'eau venait à manquer.

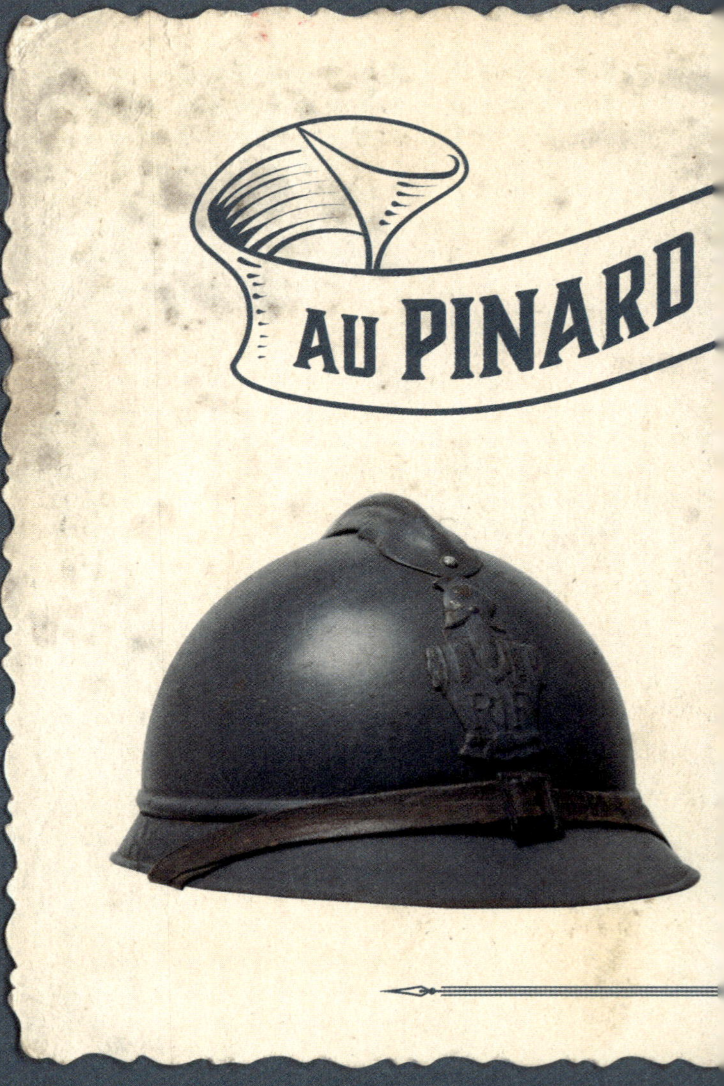

Un certain Jean

Mot à la terminologie crapuleuse, le *pinard* serait associé au *pineau*, cépage volumineux en forme de grosse pomme de pin qu'on retrouve dans l'ouest de la France. À moins qu'il ne rende un hommage aviné au *pinot* noir, cépage phare de la Bourgogne. On évoque aussi l'existence d'un certain Jean Pinard, un vigneron bourguignon du XVIIe siècle au nom bien commode pour les étymologistes du dimanche. Persistant, le mot *pinard* est intégré d'assez mauvaise grâce par l'Académie française en 1935.

... et fraternel

Au beau milieu de cette guerre internationale, le mot *pinard* passe dans les autres langues avec plus ou moins de bonheur : pas très fortiches en français, les Américains l'appellent *peanut*. Dans *Les Poilus de la 9e* (1915), Arnould Galopin raconte cet étonnant échange :

« Ils vident voluptueusement leurs verres. – Bon "pinard" ! ... fait l'un. Nous partons tous d'un bruyant éclat de rire... Voilà nos Boches qui parlent argot, maintenant ! »

Mille millions de millésimes !

CERTAINS SONT MYTHIQUES, ET LEUR SIMPLE ÉVOCATION VOUS HÉRISSE DE QUELQUES FRISSONS. MAIS AU-DELÀ DE FAIRE MONTER LES ENCHÈRES SUR L'AUTEL DE LA SPÉCULATION, EST-IL POSSIBLE DE (RE)CONNAÎTRE LES VRAIS MILLÉSIMES D'EXCEPTION ?

EN L'AN DE GRÂCE

« Cette année-là… », fredonnait Cloclo deux ans avant 1978, considéré aujourd'hui comme un millésime exceptionnel pour les rouges dans toutes les grandes régions viticoles françaises de l'époque. Si professionnels et amateurs adoptent volontiers un air béat devant une carte des vins dotée d'un peu de profondeur, glissant un index tremblant de date en date comme on consulterait une archive nécrologique, le buveur béotien est en droit de se demander comment ne pas se planter d'année.

L'ALIGNEMENT DES ASTRES

Mais qu'est-ce qu'un *grand millésime*, sinon le triptyque béni d'une météo parfaitement adaptée au terroir concerné, de raisins sains, et d'un vigneron qui ne craint pas d'être tatillon ? Car s'il est possible de produire un vin moyen avec d'excellents grains, difficile de sortir un grand cru à partir de vendanges mal foutues.

Être un millésime, c'est pas si facile

Si le petit jeu des millésimes caresse les collectionneurs les plus acharnés dans le sens du graal, quelques bémols s'imposent, car la définition n'est pas si simple.

L'épreuve du temps

Il faut bien rappeler que la logorrhée millésimée qui abreuve les sillons de nos amis sommeliers n'existait pas du temps où gigolos poudrés et nobles emperruqués se retrouvaient à la cour pour s'envoyer des verres d'irancy ou de vosne-romanée. Sachons donc faire preuve d'un peu d'humilité, car la notion de millésime est encore relativement récente.

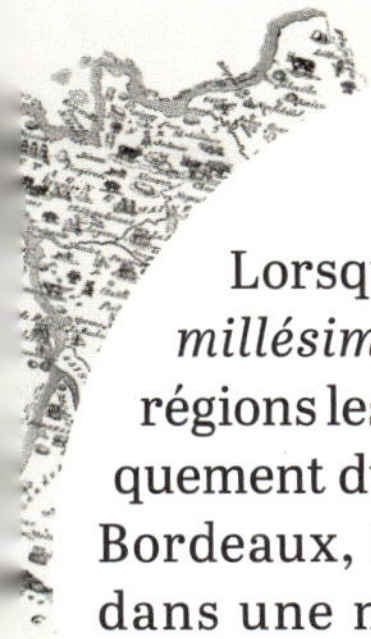

Le biais géographique

Lorsque l'on parle de *grands millésimes*, on parle surtout des régions les plus prestigieuses historiquement du vignoble français (à savoir Bordeaux, Bourgogne, Champagne et, dans une moindre mesure, Alsace et vallée du Rhône) – alors même que l'on se rue aujourd'hui sur Languedoc ou Savoie, et que bon nombre d'amateurs ne jurent plus que par le Jura.

L'effet de mode

Comment être sûr que le prestige de certaines années n'est pas le reflet d'une simple tendance ? Cela a pourtant été le cas dans les années 1980 lorsque le célèbre œnologue Robert Parker, critique de vins américain, a imposé sa grille de notation et ses critères de dégustation à l'ensemble du vignoble français, favorisant des vins plus concentrés, massifs, taniques. N'oublions donc pas que l'appréciation d'un millésime reste aussi le fruit d'un ensemble de critères encore très liés, hélas, aux palais avertis d'une époque donnée.

Voici une carte qui vous permettra de feindre l'érudition sur les grands rouges – histoire peut-être de combler quelques blancs.

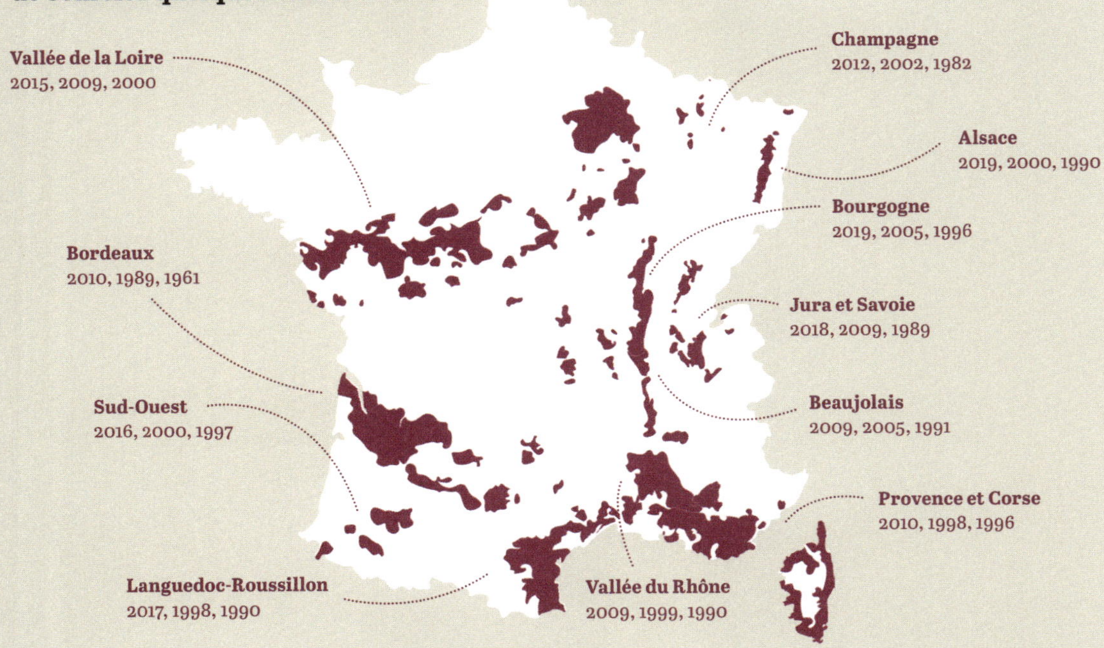

ÊTES-VOUS À CHEVAL SUR L'ÉTIQUETTE ?

EN LIVRANT DE PRÉCIEUSES INFORMATIONS SUR LE CONTENU DE LA CARAFE MAIS AUSSI SUR LEUR ÉPOQUE, LES ÉTIQUETTES FONT LE BONHEUR DES HISTORIENS, DES ŒNOGRAPHILES (COLLECTIONNEURS D'ÉTIQUETTES DE VIN) ET DES BUVEURS AU PALAIS AFFÛTÉ.

VIN, J'ÉCRIS TON NOM

Les amphores d'Égypte antique portaient déjà des inscriptions indicatives. L'entrée en scène de l'étiquette fut intimement liée à l'essor de la verrerie qui permit à la bouteille de s'imposer dans les commerces à la fin du XVIIIe siècle (voir « … pourvu qu'on ait l'ivresse », p. 98) et à l'invention de la lithographie par Aloys Senefelder, à la même époque. Ce n'est qu'au début du XXe siècle que l'étiquetage se généralise, en même temps que sont votées les premières lois sur la répression des fraudes. L'amour de l'étiquetage va de pair avec la chasse au mauvais vin !

ENQUÊTE SUR L'ÉTIQUETTE

L'étiquette est avant tout là pour informer. D'abord avec les mentions obligatoires comme le nom du produit, le titre alcoométrique, le volume, le nom de l'embouteilleur, la présence d'allergènes, les messages sanitaires et le pays d'origine (quand le vin est importé). Puis les mentions facultatives qui indiquent millésime, cépages et autres distinctions. Enfin, s'ajoutent les mentions libres qui ouvrent chaleureusement la porte aux joies du marketing.

ALERTE AU ROUGE : Y'A PLUS D'ÉTHIQUE !

Si les mentions libres et facultatives n'ont pas droit au mytho, il arrive qu'elles induisent en erreur (en toute innocence, bien sûr). Facile de s'y perdre et, dans la multitude d'émilion ou de julien, on ne sait plus à quel saint se vouer ! Gare aux mentions abusives comme les médailles ou l'indication *vieilles vignes* censées faire mousser l'acheteur (si les vignes en question ont moins de 25 ans, c'est du flan). Il ne faut pas confondre non plus *grand cru* et *grand vin* : cette dernière mention n'est pas forcément un gage de qualité, car point réglementée !

SOBRIÉTÉ DE LA QUILLE

Si les vins nature (entre autres) sont les premiers à déroger à la règle avec des étiquettes conjuguant jeux de mots édifiants et univers graphique loufoque, la norme reste plutôt la sobriété. C'est du moins de ce côté que se rangent les grands crus. Il est toutefois possible de croiser des étiquettes aussi scabreuses que drôles. Du moment qu'elles attirent notre œil, c'est que le pari est gagné.

ŒNOGRAPHILES À L'UNISSON !

Il n'y a pas de collectionneurs d'étiquettes de vin (qu'on appelle aussi *éthylabélophiles* ou *œnosémiophiles*) sans créateurs à l'imaginaire singulier. Par exemple, l'artiste Robert Héritier s'est inspiré de vitraux médiévaux. L'imprimerie suisse Roth & Sauter s'est aussi longtemps démarquée dans l'esthétique du flacon.

En forme, la bouteille !

ÉLANCÉE, CYLINDRIQUE, TEINTÉE, LA BOUTEILLE DE VIN CHANGE DE COURBES AU FIL DES RÉGIONS. VOICI QUELQUES EXEMPLES EN BONNE ET DUE FORME.

La bouteille de champagne : un exemple de résistance

Peu nombreux sont les flacons pouvant contenir un tel festival de bulles, et c'est à nos cousins d'outre-Manche qu'on doit la fameuse invention de cette bouteille d'un nouveau genre en 1634. Fabriqué dans un four à charbon, son verre teinté (généralement de couleur verte, même si certains verres sont parfois transparents), plus épais, est aussi plus résistant, avec un fondement plus large... Autant de qualités qui se révéleront indispensables pour conserver du champagne ou tout autre vin pétillant.

La réglementaire flûte d'Alsace

Si vous pensiez que l'Alsace faisait comme tout le monde, c'est que vous n'avez jamais croqué dans un coq au riesling. La bouteille d'Alsace a elle aussi son identité propre, sous une forme strictement réglementée depuis 1963 ! La flûte alsacienne débute ainsi par un col élégamment allongé se poursuivant en douceur sur un corps droit et cylindrique, dont le diamètre correspond à un cinquième de sa hauteur. Concernant la couleur du verre, il n'y a pas de règles strictes, même s'il est généralement brun pour les vins du Rhin et vert pour ceux de Moselle. Quoi qu'il en soit, une chose est sûre : on ne rigole pas avec le gewurztraminer.

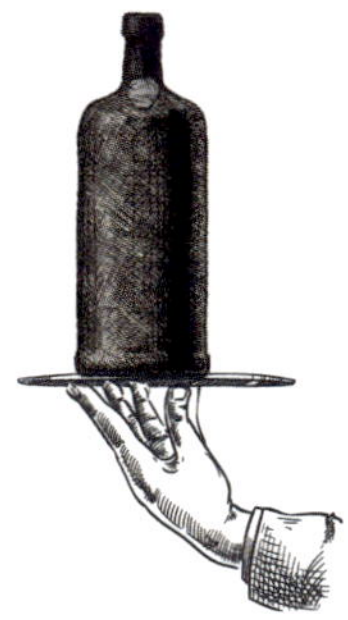

Comme un air de clavelin

Difficile de déguster un vin jaune du Jura sans se saisir de son étonnant contenant : le clavelin. Bouteille singulière datant du XVIIIe siècle, sa contenance est réglementée à 62 centilitres et son verre arbore une teinte vert olive. Elle tire tout simplement son nom des Clavelin, une famille de viticulteurs à qui l'on doit cette invention. On trouve aussi dans le Jura un autre format de flacon plus classique de 75 centilitres et aux formes généreuses, avec toutefois une petite spécificité : il arbore la mention *Arbois* ou *Jura* en lettres de verre.

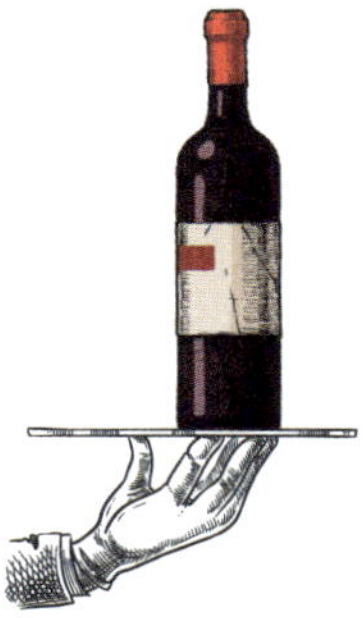

La bordelaise qui hausse les épaules

Sans aucun doute la plus répandue, la forme de la bordelaise peut pourtant connaître quelques variations sans qu'on s'en hérisse le gosier. On lui trouvera le plus souvent une couleur verte (ou du moins sombre, pour protéger le vin de la lumière), une forme droite et des épaules élancées (contrairement aux épaules sensuellement tombantes de la traditionnelle bouteille de Bourgogne). Deux paramètres bien utiles pour stocker et conserver le vin allongé – et éviter ainsi que son bouchon ne se dessèche (voir « Petites leçons de conservation », p. 78).

Mignonne la bourguignonne

Son col fin n'est pas aussi allongé que celui de la flûte alsacienne et ses épaules moins charpentées que celles de la bordelaise, tandis que son corps est plus large. Avec sa couleur « feuille morte », on vante souvent son élégance, au même titre que son contenu...

Les provençales sans foi ni loi

La terre natale du rosé semble n'avoir aucune limite dans la promotion de ses jus et n'hésite pas, pour cela, à transgresser les dimensions de la bouteille traditionnelle. On s'encanaille donc ici avec des formes atypiques telles que la côtes-de-Provence ou la flûte à corset (en forme de 8). Cette dernière, charmante au demeurant, se montre bien peu pratique pour le stockage, et est donc à boire directement au comptoir !

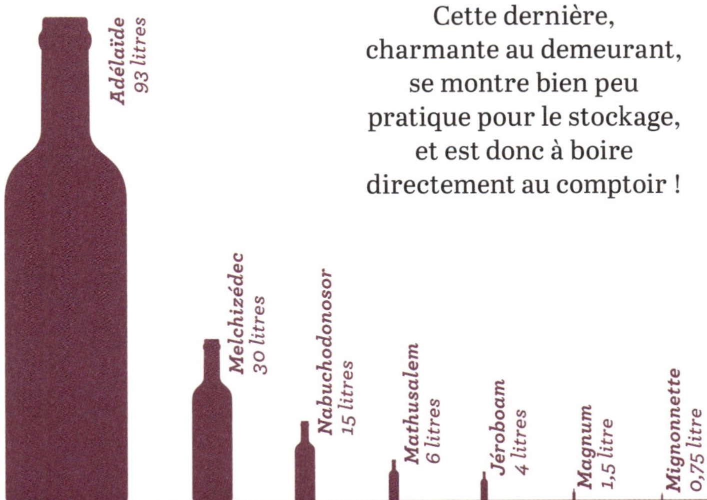

La course aux géants Si *mignonnettes* et *magnums* n'ont aucun secret pour le commun des mortels, le grand flaconnage tire le nom de ses contenants des personnages de la Bible. Une tradition qui s'est développée avec la clientèle cossue du XIXe siècle. Les deux rois d'Israël Jéroboam Ier et Jéroboam II prêtent ainsi leur nom à ce double magnum pouvant contenir 4 litres (soit cinq bouteilles standards), tandis que le *mathusalem* rend hommage au plus vieux personnage de l'Ancien Testament (mort à 969 ans, quel cru !) dont l'expression héritée serait plus juste ainsi : *grand comme un mathusalem*, puisqu'il contient 6 litres. On ne rigole plus avec le *nabuchodonosor* et ses 15 litres d'élixir invoquant un des plus grands rois d'une dynastie babylonienne. Mais tout ça reste de la gnognotte à côté du *melchizédec*, qui peut contenir encore deux fois plus de jus. Qui osera battre ce roi de Salem ? *L'adelaïde* bien sûr, et sa contenance époustouflante de 93 litres. Et l'on ira encore dire qu'il n'y a pas que la taille qui compte...

DONNEZ-MOI UN A, DONNEZ-MOI UN O, DONNEZ-MOI UN C !

BOIRE BIEN OU BOIRE BEAUCOUP, TELLE EST LA QUESTION. LE VIN A LONGTEMPS ÉTÉ TIRAILLÉ ENTRE QUALITÉ ET QUANTITÉ. UN DILEMME AUQUEL ONT ENFIN RÉPONDU LES AOC : APPELLATIONS D'ORIGINE CONTRÔLÉE.

TRIBULATIONS VINESQUES

Au début du xxe siècle, le vignoble français est dans la panade. Le phylloxéra est passé par là, les vins frauduleux vont bon train et les récoltes médiocres mettent le vin dans le rouge. De cette crise naît la première loi sur la répression des fraudes en 1905. Elle ne met pas encore en cause la qualité du produit mais la tromperie sur sa provenance.

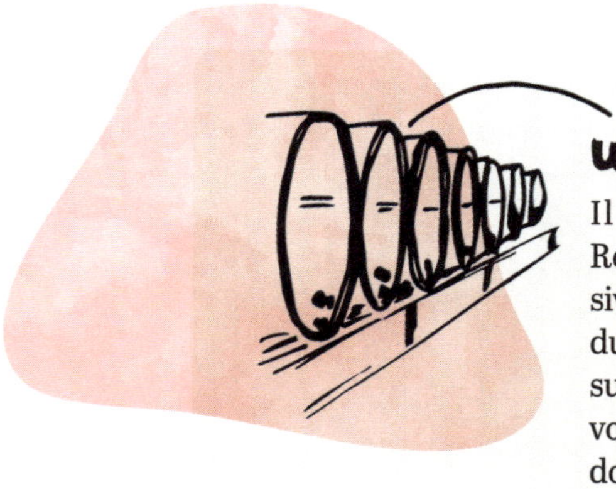

UN LONG CHEMINEMENT

Il faudra attendre encore deux ans pour que la Répression des fraudes stipule que le vin est issu « exclusivement de la fermentation alcoolique de raisin frais ou du jus de raisin frais » : fini les ajouts intempestifs de sucre. Les premières délimitations des régions viticoles voient le jour en 1908. En 1919, l'adresse du producteur doit être mentionnée. Mais la qualité reste la grande oubliée ! Ce n'est qu'en 1927 qu'on interdit les hybrides. Les appellations d'origine font tranquillement leur entrée en scène jusqu'à ce que le vignoble soit encadré par un décret en 1935, associant enfin la qualité aux contrôles des origines et des conditions de production.

LE ROY DES APPELLATIONS

L'amour peut faire déplacer des montagnes et le baron Le Roy en est la preuve. Pierre Gabriel Vincent Ernest Le Roy de Boiseaumarié (de son p'tit nom), pilote de chasse pendant la Première Guerre mondiale, reprend ses études de droit après la guerre et s'amourache d'Edmée Bernard Le Saint, héritière de château Fortia, un des plus remarquables châteauneuf-du-pape. Le militaire se découvre une passion pour la viticulture et devient le premier défenseur des réglementations territoriales. En posant un premier cadre réglementaire en 1923 (utilisation de cépage noble, 12,5 degrés d'alcool minimum, etc.), il fait du syndicat de châteauneuf un précurseur avant de cofonder l'INAO (Institut national des appellations d'origine) en 1935.

CHACUN SON TOUR, S'IL VOUS PLAÎT !

En 1950, seulement un dixième de la production nationale de vin est classé en AOC. La faute à l'administration qui crée un bouchon (de liège). Ça se bouscule au portillon de la réglementation ! Les nombreux vins en attente d'obtention de leur AOC sont étiquetés AOVDQS (appellation d'origine vin délimité de qualité supérieure). Cette catégorie, faute de mieux, n'existe plus depuis 2011. La production en AOC représente la moitié du vignoble français dans les années 1990. Un succès qui s'explique notamment par le fait que les Français boivent moins, mais mieux : se lustrer le gosier, c'est une chose, mais pas avec n'importe quel jus. Même si on peut leur reprocher d'être aujourd'hui des cotes bien mal taillées...

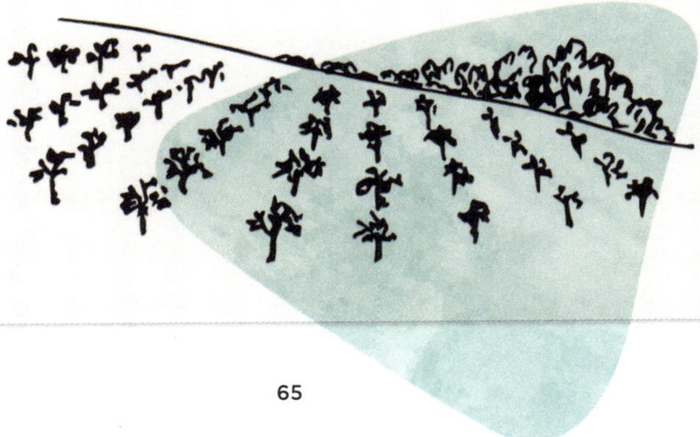

C'EST DE LA TRICHE !

POUR ÉVITER CARAMBOUILLES ET ESCROQUERIES LIQUIDES, VOICI UN PETIT PRÉCIS DE FILOUTAGE VINEUX !

DU VIN PLÂTRÉ ?

D'après l'agronome romain Columelle (Ier siècle), le plâtre, le fenugrec et l'eau de mer étaient tous trois essentiels à la vinification. Fait de gypse, un sulfate de calcium, le plâtre avait pour résultat de rendre le vin plus acide, plus rouge et plus limpide. Avec quelques effets indésirables sur les nerfs, la tronche, mais surtout la vessie. Pendant des siècles, on a pourtant continué à saupoudrer les raisins de cette poudre au moment de la mise en cuves, produisant un *vin plâtré*, c'est-à-dire clarifié à l'aide du plâtre.

COUPE-COUPE

Le *coupage*, c'est le mélange de vins entre eux, autorisé pour les vins de table uniquement. Une pratique très courante chez les négociants en vin, qui se livraient en pleines halles de Bercy (voir « Bercy, le village du vin », p. 110) à la fabrication de *vins d'opération*, pudique formule pour désigner cette escroquerie. Lorsqu'il s'agit de vins fins, on appelle ce procédé un *assemblage*.

L'ÉTIQUETTE FANTAISISTE

En 2005, un négociant bordelais écopa de dix-huit mois de prison avec sursis pour « invention ». Son crime : avoir vendu sous l'appellation *saint-estèphe* ou *haut-médoc* des vins coupés avec des vins du Midi. Sale temps pour les grands crus !

À LA FAVEUR D'UN BOUCHON USÉ

Pour certains grands millésimes dont le contenu s'est un peu évaporé à cause d'un bouchon faiblard, il est d'usage de compléter en sacrifiant une bouteille du même grand cru, avant de remplacer le bouchon. Il est formellement interdit d'y couler un vin plus jeune, naturellement ! Quoique... quoique.

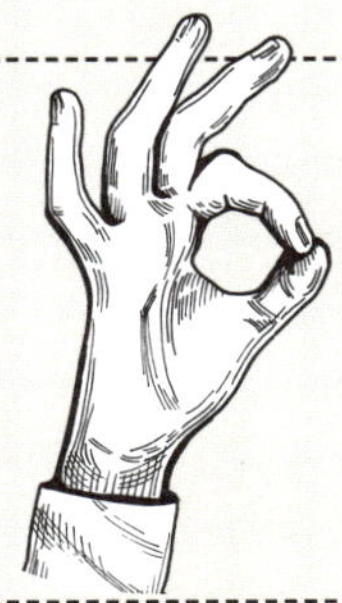

UN DOIGT DE PORTO

Une petite habitude sommelière consistait à rincer les carafes au porto ou à la crème de cassis pour y faire décanter un vieux vin un peu passé. De quoi donner un coup de fouet à un cru décati !

LA TEINTURE, C'EST COMME LA CONFITURE

Un vin pâlichon ? Qu'à cela ne tienne ! On lui ajoute un cépage *teinturier* à la pulpe bien rougeaude, tel l'aliscante bouschet rodhanien, et hop, le voilà qui trouve preneur à un tarif plus avantageux. Un tuning signalé dès la Renaissance dans l'Orléanais !

DU POISON !

En 2005, on découvre que des négociants condamnés par la justice pour fraude massive à Dole avaient aussi glissé dans les bouteilles incriminées du très toxique éthanol de synthèse, destiné à renforcer le fameux goût de noix de ces vins jurassiens. En Italie, c'est le méthanol, alcool de bois interdit, qui fit des ravages dans les années 1980 en se glissant dans les vins de table, provoquant une vingtaine de morts.

LA LÉTHARGIE DE LA LITHARGE

« Ce mascaron de gémonies [...] dont la litharge et le rogomme avaient raviné la face », décrit l'inspiré Léon Bloy dans *Femme pauvre* (1897). Oxyde de plomb parfois létal utilisé pour supprimer le goût aigre du mauvais vin, la *litharge* entraîne à l'origine de terribles « coliques de plomb ». Elle est depuis longtemps prohibée ! Et kézako, le *rogomme* ? Jadis, on appelait ainsi une liqueur assez forte pouvant donner une rauque *voix de rogomme*.

82
Pb
2
8
18
32
18
4
207.2

Profession : œnologue

MONSTRE SACRÉ DU VIGNOBLE FRANÇAIS, L'ŒNOLOGUE A LONGTEMPS FAIT TREMBLER DANS LES CHAIS. GARANT DE LA BONNE CONDUITE DES JOLIS JUS JUSQU'À LEUR MISE EN FLACONS, ON LEUR DOIT (AU DÉPART) D'AVOIR SU HISSER VINS FRAUDULEUX ET FRELATÉS JUSQU'À DES SOMMETS DE QUALITÉ. MOYENNANT TOUTEFOIS UN REVERS DE LA MÉDAILLE UN PEU CANAILLE.

Vieux comme le monde, ou presque

La connaissance du vin ne date pas d'hier, mais il aura fallu du temps avant de lui donner un nom. On rencontre pour la première fois le terme *œnologie* au XVIIe siècle, évoqué alors de manière assez vague : c'est « la bonne méthode pour faire le vin ».

Jean-Antoine Chaptal, père de la *chaptalisation* – ce procédé qui consiste à ajouter du sucre dans les moûts –, apporte des précisions et définit l'œnologie comme une science qui « s'occupe de la fabrication et de la conservation du vin » (*L'Art de faire le vin*, 1807). Paradoxalement, cette science chimico-physico-biologique, que l'on nomme un peu trop tôt, est encore loin d'avoir livré tous ses secrets. L'œnologie est alors tout au plus un joli mot, mais encore creuse comme un pot.

Tour de passe-Pasteur

Louis Pasteur, en tant que père de la microbiologie, est en quelque sorte le beau-père de l'œnologie. En étudiant la fermentation du vin en 1854, il met le doigt sur deux éléments jusqu'alors restés dans l'ombre : les bactéries et les levures (voir « La levure », p. 42). Une découverte qui changera la donne ! Pourtant, les méthodes de vinification ne se modernisent sérieusement qu'après la Seconde Guerre mondiale, suite naturelle à la naissance des AOC. Adieu vin frauduleux, la répression des fraudes veille désormais au grain, et le savoir des œnologues se professionnalise enfin. Leur rôle : savoir détecter les défauts d'un jus afin de rectifier le tir en cas de pépin.

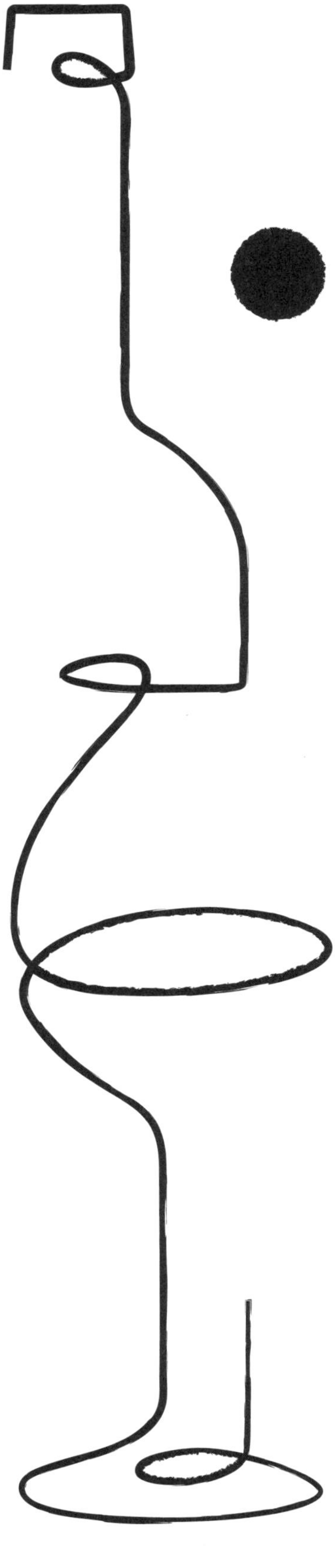

Ne pas confondre *œnologie* et *sommellerie* !

Si le diplôme national existe depuis 1955, répondant à la demande des pouvoirs publics de prendre en main la qualité du vignoble, la profession a sacrément pris du galon au fil des ans, certains œnologues régnant en véritables roitelets, notamment sur le vignoble bordelais. Censée détecter et dégainer à la moindre aspérité, la profession a œuvré à une certaine standardisation des vins, dont on commence à peine à s'extirper grâce à l'arrivée d'une nouvelle génération ne cédant plus aux charmes de la chimie. D'où la nécessité de bien distinguer *œnologue* et *sommelier* : si le premier est censé voir le mal partout, on attend du second de savoir reconnaître et juger un vin à ses arômes et à son goût. L'amateur lambda ou éclairé vient donc en dernier. Il lui incombe alors la lourde tâche de le déguster, d'en parler, voire de l'aimer.

CAVISTES EN FOLIE

SI LE RAISIN A BESOIN DE SOLEIL, LE VIN, LUI, S'ÉPANOUIT DANS L'OBSCURITÉ DE LA CAVE.

LA CAVE

Antre à l'hygrométrie savamment calculée, ce lieu qui ne supporte que des températures comprises entre 12 et 16 degrés Celsius, n'a pas toujours bénéficié de la convivialité commerciale qu'on lui connaît aujourd'hui.

HASTA CAVISTA BABY

Les caves, on en a depuis belle lurette. Une des plus anciennes remonterait à 1700 avant notre ère : la cave à vin du palais Telkabri, en Jordanie, dont la riche collection de 3 000 jarres a été découverte par une équipe d'archéologues. Pourtant, le métier de caviste n'arrive que bien plus tard. On trouve certes des marchands de vin puis des taverniers à partir du XVIIIe siècle mais, jusque-là, le vin ne se sirote presque jamais chez soi. On le consomme sur place dans des lieux de biture prévus à cet effet.

PAS SI PETIT LE NICOLAS

Patatras ! En 1822, un certain Louis Nicolas chamboule tout et s'impose comme le premier vendeur et livreur de vins en bouteilles à des particuliers. Solo sur le marché qu'il a tout simplement créé, il devient le roi du pétrole (enfin, du pinard) que l'on connaît internationalement aujourd'hui.

DES CAVISTES PAS CAVES

La variété des caves existant en France à l'heure actuelle ne permet pas vraiment de considérer les cavistes comme un groupe homogène. Majoritairement masculine certes, la profession est toutefois conquise par la gent féminine, lentement mais sûrement. Quant à l'ensemble de ces zigues, ils ont leur caractère bien trempé (dans le jus de treille) et des personnalités plus ou moins taniques. En voici quelques exemples fruités :

La (vin) naturiste

Loin d'avoir suivi la mode récente, le vin nat' est sa passion depuis un sacré paquet de lustres. Elle a roulé sa bosse sur le perlant non sulfité et se réjouit de convertir de nouveaux gosiers à son art, allons donc péter le bouchon.

Le juge du jus

Il adule ses quilles et estime que ses clients n'en sont pas dignes surtout quand ils n'entravent rien à la chaptalisation. Le vilain en profite pour imposer son choix (pas forcément le bon) avec autorité. Passons notre chemin.

Le pousse-au-crime

Sympathique, il ne manquera pas une occasion de nous faire déguster sa dernière trouvaille. Un bonheur pour les papilles mais boire un godet à 11 h du mat' ça peut fiche un coup dans le jabot, restons sur nos gardes.

À table !
Le vin au restaurant

BISTROT, TABLE ÉTOILÉE OU RADE DE QUARTIER, LA QUESTION DU VIN DEVIENT SENSIBLE LORSQUE SONNE L'HEURE DE SE RESTAURER. QUELQUES REPÈRES S'IMPOSENT AFIN D'ÉVITER DE S'ÉCHARPER AVEC LE SOMMELIER.

CARTE SUR TABLE

Avant de faire appel au divin savoir du sommelier, quelques indices peuvent d'ores et déjà alerter sur une éventuelle indigence.

La carte à trous

Millésime manquant, nom du domaine aux abonnés absents, mélange des rouges et des blancs... Si l'exercice réjouira les amateurs du jeu du pendu, on peut légitimement penser que le taulier n'en connaît pas un rayon côté crus et appellations.

La carte bourrée... de fautes

Sans exiger d'un sommelier de s'être sifflé le *Littré*, des noms de vignerons et cuvées mal orthographiés trahissent, hélas, une direction qui néglige la forme et sans doute le fond.

La carte *a minima*

Classement des vins en rouge, blanc, rosé, appellations vaguement mentionnées – souvent sur une demi-page entre deux feuilles plastifiées –, il y a fort à parier qu'il ne s'agit pas là d'une fulgurance minimaliste, mais bel et bien d'un amour du générique.

La carte monomaniaque

Un gros négociant qui revient au fil des pages à tout bout de champ ? Voilà sans doute un signal probable de paresse du restaurant... Et si un logo apparaît en gros, on peut alors soupçonner une carte des vins savamment phagocytée !

LIRE ENTRE LES VIGNES

Air suffisant, saillies sibyllines, formules alambiquées... Voici comment traduire le jargon sommelier pur jus, histoire d'y voir plus clair entre picrate et cru !

« Il est charpenté, mais y'a de la finesse. »
Comprendre : « Il va cogner, mais pas tout de suite. »

•

« Il va s'ouvrir. »
Comprendre : « Il manque de goût, mais ayez un peu d'imagination, merci. »

•

« Un petit coup de carafe ? »
Comprendre : « Je suis violent avec les clients. » Ou : « Ce vin mérite de prendre l'air. »

•

« Quelle région ? »
Comprendre : « J'aurais aimé être prof de géo. »

•

« Rouge pour monsieur, blanc pour madame ? »
Comprendre : « J'avais 20 ans dans les années 1950. »

•

« Un petit dernier ? »
Comprendre : « Il me reste un fond de bouteille, ce sera pour vous ou la sauce du plat de demain. »

C'EST LE MOMENT DE PRENDRE UNE DÉCISION

Inutile de suer à grosses gouttes et de se laisser intimider par le sommelier, dont le métier est en premier lieu de savoir écouter. Une règle d'or : éviter les extrêmes. Le plus cher sera rarement le plus convaincant, tandis que le moins coûteux risque fort de piquer un peu. Il ne faudra toutefois jamais avoir honte de miser sur les secondes étiquettes de quelques grands noms, de choisir un millésime sur lequel personne n'a voulu miser, ni de demander à goûter avant de se décider ! Sans oublier de toujours refuser de se laisser soudoyer par un serveur pourtant bien intentionné.

À quel verre se vouer ?

VERRE À BORDEAUX OU À BOURGOGNES, À ROUGES OU À BLANCS ? EN MATIÈRE DE CONTENANT, BIEN SOUVENT TOUT FOUT LE CAMP. VOICI QUELQUES REPÈRES POUR CHOISIR ENFIN LE BON VERRE.

Le verre bourguignon

Si l'on garde pour le *ballon* une profonde affection, c'est parce qu'il reste encore l'emblème d'un certain art de vivre à la française, mélange de culture populaire et de films en noir et blanc où des figures du cinéma éclusaient verre sur verre avant de rentrer en claudiquant.

Mais derrière son côté joufflu et son col un brin serré se cache l'exquise vertu de concentrer les arômes du divin pinot noir, que l'on se contentera de verser aux trois quarts.

Le verre à bordeaux

Avec des courbes plus élancées et un buvant ouvert aux quatre vents, le verre *bordelais* dévoile par sa silhouette le désir impérieux de vins souvent capiteux de s'oxygéner un peu. Rempli délicatement jusqu'à sa sensuelle épaule, voilà un verre qui adoucira de revêches tanins, tout en conservant la puissance d'un fruit joliment alangui.

Les verres à champagne

Ni *flûte* ni *coupe*, bien au contraire ! N'en déplaise aux amateurs de bulles (voir « Champagne ! », p. 28), le format trop étroit de la première et l'ouverture trop grande de la seconde empêchent dans les deux cas l'appréciation des arômes et la digne effervescence du champ. Seul le verre *en tulipe* trouvera grâce auprès des palais des plus délicats.

Ça vous la coupe ?

Le verre à vin alsacien

Hormis le fait d'être aussi haut sur pattes qu'un héron cendré, le verre *alsacien* est à la sournoiserie ce que la prune est à l'eau-de-vie. On raconte que son pied de couleur verte était une vile manœuvre de la part de viticulteurs peu scrupuleux d'embouteiller des vins encore immatures, dont les reflets pommés trahissent un jus bien trop jeune pour être bu. Il était donc d'usage de mettre la couleur sur le dos du verre vert et non du vin.

Le verre INAO

On lui prête un côté universel, tant sa forme sied à n'importe quel nectar. Utilisé en dégustations et salons, son côté diplomate le rend plutôt sympathique, capable à la fois de concentrer et de développer les arômes, de garder la bulle sans jamais l'anoblir... Le verre *INAO* est le meilleur ami de ceux qui ne comptent pas boire qu'un peu !

En verre et contre tous

Sus à la coupe, haro sur la flûte ! Oublions ballons et autres verreries barbantes pour laisser place à l'insolite. Car, en matière de chopine, on ne manque pas de fantaisie ! Verres teintés, tailles défiant toutes les règles, asymétrie du buvant... Pour peu qu'on fasse fi des conventions, il existe un verre pour chaque personnalité, aussi excentrique soit-elle. Si certains geeks peu portés par la poésie de la dégustation se laisseront tenter par le verre connecté 3.0 qui livre des informations sur son contenu, d'autres n'hésiteront pas à se laisser tourner la tête avec un verre à l'envers. Du grand n'importe quoi, peut-être, mais pourquoi pas ?

AU PAYS DES TIRE-BOUCHONS

« LA SEULE ARME QUE JE TOLÈRE, C'EST LE TIRE-BOUCHON », TONITRUAIT LE BELLIQUEUX JEAN CARMET. D'ACCORD, MAIS LEQUEL ?

CONTRE-ENQUÊTE SUR L'INVENTION DU TIRE-BOUCHON

Si l'on aurait pu attendre des Français ou des Italiens l'invention du précieux outil, c'est en réalité du côté des Anglais, dont la réputation viticole n'est pourtant pas des plus glorieuses (mais jamais les derniers pour s'en jeter un derrière la cravate en tweed), que le tire-bouchon a été inventé. En cause, leur penchant certain - et avant-gardiste - pour le vin vieilli en bouteille.

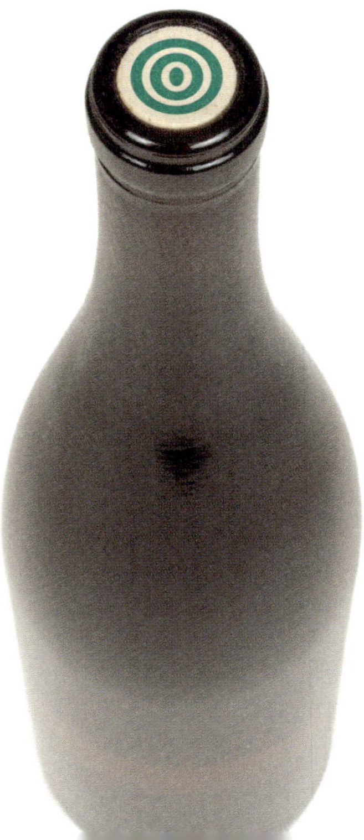

LA QUERELLE DES LITTÉRAIRES

Plusieurs vieilles plumes se disputent la première mention de *tire-bouchon* en littérature.

Certains la situent dans un texte du poète Nicholas Amhurst en 1720, *The Bottle Scrue* (version anglaise de *tire-bouchon*), un conte cocasse dans lequel un sombre vicaire de campagne se trouve confronté à une bouteille dont il est incapable de retirer le bouchon. De guerre lasse, et après avoir failli y laisser quelques molaires, il finit par s'endormir. Bacchus, dieu du Vin, le visite alors en songe, armé d'un tire-bouchon.

Dans les *Œuvres Complètes* de Voltaire, parues en 1757, on trouve une petite anecdote dépeignant Cromwell, militaire et homme politique anglais, attablé avec ses conseillers, en train de chercher un tire-bouchon malencontreusement tombé sous la table.

Cela étant, on ne saurait ignorer à la fin du XVIIe siècle le poème d'Alexandre Lainez, « L'Origine du tire-bouchon », dans lequel l'Amour utilise en guise d'ouvre-bouteille... une flèche glissée hors de son petit carquois !

TOUR D'HORIZON DU TIRE-BOUCHON

En T
Le plus simplet, inventé par le brave révérend Samuel Henshall en 1795, avec une mèche surmontée d'un manche en bois, en métal ou en résine. En l'absence de système de levier, autant dire qu'il s'agit là d'un ouvre-bouteille nécessitant quelques biceps et un soupçon d'huile de coude.

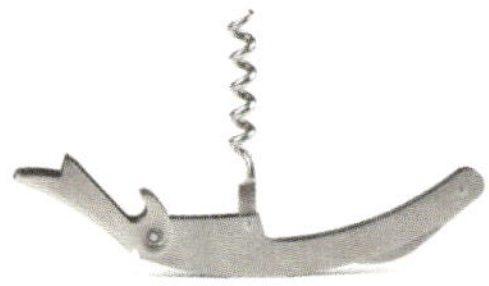

Le limonadier
Une version qui ne paye pas de mine(s), mais qui en promet de belles, parfait outil des arsouilles tout terrain. Reconnaissable à sa petite lame de couteau qui n'est pas sans rappeler une nageoire de requin, on le doit à l'Allemand Carl F.A. Wienke qui, en 1882, a la riche idée de combiner coupe-capsule, ouvre-bouteille et décapsuleur en un seul et même objet.

Le sommelier
Un modèle dont le nom force le respect, que le professionnel éponyme use à l'envi afin d'impressionner le néophyte. Manche en bois, corné voire nacré, tige d'acier autour de laquelle se déploie une lame de couteau, mèche en queue-de-cochon, levier à double cran… Un arsenal à faire rougir un pâle limonadier.

À vis sans fin
Avec un sobriquet qui laisse penser à une délicieuse méthode de torture médiévale, un modèle fort ingénieux mis au point en 1802 par un certain Edward Thompson. D'un côté, une mèche, de l'autre, une vis « sans fin », au milieu desquelles on trouve une cloche qui sert à prendre appui sur le goulot, et une vis qui sert à faire sauter le bouchon avec la grâce d'un leste gymnaste.

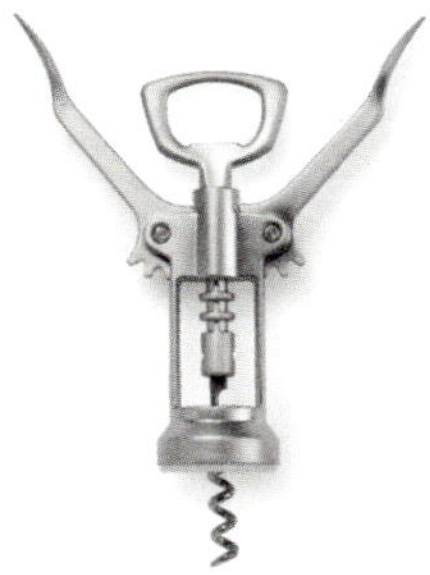

Le Charles de Gaulle
Sans doute pas le plus pratique pour se pousser un verre dans le battant, mais certainement le plus réjouissant en matière de référence ! Flanqué de deux leviers ouverts sur les côtés, on lui trouve une certaine parenté avec le général de Gaulle les pattes levées en plein discours.

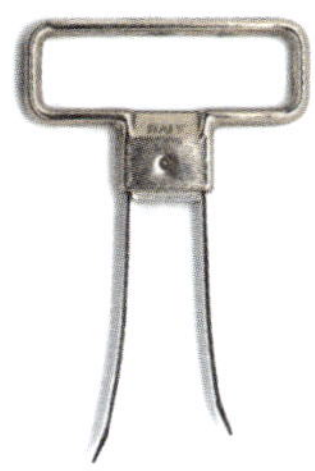

Le bilame
Accessoire indispensable des antiquaires de vieux flacons, le bilame possède une guibolle plus longue que l'autre. C'est cette dernière que l'on glisse en premier autour du bouchon, puis la seconde, avant de le faire ressortir délicatement à l'aide d'un mouvement ondulatoire des plus suggestifs, histoire d'éviter un trop fâcheux effritement.

PETITES LEÇONS DE CONSERVATION

EN L'ABSENCE DE CAVE, LA TENTATION EST GRANDE DE TOUT BOIRE AU COMPTOIR EN UN SEUL ET MÊME SOIR. QUE CE SOIT POUR QUELQUES JOURS OU QUELQUES DÉCENNIES, DE NOMBREUX FLACONS MÉRITENT POURTANT UN PETIT SÉJOUR À L'OMBRE.

LA TRISTE VÉRITÉ & L'ART DE LA MÉTHODE

Au risque de passer pour d'odieux peine-à-jouir, soulignons ici qu'il est impossible de garder petits et grands crus des années durant dans le secret de sa chambrette, et encore moins dans les bas-fonds de sa cuisine. Voici donc quelques conseils d'experts afin d'y boire plus clair.

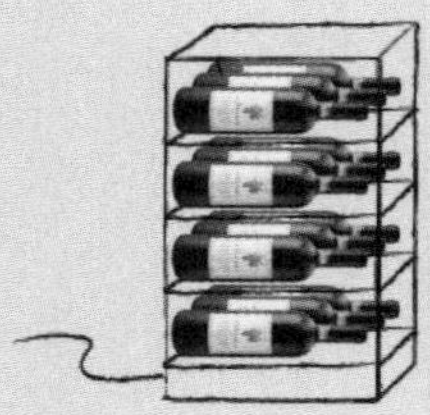

L'armoire sans glace

Parade incontestée des citadins aux caves incertaines, l'armoire à vin demande certes un petit billet, mais présente l'avantage de conserver entre 12 et plus de 200 bouteilles à une température exquise de 12 degrés Celsius tout au long de l'année.

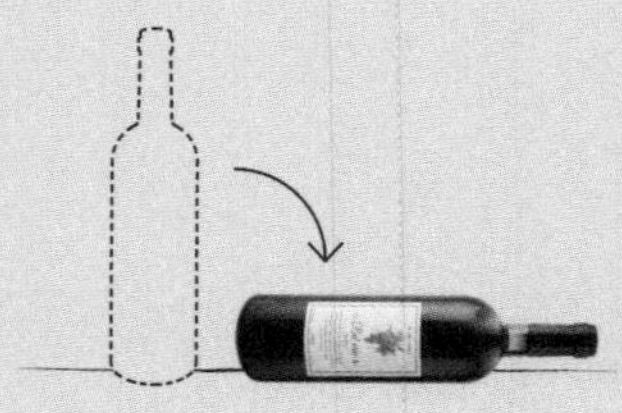

À l'horizontale

Si la position couchée n'apparaît pas comme la plus naturelle, elle reste pourtant le meilleur barrage au dessèchement du bouchon. Sans oublier qu'une fois alanguies, les bouteilles ne souffriront pas d'un peu de calme avant de s'offrir à vos verres.

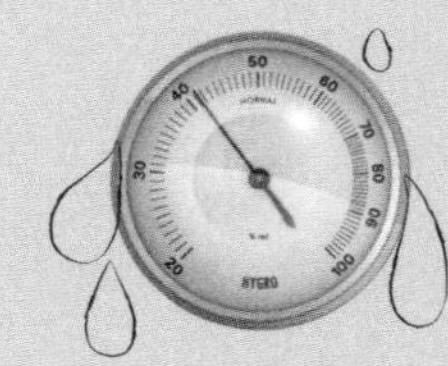

Moite, c'est mieux

Derrière le sobriquet barbare d'*hygromètre* se cache un fort utile ustensile capable de mesurer le taux d'humidité de votre cave. En le maintenant aux alentours de 70 %, il est possible d'éviter une fâcheuse oxydation des plus fragiles bouchons. Sans oublier de protéger les étiquettes à l'aide d'un film plastique, quitte à devoir choisir entre long terme et esthétique.

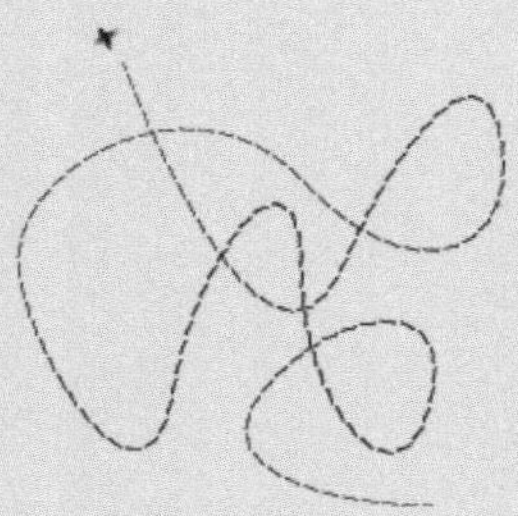

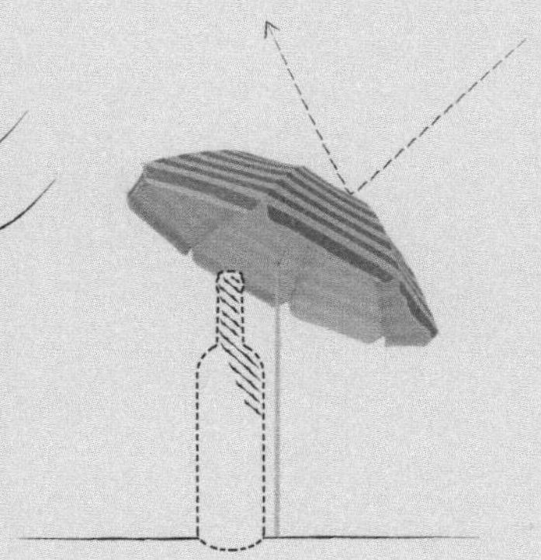

Plus un bruit
Non pas que le vin puisse avoir l'oreille musicale – quoique certains vignerons n'hésitent pas à jouer à leurs barriques quelques airs de flûte –, mais ce sont bien les vibrations causées par des nuisances sonores, des plus tonitruantes aux plus imperceptibles, qui risquent à terme de tourmenter vos côtes-roties.

Brasser de l'air
Même dans les sombres tréfonds d'une cave voûtée, les bouteilles restent perméables aux plus passables fumets. Il est donc vivement recommandé d'installer un sobre système de ventilation, histoire d'éviter un goût de renfermé.

Sans en connaître un rayon
L'un des ennemis les plus redoutables du picrate aux crus : les rayons UV, traîtres responsables de ce que l'on appelle le *goût de lumière* (voir « Le mauvais goût du vin », p. 52), à savoir une perte progressive de la richesse aromatique d'un vin au profit de dégoûtants effluves de chou-fleur en fin de parcours. D'où la nécessité de préférer la plus parfaite obscurité !

COMMENT DÉGUSTER UN VERRE ?

QUE L'ON COMPTE DÉBOUCHER UN VIN DE SOIF OU UN GRAND CRU MILLÉSIMÉ À L'APPROCHE DE SES INVITÉS, TRÊVE DE GAUDRIOLE : IL CONVIENT DE RESPECTER LE B.A.-BA EN MATIÈRE D'ÉTIQUETTE DE PICOLE.

AVANT TOUTE CHOSE

EN CARAFE

À contre-courant de ce que l'on pourrait croire, un vin peut se carafer quelle que soit sa couleur, surtout dans la prime jeunesse. Il conviendra de l'ouvrir en douce afin de botter en touche en cas de goût de bouchon. S'il paraît un peu serré au nez, un coup de carafe d'environ 30 minutes devrait théoriquement le dérider. Et, pour être certain de ne pas empoisonner ses invités, on pourra s'autoriser en amont une petite lampée.

SOUFFLER LE CHAUD ET LE FROID

On néglige souvent, à tort, ce modeste critère. Trop froid, et c'est l'équivalent d'un coup de trique sur l'aromatique. Trop chaud, et le côté alcooleux monte crescendo. Il s'agira de savoir viser juste en laissant la bouteille s'échauffer – mais jamais au-delà de 17 degrés Celsius – ou en l'immergeant dans un seau rempli au tiers d'eau fraîche et de glaçons.

LE MOMENT CLÉ

GRUMER, DE LA BOUCHE AU NEZ

À la première gorgée, il faudra oser la bouche en cul-de-poule et aspirer avant d'avaler. Une technique de rétro-olfaction qui permettra de saisir tous les arômes à l'unisson. Ensuite, concentration.

PERSISTANCE ET ENDURANCE

Les yeux mi-clos, la texture se déploie en bouche, les notes glissent sur la langue et les tanins tapissent le palais. C'est le moment du divin jugement : est-il longiligne ? svelte ? corsé ? Est-il droit comme une flèche ou rond comme un boulon ?

APRÈS LA BATAILLE : LA RÈGLE DES 3 R

REBOUCHER

Plutôt que de tout siffler jusqu'à la dernière gorgée, il peut être sage de laisser un vin s'épanouir jusqu'au lendemain. Jeter le bouchon d'origine n'est plus ici un crime de liège-majesté, et il faudra plutôt lui préférer un opercule en verre… ou en plastique, qui permettra l'utilisation d'une pompe à vide afin d'éviter l'injuste rançon de l'oxydation.

RAFRAÎCHIR

Rosés, blancs et champagnes les plus lumineux ne sauraient souffrir d'aucune lumière, et il sera donc conseillé de les ranger au réfrigérateur.

RECYCLER

Si, malgré toutes ces précautions, la cuvée vire à l'aigre, on pourra toujours se lancer dans une production de vinaigre.

Accords et désaccords mets et vins

SACRO-SAINTE SCIENCE DES SOMMELIERS ET FINS GOURMETS, LES ACCORDS METS ET VINS RESTENT ENCORE UN INCONTOURNABLE DES GRANDES TABLES. QUELQUES RÈGLES DE BASE.

À MORT LES ACCORDS ?

Il y a des situations où l'on ne sait pas dire non. Un pineau des Charentes en apéritif. Un gigondas. Une prune. Le reste de cake. Et les accords mets et vins. Pourtant, bien souvent, avoir l'outrecuidance d'accorder un menu en dix étapes à une douzaine de breuvages, même à dose homéopathique, relève de la plus pure inconscience. La preuve :

L'apéritif Les hostilités s'annoncent avec une innocente coupette de champagne. C'est le moment de grâce du sommelier, fier en son for intérieur d'offrir ce petit luxe liquide et effervescent, dont la bulle vient doucement anesthésier la langue et racler les gencives en chasse-neige. Sans même y avoir prêté attention, trois amuse-bouches ont déjà été gobés.

L'entrée La plupart du temps, un blanc qu'on annonce vif se fait une place de quelques centimètres dans le fond de verre. Au nez, voilà un vin assurément tendu. C'est à cet instant critique qu'entre parfois le second blanc. Aussi rond que le sera la victime à la fin des agapes. La langue se recouvre d'une fine patine de sucre, tandis qu'on annonce l'imminence des étapes protéinées.

Le poisson La chair nacrée du premier poisson augure généralement d'un troisième blanc, voire, pour les plus facétieux, d'un petit rouge léger. Parfois un pinot. Rarement un merlot.

La viande Le moment de virer vers des rouges au diapason de la cuisson. Des cuvées sanguines qui relancent la circulation, dévalant la vallée du Rhône avec la grâce d'une écrevisse, jusqu'à se noyer dans un fond de sauce et de châteauneuf-du-pape.

Le fromage Escorté de son aréopage de vins jaunes, le chariot de fromages s'accompagne souvent d'une envie de pause à l'eau minérale, boisson dont la platitude aromatique nous invite pourtant à lui préférer un côte-rôtie carmin.

Les desserts Alors que la valse des desserts arrive en farandole, liquoreux et sauternes font glisser docilement les ultimes petits-fours, à ce stade aussi digestes qu'une purée de fèves aux topinambours.

RÈGLES D'OR DES ACCORDS

C'est un ordre !

L'idée étant de commencer par le vin le plus acide, puis de monter progressivement jusqu'à terminer par le vin le plus puissant.

Point de porto ni de pineau

Inutile de servir spiritueux et autres liqueurs ou vins fortifiés en apéritif à moins d'essayer à dessein d'anesthésier les papilles de vos convives – et votre conscience.

Montée en gamme

Jamais un grand morgon ne devra être suivi d'un pauvre petit canon. À moins d'aimer la mélancolie, une fois le premier vin fini.

Les mets maudits

Aliments de Satan, ils sont le cauchemar des dîners du samedi soir... Asperge, artichaut, betterave, tomate, vinaigrette... Leur acidité en salade ou leur amertume doucement végétale donnent du fil à retordre aux plus fins accordeurs. Il faudra à tout prix éclipser le coup de rouge et s'orienter vers un blanc bien ciselé, du riesling alsacien aux plus fins ligériens.

Rouge sur fromage blanc, tout fout le camp

Au risque de froisser les plus fins francophiles hors de nos frontières et de détruire ce mythe du verre de rouge en évidente escorte du plateau de fromages, autant que les choses soient dites : les tanins et l'acidité contenus dans le vin rouge sont les pires ennemis de vos agapes lactées.

La surenchère du sucre

Certes, il est tentant de finir un festin sur une note plus douce, mais un vin blanc vif, un champagne minéral ou un rouge enveloppant seront tout aussi à même d'accompagner les desserts sans risquer la crise d'hyperglycémie.

HISTOIRE(S) DE PINARD

Quelle histoire, le pinard !
Depuis son invention, que de mythes ont été brodés autour de lui, inspirant à la fois les soûlards, les poètes et la sagesse populaire… Prohibé par certains cultes, encouragé par d'autres, le vin se glisse dans les proverbes et dans de nombreux contenants pour mieux faire tourner les têtes de ses vapeurs raisinées. Ambianceur des lieux de fête depuis des siècles, il est l'ami des banquets royaux, des foires à bestiaux, mais aussi des monastères, où des moines rationnés purent parfois abuser de leur délicieuse production. Pendant des siècles, il a été choyé par la médecine, qui lui trouvait tellement de vertus qu'on en remplissait les biberons des enfants chétifs. Solidaire de l'épopée des restaurants, le vin se glougloute dans les mâchons mais se sirote à une bonne table – effrayant parfois le client débutant ! Des piliers de comptoir célèbres aux fiestas d'étudiants, des halles de Bercy aux sordides assommoirs, le vin s'est tressé une légende pas toujours couronnée de lauriers, mais bien de feuilles de vigne. Au cours de son histoire, le jaja s'est aussi vu accusé de tous les maux : fraudeur, pousse-au-crime, affameur de vigneron ou sournois dessous-de-table, le vin n'a pas toujours eu le beau rôle.
D'anecdotes surprenantes en histoires vombrissantes, c'est un portrait en verve de notre gouleyant vin qui se dessine !

À DÉGUSTER DANS CETTE PARTIE

PRÉHISTOIRE DE LA SAOULERIE : NOS ANCÊTRES LES ARSOUILLES

LA PREMIÈRE TRANCHE DE L'HISTOIRE DE L'HUMANITÉ SEMBLE AVOIR ÉTÉ PLUTÔT CHICHE EN MATIÈRE DE PICOLE. TROP OCCUPÉS À POURFENDRE LE SANGLIER ET À CROQUER D'OBSCURES CRÉATURES SUR LES MURS, NOS ANCÊTRES LES ARSOUILLES AURONT MIS PLUS DE 125 000 ANS À S'ARROSER LA GROTTE EN BONNE ET BUE FORME.

CESSONS DE NOUS AUTOFLAGELLER

C'est bien l'évolution qui a fait de nous des pochtrons. Si nos aïeux les primates ont eu un jour la riche idée de lâcher la branche, ce fut sans doute pour aller ramasser quelques fruits trop mûrs en guise de modeste apéro. Mais, à une époque où il était encore moins prudent qu'aujourd'hui de vouloir terrasser un tigre à dents de sabre avec du vent dans les voiles, notre organisme aura développé deux enzymes - l'alcool et l'aldéhyde déshydrogénases - capables de nous faire tituber à peu près droit, au moins le temps du combat.

LA PREMIÈRE ALCOOLO DE L'HISTOIRE ÉTAIT UNE FEMME

Si la Vénus de Milo n'a pas l'air particulièrement portée sur la bouteille, celle de Laussel, datant de 25 000 ans avant notre ère, ne semblait pas fâchée avec la cuite. En cause, une sculpture en bas-relief représentant une femme manifestement en cloque avancée, une corne à boire arrimée à sa main droite. Certains archéologues ont bien tenté de noyer le poison en voulant faire passer la corne pour une proto-cornemuse ou affirmer que la pauvre âme voulait seulement se rafraîchir à l'eau de source. Mais sont-ce vraiment des événements qui, à l'époque, valaient le coup d'être gravés dans la pierre pour l'éternité ?

À L'ORIGINE DES PREMIÈRES CRUCHES ÉTAIT UNE RUCHE

N'en déplaise aux amateurs de grands crus, rien ne semble attester que les premières agapes liquides aient été composées de raisins fermentés.

Et pour cause ! La base des premières parties de picole était apicole. Il faut imaginer une ruche imbibée de miel tranquillement suspendue à son arbre, accidentellement frappée par la foudre et remplie d'eau de pluie. Quelques jours de fermentation plus tard, gorgés d'un rustique hydromel, quelques sobres *sapiens* s'empareront de cette gourde sucrée pour se mettre innocemment une première avoinée.

IN VINO VERITAS : LES PROVERBES DU VIN

FRUIT SENTENCIEUX DE LA PHILOSOPHIE ET DE LA SAGESSE POPULAIRE, LE PROVERBE AFFECTIONNE PARTICULIÈREMENT LE VIN, OBJET D'APHORISMES BIEN SENTIS.

IN VINO VERITAS

Signé Pline l'Ancien, ce trait des plus profonds se termine par un tronçon moins connu : « *In vino veritas, in acqua sanitas* » (« Dans le vin, la vérité ; dans l'eau, la santé »). Éminemment philosophique, le thème de la vérité sortant des bouches pompettes avait déjà des défenseurs : dans le Talmud, on assure que « quand vient le vin, le secret sort ». Même topo pour le *Banquet* de Platon, dans lequel le vin sert à ce que les commensaux se montrent les plus sincères possible dans leurs propos. Des siècles plus tard, Blaise Pascal affine un peu cette pensée maïeutique avec un « trop ou trop peu de vin interdit la vérité » qui ne se mouille pas trop. En d'autres termes, il faut savoir doser !

QU'IMPORTE LE FLACON POURVU QU'ON AIT L'IVRESSE

Cette formule malicieuse d'Alfred de Musset apparaît dans une dédicace à un mystérieux Alfred T., en préface de sa pièce *La Coupe et les lèvres* (1831). Équivalent liquide de l'*habit ne fait pas le moine*, elle incite à ne point se montrer trop regardant sur la qualité du jus tant qu'on finit poivre. De quoi choquer Alexandre Dumas, amoureux des bons crus au point de se faire l'auteur de cette parole un peu moins choc qui n'eut pas le même succès : « Le vin est la partie intellectuelle d'un repas. Les viandes et les légumes n'en sont que la partie matérielle. » Et toc, Alfred !

BLANC SUR ROUGE, RIEN NE BOUGE

Le petit malin qui assène à son auditoire le rebattu *blanc sur rouge, rien ne bouge, rouge sur blanc, tout fout le camp* ignore sûrement qu'à l'origine, ce proverbe aux faux airs de comptine viendrait du monde des marins. Sur un rafiot, si le drapeau blanc se situe au-dessus du drapeau rouge, personne ne bouge du navire, c'est la règle ! En revanche, si le drapeau rouge surplombe le blanc, les marins ont quartier libre (on le sait, c'est dans les bordées de marins que « tout fout le camp »). Il y aurait toutefois une hypothèse plus vineuse : en Bourgogne, on imposerait de boire le chardonnay avant le pinot noir.

NUNC EST BIBENDUM

Extraite d'un vers d'Horace, l'expression latine *Nunc est bibendum* est la traduction d'un vers du poète grec Alcée de Mytilène qui signifie : « C'est maintenant qu'il faut boire. » Jusque-là, tout le monde est d'accord : c'est toujours le bon moment pour boire un coup ! Si cette formule un peu précieuse n'est pas très utilisée au bistrot, elle sert de slogan à l'entreprise Michelin depuis le début du xxe siècle. Sur la première affiche, une mascotte potelée se prépare à boire un verre plein de tessons de verre, accompagnée de l'explication suivante : « *Nunc est bibendum*, le pneu Michelin boit l'obstacle. » Cette formule est rapidement abandonnée au profit du personnage de bonhomme Michelin, surnommé *Bibendum*, qui continue à orner les réclames de la firme caoutchoutière, mère de guides gastronomiques aux conseils œnologiques pointus.

LES PREMIERS BARS:
AU COMMENCEMENT ÉTAIT LE COMPTOIR

NOS ANCÊTRES LES ARSOUILLES (PRÉCÉDEMMENT ÉVOQUÉS) NE NOUS AURONT PAS ATTENDUS LONGTEMPS AVANT DE S'AUTORISER UN COUP DANS LE NEZ. RETOUR SUR QUELQUES LIEUX PUBLICS OUVERTS À CES ÉPOQUES OÙ L'ON MÊLAIT SANS ROUGIR ALCOOL ET PARTIES DE PLAISIR.

LES BARS SUMÉRIENS

Bien avant de servir des coups de rouge au verre, les tout premiers bars turbinaient à la bière. L'orge et l'or étant alors monnaies d'échange, la cervoise d'antan s'éclusait à prix coûtant, et l'on repérait les débits de boissons aux grappes de prostituées agglutinées à l'entrée. En raison d'un brassage maison, il y flottait une odeur âcre de malt et d'orge ; on y trouvait aussi quelques pots et jarres de vins rapportés de chez les paysans voisins.

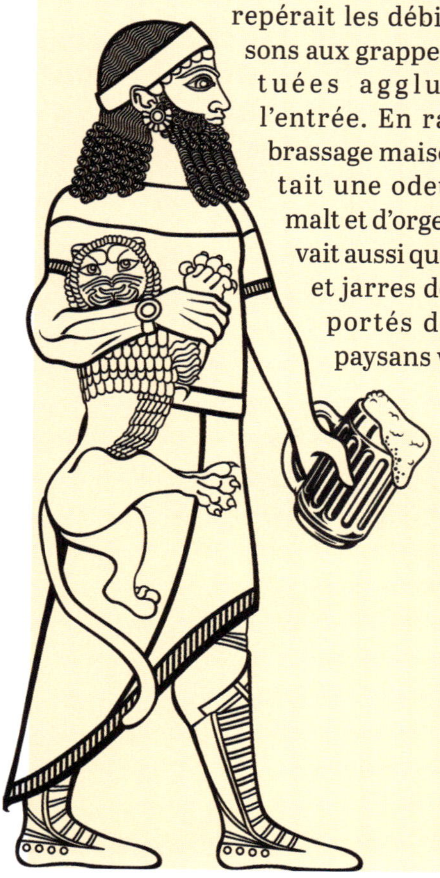

LE *THERMOPOLIUM* DE POMPÉI

À l'orée des années 2020, on découvrait à Pompéi l'un des plus anciens bars à vin. Une sorte de comptoir antique, figé pour l'éternité dans une cendre volcanique. Si l'on s'y graissait certes le toboggan à grands coups de picrate, de fragiles fresques témoignent encore que l'on épongeait l'excès de verres à base de petits plats de chèvre, de porc et de canard colvert.
Aujourd'hui ne subsistent en souvenirs que quelques fragments d'ossements, de citernes et d'amphores, savoureuses réminiscences des truculentes cuites qu'on se mettait alors.

L'ORGIE D'ÉGYPTE

Si les Romains s'arrogent un copieux passé en matière d'orgies, les plus riches Égyptiens n'étaient pas les derniers du côté des beuveries. Avec quelques pratiques étonnantes, puisque les souverains n'hésitaient pas à se faire inhumer entourés de flacons jalousement conservés. Mais, lorsqu'ils respiraient encore, les Égyptiens avaient aussi le goût de l'accord, à un âge où picoler impliquait de copuler. Et face aux impressionnantes quantités ingurgitées avant et après l'idylle, un serveur s'assurait que les convives n'aillent pas rouler dans le Nil.

LE SYMPOSIUM GREC

En parfaits parangons de la mesure, les Grecs se refusaient strictement à l'ivresse au vin pur. On coupait donc les jus à l'eau avant de les boire, et on les consommait en petits comités plutôt qu'au comptoir. Seuls les hommes se réunissaient dans une pièce que l'on appelait l'*andron*, pour une cérémonie présidée par un symposiarque (« un roi du banquet ») chargé de choisir le nectar du soir…

BRÈVE DE COMPTOIR ANTIQUE

Finissons ce voyage au gré des lieux de picole par quelques sages paroles :

« Il semble qu'il y ait souvent de la raison dans le vin, et ceux qui ne dînent que d'eau sont des crétins. »

Amphis d'Athènes, IVe siècle avant notre ère.

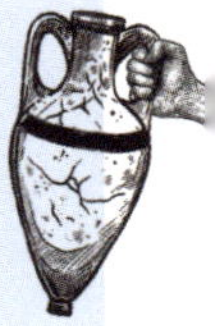

LES BEUVERIES MONACALES

SANS MONASTÈRES NI ABBAYES, BOIRAIT-ON D'AUSSI BONS CRUS ? PAS SÛR, PAR LE CIEL !

C'EST DU TRAVAIL DE MOINE

Dès le ve siècle, l'essor de la chrétienté pousse les moines de tous ordres à fabriquer leur propre vin – n'est-il pas le sang du Christ, indispensable à la tenue de la messe ? Non contents de couler de beaux jus, les moines affinent le procédé de vinification ; mieux, ils codifient le travail de la vigne. *Amen* !

ABBAYE-LUIA !

Les moines doivent produire non seulement le vin destiné aux offices, mais aussi celui dévolu à l'accueil des pèlerins et des voyageurs qui n'ont pas de place en auberge. En outre, les abbayes les plus réputées se tiraient la bourre pour offrir le meilleur de leur production au roi et à la papauté, qui promettaient en échange des écus pour subventionner la vie de la communauté. Les stars des festins de cour et des raouts papaux, ce sont alors les abbayes de Fontfroide et de Valmagne du pays d'Oc, l'abbaye bénédictine d'Hautvillers en Champagne – future demeure du fameux dom Pérignon –, et celle de Cîteaux en Bourgogne.

DE VRAIS SAINT-BERNARDS

C'est l'abbé Bernard de Clairvaux, au XIIe siècle, qui fonde l'ordre des cisterciens. Au menu : de la rigueur et de l'huile de coude ! Entre deux messes, les moines abattent un boulot titanesque pour mettre en valeur leurs vignobles et leurs champs. Innovants et méticuleux, ils notent au fur et à mesure les résultats de leurs expérimentations, contribuant ainsi à forger la légende du merveilleux terroir bourguignon. Progressivement, le vin des cisterciens devient un prestigieux instrument de pouvoir : toute l'Europe en pince pour les somptueux crus offerts en cadeau par les ducs de Bourgogne ! Et pour les moines ? La ration, c'est une hémine de vin par jour, soit une demi-chopine (24 centilitres). Et gare aux petits malins qui s'en collent une au cellier derrière le capuchon !

C'EST UN JARDIN EXTRAORDINAIRE

Une des inventions monastiques qui a peut-être le plus contribué à changer le monde du vin, c'est le clos : à l'abri de murets, il protège les vignobles enclos, de petite taille. Mettant les précieuses grappes à l'abri, cette enceinte a pour vocation d'éviter les intrus. Peu à peu, elle permet de signaler aux civils la présence d'une culture de haute qualité. Ces parcelles sont petites, soignées, et les ceps sont souvent plantés à côté d'arbres fruitiers, dans l'esprit d'un jardin d'agrément. Tout cela dans un but d'efficacité : à l'époque, on pense qu'une culture bichonnée favorisera une récolte généreuse, et que la beauté de la culture a un effet bénéfique sur la production. Idée qui a fait du chemin : aujourd'hui, on joue bien de la musique dans certains champs pour épanouir tomates et grains de raisin !

UN MOINUM TOUJOURS AUSSI GLOUTONUM

Figure mal aimée du clergé, le moine glouton ressemble beaucoup à un personnage fort populaire associé à un Moyen Âge fantasmatique. Alcoolique et bagarreur, bedonnant et ripailleur, il s'agit bien sûr du plus religieux des joyeux compagnons de Robin des Bois, ce cher Frère Tuck ! Ornant de leurs truffes fleuries les bouteilles de bière, boîtes à camembert et autres spots télé pour vanter les mérites du fromage industriel, les moines gloutons semblent avoir gagné la bataille de l'image contre un clergé au fondement bien plus ridé !

Le vin et les mots arabes

FORT CONSOMMÉ À L'ÉPOQUE PRÉISLAMIQUE ET PRISÉ DES POÈTES, LE VIN FUT PROGRESSIVEMENT PROHIBÉ DANS LE MONDE ARABE AU COURS DU VIIe SIÈCLE. CERTAINS MOTS DU VIN SONT TOUTEFOIS TRÈS LIÉS AU VASTE TERRITOIRE OÙ L'ARABE EST PARLÉ.

L'*alcool* pique un fard

Au temps des pharaons, les Égyptiennes utilisaient une fine poudre noire en guise de fard à paupières mais aussi de collyre pour nourrisson. Ce *mesdemet*, mélange de sulfure de plomb et d'antimoine, prend le nom de *kuhl* puis *al'kôhl* en arabe, et passe dans le latin médiéval sous la forme *alcohol*, gardant un sens lié à la cosmétique.

L'alchimie, amie du vin

À la Renaissance, toute substance pulvérisée est désignée chez les alchimistes en tant qu'*alcohol*, dont le nom comporte aussi le préfixe arabe *al-*. En 1525, l'alchimiste allemand Paracelse change le sens du mot *alcohol* : désormais, l'*alcohol vini* désigne l'esprit-de-vin ou bien le produit d'une distillation. Et c'est seulement au XIXe siècle qu'on retire le H initial, provoquant cette rare terminaison au O redoublé.

Alambic, bic, bic

Autre ami de l'alchimiste, voici l'alambic. Formé sur l'arabe *al'inbïq*, il signifiait à l'origine « chapeau de cornue », s'inspirant du grec *ambix*, « vase ». D'abord outil de fabrication d'eaux de fleurs ou de médication, il apparaît en des temps ancestraux, en 3 500 avant notre ère – un spécimen mésopotamien trouvé au nord de l'Irak faisant foi. Depuis, l'alambic est passé des mains magiciennes des alchimistes à celles des vignerons et des distillateurs de whisky, sa forme biscornue alimentant la légende des bouilleurs de cru clandestins. En langue bretonne, le *lambig* est le nom d'une délicieuse eau-de-vie de cidre avec laquelle on fait parfois flamber les crêpes.

Mascara, c'est du vin ou du make up ?

Synonyme français du *rimmel* hollywoodien, le *mascara* tire son nom de la ville d'Algérie du même nom. Située dans l'arrière-pays oranais, Mascara est connue pour la poudre d'antimoine qu'on y trouve et que les colons français avaient découverte avec ravissement... Mais aussi – et surtout – pour ses jolis petits coteaux où l'on produit un vin réputé.

Syrah-cuse !

Ce cépage rhodanien aux consonances orientales attise les plus folles conjectures concernant son étymologie : dérive-t-il de Shiraz, cette ville perse d'où les croisés rapportèrent les vins les plus fins ? Selon Pline l'Ancien, la syrah serait l'héritière de *vitis syracia*, la « vigne syrienne », tandis qu'une légende laisse penser que les Romains l'auraient rapportée de Syracuse... En attendant, la sombre syrah serait en fait franco-suisse, dérivant d'un vieux cépage nommé *sérine*. Et elle continue de charpenter de ses accents de violette les côte-rôtie et autre crozes-hermitage de la vallée du Rhône !

QU'IMPORTE LE FLACON...

UNE PETITE HISTOIRE DES CONTENANTS

L'HABIT FAIT LE MOINE

Alfred de Musset écrivait dans sa dédicace de *La Coupe et les Lèvres* : « Aimer est le grand point, qu'importe la maîtresse ? Qu'importe le flacon, pourvu qu'on ait l'ivresse ? » De l'amour au vin, il n'y a qu'un pas. Et, contrairement à ce que dit la formule, le vin est une affaire de contenu, mais aussi de contenant !

L'OUTRE EN OUTRE

Peu de temps avant que ne débute la conquête des Gaules en 58 avant notre ère, le commerce du vin bat déjà son plein. Il est stocké dans des *dolia*, des *jarres* immenses en terre cuite pouvant contenir jusqu'à 3 000 litres de liquide (vin, huile, eau ou céréales). Pour le transport, on utilise le plus souvent des *outres* de cuir. Ce sont des sacs en peau de veau ou de chèvre (gare aux vieilles biques).

L'AMPHORE EN FORME

Fabriquée principalement en Campanie, l'*amphore* conquiert le bassin méditerranéen dès le IIe siècle avant notre ère. Plus maniable grâce à ses deux anses (d'où son nom issu du grec ancien *amphoreus* qui signifie « porter des deux côtés »), l'amphore peut contenir 25 litres. Toutefois… son cul pointu reste un mystère. Pourquoi avoir persisté si longtemps dans cette forme peu idoine pour un contenant ? Certains historiens pensent que cette queue lui permettait d'être plantée dans le sable ou dans la terre mais, les caves en étant dépourvues, l'hypothèse ne tient pas vraiment. Dans l'usage, les amphores étaient surtout apposées verticalement au coin d'une pièce, les unes contre les autres. Leur forme semblait pratique pour être basculées et verser aisément leur contenu dans un contenant plus petit.
Jolie mais pas commode, l'amphore n'en reste pas moins un objet de fascination pour les chercheurs car sa composition, sa forme et ses inscriptions nous livrent aujourd'hui encore de précieuses informations sur le commerce antique.

LE TONNEAU DES DANAÏDES

On croise des amphores jusqu'au VIIIe siècle dans le bassin méditerranéen mais, chemin faisant, le *tonneau* les détrône tranquillement depuis le IIe siècle de notre ère (voir « Du même tonneau », p. 100).
Son histoire est sans aucun doute plus ancienne. Toutefois, sa matière boisée, trop périssable, nous empêche d'en établir un historique précis, contrairement aux amphores, chouchoutes des archéologues. Il nous parvient depuis la mythologie grecque la légende du fameux *tonneau des Danaïdes*, dont l'histoire est devenue une expression au XVIIIe siècle pour qualifier les claques-fric au compte bancaire maigre comme un coucou.
Le récit raconte la tragédie des cinquante filles de Danaos qui, condamnées à l'Enfer, furent obligées de remplir sans fin un tonneau percé.

... POURVU QU'ON AIT L'IVRESSE

UNE PETITE HISTOIRE DES CONTENANTS (SUITE ET FIN)

LE VIN PREND DE LA BOUTEILLE

Bien qu'elle soit ancrée dans notre quotidien, la fameuse *bouteille* de verre arrive timidement dans le courant du Moyen Âge avant de s'imposer à partir du XVIIIe siècle, époque où le verre se démocratise quelques millénaires après avoir été inventé en Mésopotamie. C'est aux Anglais qu'on doit l'intronisation de la bouteille en verre. Bien pratique, elle nous évite de faire des allers-retours inutiles entre la cave et la table ! En plus de cela, la bouteille et son bouchon hermétique permettent de conserver le vin et donc de le faire vieillir (voir « Comment boucher une bouteille ? », p. 106).

TONNERRE DE CUBITAINER

On le méprise, on le juge, mais ce bon vieux *cubi* mérite-t-il tant de désamour ? Point trop n'en faut. Le cubi a de plus en plus le vent en poupe. Inventée par William Scholle en 1955, la caisse-outre sert surtout à transporter des produits alimentaires. Peu de temps après, Thomas Angove, un viticulteur australien, a l'ingénieuse idée d'y glisser du vin. La fusion des mots *cube* et *container* donne alors le mot *cubitainer* et désigne un contenant de forme cubique dans lequel on trouve une poche de vin, appelée également *Bag-in-Box* ou *BIB* (mais pas *biberon* !). Après quelques décennies de galère pour trouver son public, le cubi commence enfin à s'installer dans le paysage. Et pour cause ! Moins cher, facile à utiliser, plus léger, il permet de conserver son vin huit semaines après ouverture. Seul bémol à cet objet tombé des cieux : il ne permet pas au vin de vieillir aussi bien qu'en bouteille. Mais que les fins palais se rassurent : on trouve tout de même d'excellents crus et des AOC en cubi.

ET MA CANETTE, TU L'AIMES MA CANETTE ?

Elle tient en horreur les Français qui se pensent toujours mieux que les autres. Pourtant, la *canette* pourrait bien être un contenant d'avenir. Moins lourde, recyclable et donc plus écolo que les classiques bouteilles en verre, la canette en alu rencontre déjà un franc succès outre-Atlantique. Cela s'explique certainement par la passion de nos amis Américains pour les sodas, solidement inscrite dans leur consommation. Même Francis Ford Coppola s'est pris au jeu de la canette en lançant plusieurs cuvées de pinot noir, gris, de chardonnay et de sauvignon dans ce contenant audacieux...

DU MÊME TONNEAU

AVANT LUI, ON BRICOLAIT D'ODORANTES OUTRES EN PEAU DE BÊTE, ET ON CASSAIT UN MAX D'AMPHORES. LE TONNEAU, ÇA VAUT BIEN L'INVENTION DE LA ROUE !

UNE TONNE, DES TONNEAUX

Issu du celtique *tonn*, qui désigne aussi bien la peau qu'un sac de cuir, le tonneau fait allusion au fait, qu'autrefois, on se servait abondamment d'outres en cuir pour transporter le vin, y compris dans le monde méditerranéen, grec et romain, où pourtant abondaient les jarres, dolia et autres amphores en terre cuite (voir « Qu'importe le flacon... », p. 96). Volumineux, le *tonneau* précède la *tonne*, à l'origine « large tonneau », qui, à la fin du XVIIe siècle, finit par signifier « ce que contient une tonne ».

NOS ANCÊTRES LES GOULOTS

Si nos fameux ancêtres gaulois plaisent infiniment aux partisans du roman national et des braies à rayures, on ne peut pas dire qu'ils aient laissé de quoi bâtir une langue française aussi pure qu'une robe de druide. À peine 150 irréductibles mots gaulois ont résisté à l'injure du temps et aux innombrables invasions pas si barbares de langues étrangères. Le champ lexical relatif à la bibine qui nous est parvenu est toutefois relativement fourni : *cervoise*, *gobelet*, *tonneau*, *lie*... Le tonneau n'est l'œuvre ni des Chinois ni des Égyptiens et encore moins des Romains ! Ni même des Gaulois. Bien que de nombreux fûts fussent découverts en Bretagne, c'est sûrement sur les rives du Danube qu'une tribu celte aurait créé le premier récipient en bois cerclé, une poignée de siècles avant notre ère.

À BOIRE, PAR SUCELLUS !

Certains historiens perpétuent l'image de Gaulois sacs à vin obsédés par la pétée du samedi soir. Dieu celte, Sucellus avait comme attribut le tonneau, associé au peuple gaulois, et non pas une amphore comme chez ses cousins divins du monde latin. Peuple brassicole à l'origine, les Gaulois s'humectaient le gosier à la *cervoise*. Ce mot latinisant issu du gaulois *ceruesia* rendait hommage à Cérès, déesse romaine des Cultures et des Moissons. Au contact des envahissants Romains, les Gaulois découvrirent le vin, plutôt consommé dans les fêtes par les élites. On peut même supposer que les Gaulois huppés, qui buvaient à égalité avec les Gauloises, faisaient venir de loin les vins les plus fins !

UN OUTIL RONDEMENT MENÉ

S'il s'est révélé bien plus périssable que la terre cuite car taillé dans le bois, le tonneau brille cependant par sa longévité !

Costaud

Façonnés d'abord en pin ou en épicéa, les fûts sont peu à peu fabriqués en chêne puis cerclés à l'aide du solide bois de châtaignier, voire du métal forgé. In-cas-sable !

Redoutable

Dans *La Guerre des Gaules*, César évoque de terrifiants tonneaux enflammés, que des Gaulois remontés font dévaler sur les Romains pendant le siège d'Uxellodunum, cité martyre du Quercy.

Pratique

Le vin peut se couler facilement dans le tonneau grâce à sa bonde, et être soutiré tout aussi aisément. Tous les contenants ne peuvent pas en dire autant !

Maousse

Le géographe et historien grec Strabon signale l'existence, à Aquilée, de jarres de bois « grandes comme des maisons ».

Facile à ranger

Simples à empiler, les tonneaux sont bien plus aptes à s'entasser dans les cales des navires que les fragiles amphores.

Maniable

Un seul homme peut le rouler à la main, même lorsqu'il est plein, ou le faire voyager à dos de mulet, alors qu'une outre de peau est une lourde masse inerte qui risque de se percer si on la manipule mal.

Léger

Le tonneau est léger par rapport à sa contenance : environ 50 kilogrammes, ce qui est un peu davantage qu'une outre, mais beaucoup moins que les amphores de terre cuite qui pèsent quatre fois plus.

Avoir l'air cruche

PLEINE, LA CRUCHE DE VIN RAVIT LES POIVROTS ; VIDE, C'EST PEU DE DIRE QU'ELLE SONNE CREUX !

La *cruche*

De forme harmonieusement potelée, la *cruche* se caractérise par une prononciation gutturale, héritage francique oblige. Apparue au XIIe siècle, la *kruka* en vieux français est une *kruik* en néerlandais : on entend presque un cochon qu'on égorge. C'est sûrement à cause de l'écho qu'elle produit quand on la vide qu'une personne neuneu est qualifiée de *vraie cruche*. Le proverbe chinois ne dit-il pas : « Si tu tapes une cruche contre ta tête et que tu entends un son creux, n'en déduis pas forcément que c'est la cruche qui est vide » ?

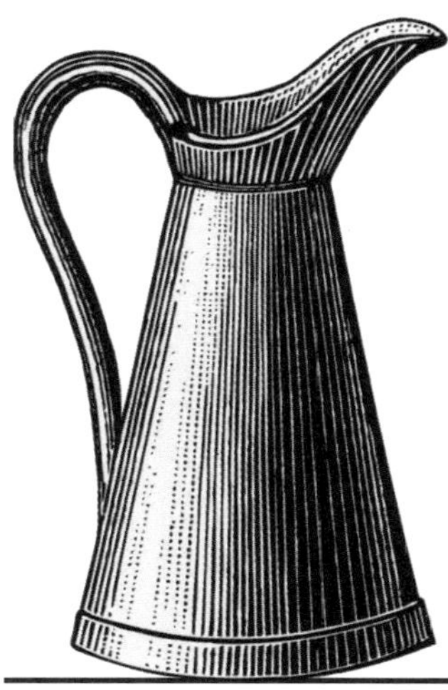

Le *broc*

Terme bref, sa terminaison voisine de celle de *croc* dénote une origine ancienne ; en effet, au XIIIe siècle, ce terme issu de langues romanes existait déjà sous la forme de *broche*. Curieux, n'est-ce pas ? En fait, il désignait autrefois un vase dont le goulot en pointe rappelait la dent pointue de la broche. À l'origine, ce contenant était pourtant destiné à recueillir le fruit de la vigne. Dans *Le Livre des métiers*, on trouve : « Et si ne le veut rechargier [le vin], il ne paiera rien devant qu'il le vendra à broche ou en gros. » De nos jours, ce mot modeste évoque irrésistiblement un mobilier métallique de cantoche plein d'eau tiédasse du robinet.

Le *pichet*

D'allure franchouillarde, le *pichet* cache des origines plutôt exotiques : l'ancien français *pichier*, un dérivé lointain du grec ancien sémitique *bikos*, l'amphore à vin. Si les langues saxonnes ont retenu le bec verseur du pichet, qu'on dit *beaker* anglais ou *Becher* en germain, le français a préféré le chuintement sympathique de la forme *pichet*.

Le *pot de terre* contre le *pot de verre*

1842, année noire : c'est la fin des anciens pots de terre et d'étain dans lesquels le vin était servi au comptoir et sur les tables, à la contenance rondelette de 104 centilitres. Les nouveaux pots en verre sont trompeurs : avec leur faux cul renforcé et leur col allongé, ils sont hauts comme des bouteilles de 75 centilitres, mais n'en contiennent que 46. Quelle arnaque ! C'est une révolte chez les buveurs, surtout à Lyon : à la Croix-Rousse, les Compagnons du devoir, appelés *dévoirants*, créent la société des Voraces. Leur ambition affichée : batailler contre la diminution par les cabaretiers du volume du pot de vin. En réalité, les beuveries des Voraces étaient probablement une couverture pour leur permettre d'échapper aux surveillances policières, masquant ainsi bruyamment leurs sympathies républicaines.

La *carafe*

En arabe, *garafa* signifie « puiser ou servir à la louche » ; il est probable que la *caraffa* italienne s'en soit inspirée. *Avoir l'air cruche* n'a pas le même sens qu'*être en carafe*, une formule qui signifie « être en panne » ou « abandonné ». Elle apparaît à la fin du XIXe siècle ; à l'époque, on avait en effet l'habitude de comparer la bouche à la carafe, en allusion à son bec verseur. *Tomber en carafe*, c'est ne plus trouver ses mots pour celui qui jacte, qui ressent conséquemment une sorte d'abandon.

L'*aiguière*

Emprunté à l'occitan *aiguiera*, issu du latin *aquarius*, ce terme précieux affleure au XIVe siècle. Voisine sémantique de l'évier, cette cruche poétiquement ostentatoire en forme de poire sert à verser l'eau et à faire décanter le vin. Amie des poètes – qui apprécient sa rime riche – et des puissants, l'*aiguière* est souvent ouvragée, voire sertie de pierreries. De quoi faire baisser les anses de ses cousins brocs et carafons !

JOLIE BOUTEILLE, SACRÉE BOUTEILLE

JOHN LENNON DÉCLARA UN JOUR QUE « LE ROCK FRANÇAIS, C'EST COMME LE VIN ANGLAIS ». C'EST POURTANT EN ANGLETERRE, PAYS PEU VITICOLE, QUE LE DIPLOMATE SIR KENELM DIGBY INVENTA EN 1632 LA BOUTEILLE DE VIN MODERNE EN VERRE FUMÉ. *GOD DAMN!*

LA DIVE BOUTEILLE

Au Moyen Âge, le *buttis*, la gourde de cuir dans laquelle on transportait le vin, dérive du bas latin *butticula*, « petit tonneau », ancêtre du mot *bouteille*. Mais qu'est-ce que la *dive bouteille*, rabelaisienne formule passée dans le langage courant ? En 1546, c'est à la fin du voyage de Pantagruel que l'on voit Panurge venir trouver l'oracle de la Dive Bouteille, la prêtresse Bacbuc – dont le nom hébreu signifie *bouteille*. Elle n'a qu'un mot à la bouche : *Trinch !* Autrement dit : « bois », qu'il faut traduire par « abreuve-toi aux sources du savoir ». C'est mal connaître Panurge, qui se prend une divine pétée avec la prêtresse, prenant l'injonction au premier degré !

QUEL EMBOUTEILLAGE !

Depuis le XVIIIe siècle, les gros volumes de champagne se parent de noms à rallonges de rois bibliques : Nabuchodonosor, Mathusalem ou Jéroboam (voir « En forme, la bouteille ! », p. 62). Plus féminin, le nom de la *dame jeanne* désigne cette grosse bonbonne enrobée d'osier que les marins emportaient sur les navires. On dit qu'au XIVe siècle, la reine Jeanne, chassée de son royaume de Naples, alla se réfugier dans son comté de Provence. Surprise par un orage, elle trouva refuge chez un verrier : pris au dépourvu, il souffla si fort dans sa canne que la bouteille devint énorme. En réalité, ce contenant dodu serait originaire de Dâmghân, en Perse, étape de la route de la soie renommée pour son savoir-faire verrier.

QUAND LA BOUTEILLE PREND DU GALLON

Soixante-quinze centilitres et pas une goutte de plus... Qui a eu pareille idée de nous priver d'un litre tout beau tout rond ? Encore un coup des British. Majoritaires sur le marché de la picole au XIXe siècle, c'est chez eux que l'on écoule le plus gros de nos tonneaux. Mais, avec leurs unités de mesures sans foi ni loi, le petit jeu des conversions devra s'adapter au gallon. Équivalent à 4,54609 litres, le plus simple fut donc de revoir les proportions. Soit six bouteilles... de 75 centilitres !

PRENDRE DE LA BOUTEILLE

L'expression *prendre de la bouteille* aurait pour origine une coutume antique : les Romains s'offraient des amphores pour fêter leurs anniversaires. *Prendre de la bouteille* signifiait donc avoir accumulé une vraie petite cave ! La formule est moins admirative quand elle sert à décrire une femme : « Elle n'a pas dû être mal, Mme Verdurin [...]. Évidemment elle commence à avoir un peu de bouteille », écrit Proust. L'idée d'un bon vieillissement, d'une patine noble, se retrouve dans le mot *vintage*, anglicisme aujourd'hui utilisé dans le milieu de la mode, qui désignait autrefois un millésime.

COMMENT BOUCHER UNE BOUTEILLE ?

POUR JOUER À SAUTE-BOUCHON, IL FAUT ATTENDRE LE RÈGNE DU ROI-SOLEIL ! EH OUI, BOUCHER, C'EST TECHNIQUE.

BOUTEILLE MÉRITE BOUCHON

La Champagne avait pour elle la tenue des sacres des rois de France à Reims, de bonnes occasions de faire couler le vin à flots. Cependant, son vin faisait des bulles ! Quel raffut dans le fût ! Le problème majeur survient lorsque, au début du XVIIe siècle, des marchands de vin commencèrent à conserver cette boisson en bouteille. Surnommé *vin du diable*, le vin embouteillé avant la seconde fermentation faisait exploser son contenant. Et difficile de le boucher, avec ça !

UNE BELLE INVENTION: LE BOUCHON EN LIÈGE

Sous le règne de Louis XIV, le moine bénédictin dom Pierre Pérignon passe pour être l'inventeur de la fameuse méthode champenoise... Mais aussi du bouchon en liège, ce qui est plus discutable ! En réalité, ce bois léger, élastique et imperméable originaire d'Espagne aurait été redécouvert à peu près au même moment par les Anglais, qui importaient du porto depuis les côtes lusitaniennes et goûtaient fort l'étanchéité de cette fermeture.

DE GROSSES FICELLES

Pendant longtemps, les vases à vin étaient verrouillés à l'aide d'une cheville de bois, le bondon, enroulée dans du lin, huilée, maintenue à l'aide de fil de chanvre puis couverte de cire. Impossible de coucher les boutanches avec ce système, ce qui rend le transport fort problématique.

ZONE TAMPON

Autre solution : un tampon de filasse introduit dans le goulot, juste au-dessus d'une couche d'huile pour isoler le vin de l'air. Pas bête, certes, mais un peu contraignant : à l'ouverture, il faut aspirer l'huile à la paille pour pouvoir faire couler le vin !

BOUCHÉ À L'ÉMERI

Pour sceller une bouteille de façon satisfaisante, une technique consistait à fixer un bouchon de verre à l'aide de l'abrasive pâte d'émeri, citée le plus souvent dans la désobligeante question oratoire : « T'es bouché à l'émeri ou quoi ? » Cette solution très hermétique pose cependant un souci : on doit souvent *casser le col* de la bouteille pour l'ouvrir.

FAIRE LA FOIRE

QUI DIT FOIRE DIT LIBATIONS !

C'EST LA FÊTE AU VILLAGE

Dans l'Antiquité, le mot latin *feria* désignait de grands marchés qui se concentraient en milieu rural. À l'origine, ce sont des fêtes spécialisées. On trouve ainsi des foires aux bestiaux ou aux légumes. Les marchands de vin s'y pressent aussi, ce sont donc des occasions pour les paysans de tâter du flacon ! Or, dans bien des régions, ces derniers sont quasiment abstinents la plupart du temps. En Aubrac, par exemple, paysans et buronniers sont buveurs d'eau et de lait, mais le jour de foire, c'est la fiesta ! Les jeunes gens s'envoient alors entre 2 et 3 litres de vin...

LA PLUS BRITISH DES FOIRES

Si les foires de Champagne sont, de loin, les plus populaires (durant 3 à 6 semaines, plusieurs fois l'an, et rassemblant une tripotée impressionnante de vendeurs et marchands), d'autres connaissent un grand succès. Comme celle de Bordeaux. En 1152, Jean sans Terre hérite de la couronne d'Angleterre. Le duché d'Aquitaine est alors une terre anglaise. Pour se faire un peu mousser, Jean sans Terre autorise, en 1215, les Bordelais à organiser une foire aux vins. Fort commode pour favoriser les échanges avec la perfide Albion, cette manifestation permettait de troquer le *claret* gascon contre la bonne laine des vallons britanniques ou les poissons salés des pays du Nord. Le succès est si bien au rendez-vous qu'au milieu du XIVe siècle, Bordeaux est l'une des rares villes en France à organiser deux foires par an. Un temps supprimées puis rétablies, les foires bordelaises faisaient ainsi fi du cycle viticole : au XVe siècle, sous Louis XI, on fêtait le vin au mois d'août, alors que les vendanges n'avaient pas commencé ! Mais qu'importe, car ces foires permirent l'impossible : rendre Jean sans Terre un poil plus populaire, mais surtout faire s'entendre Français et Anglais... comme larrons en foire.

UN COUP PAS FOIREUX

Marronnier de la vente de vin en grandes surfaces, les foires aux vins attirent chaque année des hordes de débusqueurs d'affaires en or que l'on voit errer, un guide au poing, à l'affût de la perle rare. Né loin des vignes, ce coup de com' spécial bonnes affaires apparaît pour la première fois dans un supermarché du Finistère, en 1973. En réalité, une première foire 100% vins avait été inaugurée à Colmar en 1927. Manifestation agricole, elle devient la *foire aux vins d'Alsace*, et continue d'exister aujourd'hui. Mais pendant la parenthèse enchantée des années 1960-1970, c'est dans le temple de l'hyperconsommation que les acheteurs de vin se rendent : le breton Édouard Leclerc organise des foires permettant aux producteurs de vin de la grande distribution d'écouler les stocks avant les vendanges. Au menu : du prix et des coffres de voiture bien remplis ! Depuis longtemps, les cavistes se prêtent aussi à cette foire sans bestiaux.

LE VIN CHAUD : UNE HISTOIRE BIEN GLÖGG !

Réconfort de stations de ski, de marchés de Noël et de comédies enneigées, le vin chaud épicé est associé aux pays nordiques. C'est effectivement en Suède, au XVIe siècle, que l'on commence à faire chauffer du vin sucré, sous l'impulsion du roi Gustav Ier. Grand amateur de crus, il se délectait d'une potion chaude à base de vin rhénan, de miel et d'un mélange d'épices (clou de girofle et cannelle en tête). Plutôt aristo, ce breuvage devint fameux dans les marchés et les rues dès 1600. Il prend le nom de *glögg* (« vin chauffé »). L'engouement fut tel qu'au milieu du XVIIIe siècle, le roi Adolphe-Frédéric dut mettre le holà... Avant de succomber en 1771 à un dîner trop copieux suivi de 14 brioches à la pâte d'amande fouettée. *Glögg* ! Aujourd'hui connue sur les marchés de Noël alsaciens sous le sobriquet aux consonances extraterrestres de *glühwein*, la divine boisson semble faire l'objet de davantage de modération...

BERCY,
LE VILLAGE DU VIN

**UN QUARTIER ENTIER PEUPLÉ D'ENTREPÔTS,
DE TONNELIERS, DE GUINGUETTES, ÇA VOUS DIT ?
NE CHERCHEZ PLUS, C'EST BERCY !**

BERCY BEAUCOUP, SIRE !

C'est en 1704, sur ordre de Louis XIV, qu'est construit le premier entrepôt de vins de Paris. Sympatoche, le Roi-Soleil eut la gentillesse de l'installer dans le village de Bercy, qui se trouvait alors hors de Paris et était donc exempté des droits d'octroi qui taxaient les marchands de vin.
Grâce à qui ? La légende raconte que cette générosité aurait pour origine l'intervention d'un certain Claude Bosse. Ce vigneron mâconnais avait du mal à écouler ses fûts au pays ; il attelle une charrette et hue, cocotte, il prend la route de la grande ville. Au bout d'un mois, il atteint Paris ! Fort comme un bœuf (meurette), grand comme un muid, il attire l'œil du Roi-Soleil à Versailles, qui demande qu'on lui présente cette sculpturale créature. Malin, le Bourguignon en profite pour lui faire goûter son vin ; ça tombe bien, Louis le Grand en a ras la flûte des habituels vins clairets de Suresnes ou de Beaugency, il craque sur le chablis de cet homme providentiel ! Après ce coup d'éclat, c'est toute la Bourgogne qui vient vendre le produit de ses vignes à la capitale.

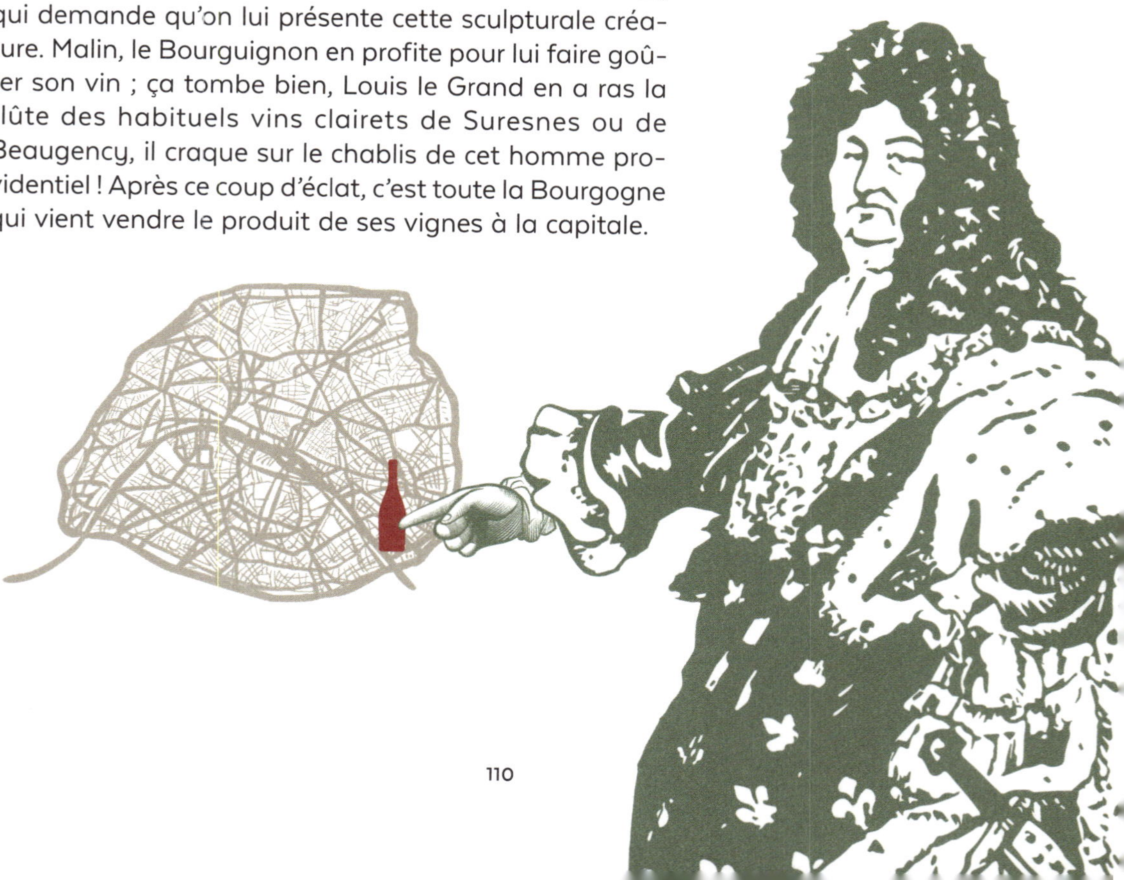

AU REVOIR ET BERCY !

Dans les années 1960, c'est la *mise en bouteilles au château*, diabolique invention bordelaise qui sonne le glas des assemblages – parfois douteux – pratiqués dans les entrepôts par les négociants et tonneliers. La ville de Paris décide de ne plus renouveler les contrats de location, chassant ainsi les négociants de Bercy. Habité par les chats, ce lieu mythique du vieux Paris à l'abandon sera copieusement immortalisé par des photographes tels que Robert Doisneau, Peter Lindbergh ou Sarah Moon, qui apprécient son atmosphère nostalgique et vineuse. Bercy rasé laisse la place, entre autres, à une salle de concerts maousse et à un « Bercy village » au pittoresque discutable.

Les entrepôts de la Halle aux vins de Paris, quai de Bercy, 1929.

LA RUE DE LA SOIF

Occupant une place de choix dans le cœur des Parigots, Bercy a inspiré une poignée d'expressions bien arrosées :

- Celui qui est *né sur les coteaux de Bercy* n'est pas fâché avec le litron.
- Le marchand de vin écope du surnom-valise de *bercycotier*.
- *Avoir la fièvre de Bercy*, c'est trembler sous l'effet de l'alcool.
- Un *bercy* est, au choix, un vin pas terrible ou un ivrogne ramassé sur le trottoir.

On dit aussi que l'expression *se prendre une murge* aurait pour origine une rue aujourd'hui disparue du quartier de Bercy. À l'époque, marchands de vins et vendeurs de spiritueux et autres brûle-gueule étaient établis dans la rue Alphonse-Murge. Devenu nom de code, le patronyme de l'obscur Alphonse était utilisé par ceux qui allaient se graisser le toboggan dans cette rue bien pratique : *allons dans la rue Murge pour pitancher* devient *allons nous prendre une murge*. L'expression est restée, contrairement à cette rue disparue dans les années 1930 ! Une autre hypothèse : la *murge* serait un héritage de l'auteur bambocheur des *Scènes de la vie de bohème* (voir « Piliers de comptoirs pour l'éternité », p. 136).

EN GUINGUETTE

**CONVOQUANT À LA FOIS LES FLONFLONS DU BAL
ET UN DÉLICIEUX FUMET DE MOULES FRITES,
LA GUINGUETTE, C'EST LA FÊTE !**

UNE AFFAIRE DE GROS SOUS

À la fin du XVIIe siècle, les guinguettes commencent à fleurir aux portes de Paris. Dans ces cabarets au charme campagnard, le vin est frais... Et pas cher ! Car on fréquente ces lieux afin d'éviter l'octroi, la lourde taxe sur les marchandises entrant dans Paris.

AH LE PETIT VIN BLANC...

On a supposé que le mot *guinguette* aurait été inspiré par un certain Pierre Guinguet, tenancier d'un cabaret de Ménilmontant vers 1650. Elle tiendrait en fait son joyeux nom du *guinguet*, petit vin blanc aigrelet légèrement pétillant, auquel Littré rend un hommage ému :

> *« C'était en effet à Belleville que l'on produisait le guinguet, le vin que l'on boit pour danser au son des guigues. »*

De la même famille chaloupée que *gigoter* et *gigue*, le guinguet a des fourmis dans les pieds !

L'ELDORADO DU DIMANCHE

Vers 1860, Paris s'agrandit, intégrant les villages voisins : Belleville, Bercy, etc. Les guinguettes se déplacent sur les bords de Seine et de Marne. C'est au XIXe siècle que les guinguettes de banlieue sont le plus courues : les gens vivent mieux, profitent du chemin de fer et du repos le dimanche pour filer en bords de Marne. L'idéal pour guincher, piquer une tête ou conter fleurette !

QUAND ON S'PROMÈNE AU BORD DE L'EAU

« Ah, le petit vin blanc !
Qu'on boit sous les tonnelleeeees
Quand les filles sont belles
Du côté de Nogent. »

goualait Lina Margy, sur un air de baloche (1943). Les chanteuses réalistes et le cinéma font de ces lieux de joie prolétaire un paradis perdu, comme dans *La Belle Équipe* (1936). Une bande de chômeurs menée par Gabin y gagne à la loterie et décide de construire une guinguette en bords de Marne : un rêve de Parigot !

ET QU'EST-CE QU'ON BECTE ?

Des moules, bien sûr, et puis des frites ! Et même une tarte aux fraises à la belle saison. À l'origine, la guinguette était courue pour ses matelotes d'anguilles. Un mijoté au vin blanc très popu, tellement recherché que les meilleures d'entre elles se payaient un louis d'or !

QUEL DÉBIT !

LA FRONTIÈRE ENTRE LES DÉBITS DE BOISSONS, LES ESTAMINETS ET AUTRES ÉTABLISSEMENTS DANS LESQUELS ON SERT À BOIRE EST SOUVENT NÉBULEUSE ; ET POURTANT, ELLE EXISTE !

LA TAVERNE

Charriant une image aussi désuète que pittoresque, la *taverne* est liée à la table par ses origines latines ; *taverna* et *tabula* sont en effet formés sur le même radical hospitalier *tab-*. La spécialité du tavernier ? *Vendre à pot,* c'est-à-dire qu'il ne fait que donner à boire. Voisine sémantique et pas très nourrissante du *cabaret*, la *taverne* est aussi évoquée comme un lieu où règnent laisser-aller et mœurs dissolues. Il s'y attache toutefois une idée de mépris absente dans l'évocation du cabaret. Ainsi, selon les dires de Littré, il semble qu'on s'y livre plus volontiers à la crapule qu'au cabaret. Peut-être que le fait de boire sans manger rend le client plus fripon ?

LE CABARET

Sorte d'auberge de seconde zone, le *cabaret* fut longtemps le havre d'une clientèle presque exclusivement masculine éprise de boisson. Pourvoyeur de coups à boire, le cabaretier *vend à assiette*, donc fournit également à manger, ce qui n'empêche pas cet établissement convivial de passer pour un lieu malfamé. Cet établissement a de quoi être chaleureux : lieu de retrouvaille, il est issu du picard *camberete*, « petite chambre ». En langue verte, on l'appelle *caboulot* ou *cabermuche* – désignant à la fois le cabaret et le tenancier, issu d'un vieux mot qui a signifié « cabane » puis « guinguette ».

L'ESTAMINET

D'où vient ce joli nom de débit un brin décati ? Des vallons de Flandres ! Emprunté au wallon *staminê*, désignant à l'origine le poteau auquel la vache est liée près de sa mangeoire, l'*estaminet* peut laisser penser qu'à ses débuts, il s'agissait d'une salle munie de poteaux. Son sens évolue rapidement : à la fin du XVIIᵉ siècle, l'estaminet est un café où l'on fume, puis il finit par caractériser un petit café populaire de quartier... où l'on boit.

LE BOUI-BOUI

Tout en rondes onomatopées, le *boui-boui* est un nom générique pour désigner un petit bar craspec ou malfamé. Peut-être issu du bressan *boui*, « clapier des canards et des oies », cet établissement peut désigner aussi bien un café-concert qu'un restaurant ; surtout caractérisé par son absence de standing, il est très souvent décrit comme étant « de dernier ordre ». Ami des clientèles douteuses, des bourses vides et des cas désespérés, le boui-boui sera célébré par un florilège de chanteuses réalistes, qui patinent ce lieu pas très fréquentable d'un vernis tragique, comme dans *L'Accordéoniste* chanté par Édith Piaf (1940) :

> *« Pourtant ses jambes tristes*
> *l'emmènent au boui-boui*
> *Où y a un autre artiste*
> *Qui joue toute la nuit. »*

LA BRASSERIE

Dérivé du latin médiéval *bratiarium*, le verbe *brasser* émanerait peut-être d'un monastère trappiste, qui sait ? Jusqu'à la fin du XIXᵉ siècle, le terme *brasserie* désignait le lieu où l'on fabriquait de la bière. On en vendait aussi au détail ; pour le confort des clients, on installa peu à peu des bancs et des tables en bois... Très présente dans l'Est, la brasserie et ses beaux cuivres débarquent pour faire mousser la capitale dès 1871, triste année pour toute une génération d'Alsaciens forcés à l'exode vers Paris et ailleurs. De chope en chopine, la *brasserie* finit par désigner un vaste établissement où l'opulence côtoie de robustes plats du jour, servis au comptoir bardé de tireuses ouvragées.

LE BISTROT ET SON VOCABULAIRE

LIEU DE PAROLE, LE BISTROT EST TOUT INDIQUÉ POUR Y CRÉER DES MOTS !

BISTROT

Un repli méconnu de l'histoire nous apprend qu'en 1814, à la suite de la campagne calamiteuse de Napoléon Ier en Russie, la bataille de Paris nous fit subir une occupation russe. Interdiction de boire un petit coup pour les soldats !

Les farouches cosaques l'ont mauvaise : ils se faufilent dans les bars pour pouvoir y glouglouter des boissons d'homme. Pour ne pas éveiller l'attention du gradé, il faut faire vite : *bystro, bystro !* (« fissa » en français) est hurlé à qui mieux mieux par les Russes au foie affamé. C'est du moins la légende entretenue depuis *Le Bistrot de la mère Catherine*, place du Tertre, où l'armée russe avait laissé un souvenir impérissable.

Alain Rey est cependant formel : cette étymologie aussi charmante qu'anachronique cache des origines bien plus terroir. *Bistraud*, en langue poitevine, désignait en effet le marchand de vin !

POUR LA SOIF

Synonyme de *pourboire* en langue verte, la *soif* est une promesse exquise : on dit bien qu'on laisse un peu de monnaie *pour la soif*... de celui qui sert, bien entendu. Et *laisser la mousse en soif*, c'est ne laisser que la mousse en guise de pourboire. Côté comptoir, on dit que le garçon de café qui n'a pas reçu de pourliche *fait figaro*.

Dans le genre indélicat, le *seigneur-terrasse* fait pire que d'*avoir des oursins dans les poches* : cette figure honnie de la profession squatte sans vergogne une table en commandant le moins possible ; dans le milieu des limonadiers, on l'appelle aussi le *châtelain*. *Yes, sir!*

LA LIMONADE DU BOUGNAT

Jusque dans les années 1960, le *bougnat* désigne à la fois le magasin de vin et charbon, l'Auvergnat opiniâtre qui tient commerce et le marchand de vin d'origine auvergnate. Montés à la capitale dès le XVIIIe siècle, les Auvergnats fuient leurs terres de disette en se faisant porteurs d'eau. Réputés durs à la tâche, ils doivent changer l'eau en vin : en plus d'avoir le monopole de la vente du charbon, ils sont désormais aussi marchands de vin. Le Parisien méprisant le surnomme *charbougnat* et finalement c'est *bougnat* qui reste ! Dans sa *Chanson pour l'Auvergnat* (1954), Georges Brassens rend hommage à un certain Louis Cambon, bougnat de son quartier, qui lui donna du vin et du bois « quand dans sa vie il faisait froid ». Certains bougnats se forgent une légende dorée dans la *limonade*, c'est-à-dire le business du service des boissons, par opposition à la restauration.

UN CANON CANONIQUE

« Un canon, c'est un coup de vin rouge ! » explique un Louis de Funès un poil imbibé à l'extraterrestre Jacques Villeret dans le film culto-pétomane *La Soupe aux choux*. Oui, mais pourquoi ? Au XVIe siècle, le *canon* était une unité de mesure correspondant à 1/16 de pinte soit 6 centilitres, dosage qui finit par désigner un petit verre de vin. De quoi s'abreuver sans devenir illico un gros boulet ! Le terme a perduré, bien que les verres à vin actuels soient plus généreux. Quant à la pétaradante formule *boire un canon*, elle viendrait d'une tradition maçonnique qui voulait que les convives tapent en même temps leur verre sur la table avant de l'avaler d'un trait. Et lorsqu'on enchaîne les canons, on dit qu'on *canonne* !

MÂCHON AU BOUCHON

DÈS 9 H, DANS CERTAINS BISTROTS ET BOUCHONS, C'EST *MÂCHON* ! MAIS AU FAIT, D'OÙ VIENT CE GRASSOUILLET ET AVINÉ CASSE-GRAINE ?

C'EST NOUS LES CANUTS

Lyon est connu pour ses *bouchons*, ces repaires chaleureux où règne la cuisine canaille. Le bouchon n'est pas ainsi nommé parce qu'on les y fait sauter à tour de bras ; il fait référence à l'un des sens de *bousche*, mot d'ancien français qui désignait une « touffe de feuillage servant à boucher un orifice », voisin du *bush* anglais. Pendant l'Ancien Régime, on appelait *bouchon* le buisson de lierre ou de gui suspendu à la porte des cabarets pour les différencier des auberges.

Les bouchons sont associés à la pittoresque tradition des *mâchons*, ces casse-croûtes matutinaux très populaire à partir des années 1850. Dans le quartier de la Croix-Rousse, les ouvriers de la soie, appelés *canuts*, étaient connus pour leur esprit frondeur, leurs maigres salaires ; ils bossaient dur dès l'aurore. À l'heure du café-croissant, ils s'envoyaient un casse-croûte de cochonnailles arrosé de beaujolais chez le marchand de vin. C'est ce qu'on appelle le *mâchon*, qui tire son nom du verbe *mâcher*. Aujourd'hui, il n'y a plus de canuts, mais encore des amateurs de ripailles matinales pour célébrer ce brunch à la lyonnaise !

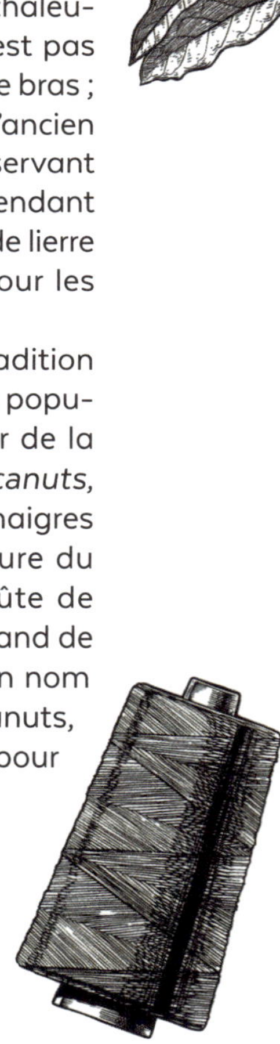

AU MENU

Au menu de cette grand-messe du gras et des abats, on trouve la *cervelle de canut*, fromage frais à la ciboulette, des *clapotons*, pieds de mouton vinaigrette, de la tête de veau ou encore du *sabodet*, de la saucisse de tête de cochon. Dans les pots, tout le Beaujolais est représenté, du saint-pourçain au morgon, vins de soif par excellence. Gare aux *gorgossons* – les aigreurs d'estomac, en parler gone.

TABLIER DE SAPEUR, UN BOUT DE GRAS INCENDIAIRE

À Lyon, une spécialité prisée dans les bouchons consiste à paner du gras-double (de la fraise de bœuf) dans du beurre. Ancien sapeur de génie et gouverneur militaire sous Napoléon III, le maréchal de Castellane était un tripophile. Grand amateur de cette recette, il la surnomma *tablier de sapeur* car il voyait une émouvante similitude entre la croûte panée du gras-double et le tablier de cuir des sapeurs-pompiers.

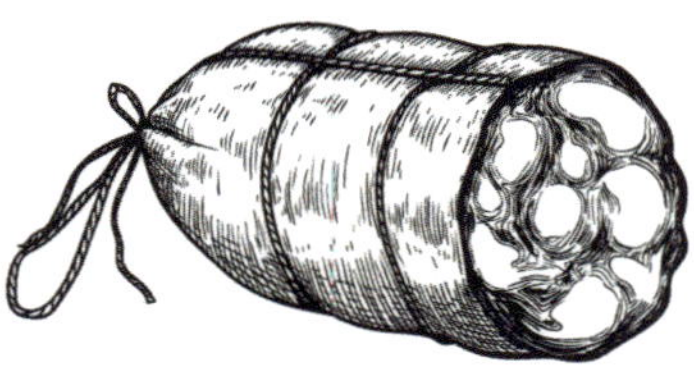

JÉSUS, UN SACRÉ SAUCISSON

Si ce gros saucisson n'a rien de sacré, les Lyonnais lui vouent un culte quasi religieux. Taillé sur le même modèle que sa copine la *rosette*, le *jésus* est une cochonnaille de choix pour agrémenter le pot de gamay de bon matin. À ceci près que cet auguste sauciflard doit obligatoirement être fabriqué à partir de parties nobles du cochon, ce qui fait de lui un mets de fête. Une fois ficelé, le saucisson ressemble à un petit Jésus emmailloté ; c'est d'ailleurs une spécialité que l'on préparait en vue de fêter, non sans un certain mauvais goût, la naissance du Christ.

EN GOGUETTE : LES CONFRÉRIES DU VIN

ADORATRICES DE BACCHUS, LES CONFRÉRIES BACHIQUES, MAIS PAS BOUZOUKS, RASSEMBLENT LES AMATEURS DE BONS CRUS SOUS DES NOMS SAUGRENUS.

LA GOGUETTE À GOGO

« Il est des nô-ô-ô-ôtres ! Il a bu son verre comme les au-autres ! Et glou et glou », entonnent les tontons paillards qui partent en goguette à l'heure du digeo.
À l'origine, la *goguette* était une société chantante d'amis réunis pour passer un bon moment entre bonshommes. L'histoire est curieuse : dès 1729, les goguettes prennent exemple sur la société du Caveau, confrérie bachique et littéraire parisienne qui va essaimer son modèle en France et en Belgique jusqu'à la fin du XIXe siècle. Les goguettiers sont connus pour *boire à gogo*, une expression dérivée de *goguette*. Peu à peu, elle devint synonyme de « fiesta avinée », où les braillards se soucient peu de leur dignité. Qu'elles s'appellent « Les Gais Pipeaux », « Les Maboules du Haut-Judas » ou « La Fanfare de Zoui-zoui les Pinchettes », les goguettes pouvaient bambocher mais jamais à plus de vingt, comme la loi l'exigeait.

AU NOM DU VIN

Ces confréries ont pour nom : « Confrérie de la Noble Rosette », « ... des Vins des quatre bans », « ... du Gosier sec » ou « ... des Francs-mâchons ». Amoureuses du calembour et des rituels d'intronisations déguisés, ces confréries soucieuses de valoriser un vin et un terroir pullulent dans les régions viticoles. Réservées longtemps aux bons vivants à testicules, elles ne sont plus sectaires. Aujourd'hui, certaines sont même présidées par de bonnes vivantes !

UNE COMMUNION SOUS LE SIGNE DE RABELAIS

En 1934 est née la fameuse confrérie œnophile des *Chevaliers du tastevin*. Siégeant augustement au château du clos de Vougeot, nippés en toge de velours et bonnet carré façon connétables, ces chevaliers sans armure s'inspirent à la fois de Rabelais et de la Table ronde pour perpétuer une tradition aux petits oignons : le ban bourguignon. Soit un chant ayant sans doute noyé son parolier, puisqu'il se limite à entonner une série de lalala – selon un rythme plus ou moins régulier en fonction de l'heure de la soirée – en tournant les avant-bras et en claquant des mains. L'occasion rêvée, sinon de se luxer une épaule, de mettre à l'honneur lors d'un banquet la gastronomie de Bourgogne et ses meilleurs crus. Cette pratique fait des adeptes, heureux de tendre leur tastevin. Cette tasse d'argent se prononce « tâtevin » ; outil indispensable des négociants bourguignons du XVIIe siècle. Une arme redoutable qu'on porte à la poitrine à des fins de dégustation.

LES RESCAPÉS DE LA CANTOCHE

À UNE ÉPOQUE PAS SI LOINTAINE, ON NE TORCHAIT PAS SEULEMENT LES ÉCOLIERS AU SORTIR DES GOGUENOTS, MAIS AUSSI AU RÉFECTOIRE, À GRANDES GORGÉES DE PINARD.

« AH, MOI DE MON TEMPS... »

Qui se souvient encore aujourd'hui de cette auguste période de notre histoire durant laquelle on abreuvait les écoliers d'un demi-litron de rouge à l'heure du déjeuner ? Hormis les principaux intéressés – sans nul doute, à l'heure qu'il est, éminemment couperosés –, personne ne semble avoir gardé en mémoire les grandes heures d'un certain Louis Pasteur.

IL FAUT SE MÉFIER DE L'EAU QUI DORT

Commissionné par Napoléon III afin de trouver une solution aux divers problèmes bactériens des jus de raisins, Pasteur publie en 1866 ses *Études sur le vin*, dans lesquelles il propose de donner un petit coup de chaud aux microbes et impuretés en faisant monter la température des liqueurs bachiques à 57 degrés. Si on connaît davantage ce procédé pour les boissons lactées, on sait moins qu'il fut aussi utilisé pour le vin, que l'on appelle d'ailleurs parfois le *lait des vieillards*. Quoi qu'il en soit, la pasteurisation rencontra un tel succès que, dans certaines régions, il était plus risqué de boire de l'eau qu'un bon verre de bordeaux.

DES BUVEURS AUX BUVARDS

Dans certains établissements, le personnel de cantine aura donc pour consigne de déposer sur les tables un pichet de 50 centilitres de rouge coupé à l'eau afin de faire glisser la rémoulade. Une aubaine pour de nombreux châteaux et domaines, pas fâchés de cette étonnante ouverture de marché, qui leur permettra d'abreuver les bambins-buveurs de publicités imprimées, ironie de l'histoire, à même les buvards.

« BUVEZ DU LAIT ! »

Après une première tentative avortée de siffler la fin du pif à la récré avant la Seconde Guerre mondiale, le président du Conseil Pierre Mendès France reprend le flambeau en 1956, en interdisant l'alcool aux enfants de moins de 14 ans, à qui l'on ne donnera désormais plus qu'un sucre et un modeste verre de lait. Seul hic : certains parents, suspicieux et mécontents de ne plus amortir leur marmaille au calva, vont continuer de biberonner les petits d'une bonne dose d'alcool avant l'école. Résultat : durant encore quelques années, des élèves arrivent en classe déjà bourrés comme des cartables, jusqu'à ce que l'alcoolisme juvénile quitte progressivement la table.

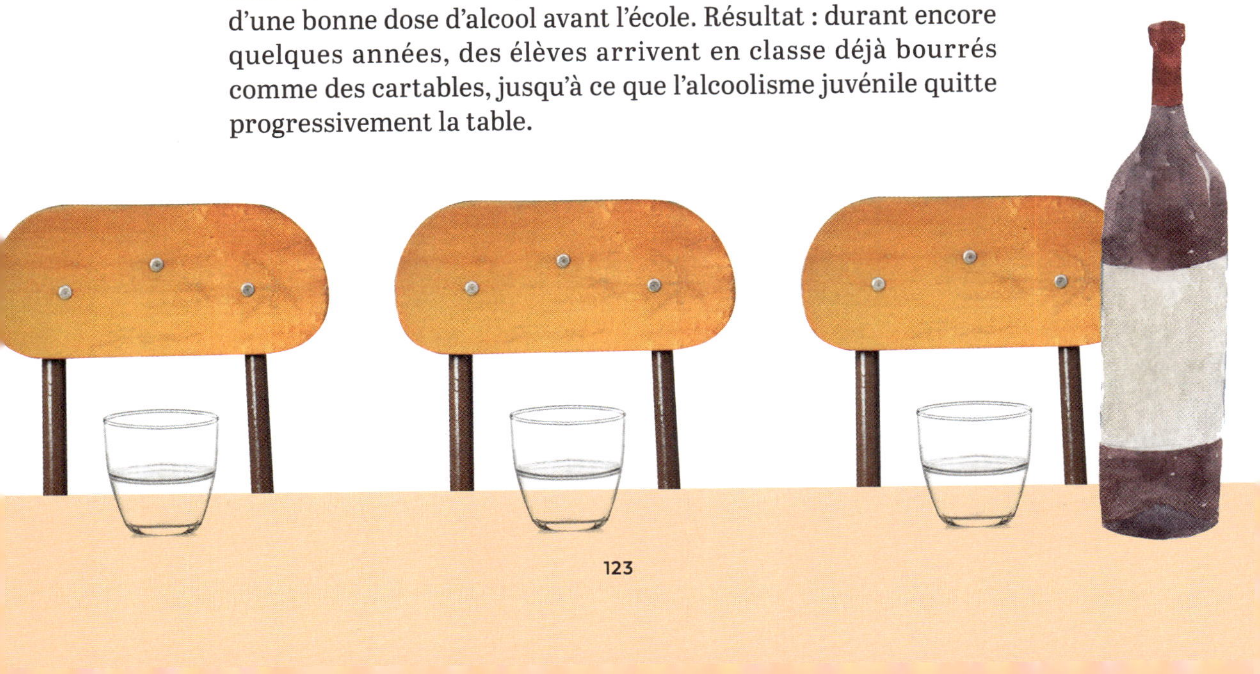

Madame est servie

SI, AUJOURD'HUI, ON COMPTE DE NOMBREUSES PROFESSIONNELLES DU MONDE DU VIN QUI CASSENT LA BARRIQUE, L'ACCÈS DES FEMMES AU VIN ET À SA FABRICATION NE S'EST PAS FAIT SANS EMBÛCHES.

Ah, les belles bacchantes !

Avant de désigner la paire de charmeuses des beaux moustachus, les *bacchantes* étaient les prêtresses de Bacchus ; trois fois par an, elles célébraient des fêtes réservées aux femmes sous le contrôle de respectables matrones, les Bacchanales. De fil en aiguière, ces fêtes dégénèrent en orgies. À la suite du scandale des Bacchanales, initié par les révélations d'une bacchante ayant été témoin de multiples viols, elles sont interdites en 186 avant notre ère. Le terme *bacchanale*, fort employé sous le règne de Louis XV (qui préférait peut-être le terme *souper galant*), reste désormais plutôt synonyme de « parties fines libertines et raffinées ».

« Tintin ballon » pour les nichons

Dans l'Antiquité, boire du vin était interdit à la gent féminine. Les contrevenantes risquaient même de se voir infliger la peine de mort ! À partir du Moyen Âge, les censeurs mettent de l'eau dans leur vin : les dames peuvent boire, bien qu'on trouve peu de femmes « respectables » dans les tavernes. La fin de l'Ancien Régime sonne le glas de cette tolérance, du moins pour les bourgeoises : un code de conduite serre la vis dès la fin du XVIIIe siècle, qui décrète qu'une femme « honorable » ne boit pas de vin. Au sirop, les gonzesses !

Pas touche ninouche

Chez les Anciens, la femme était mise à profit pour servir le vin, mais surtout pas le toucher. C'est-à-dire qu'avant même le fameux « ceci est mon sang » du Christ, le vin était associé au sang. Mais celui des menstrues, beurk ! Ce dernier est jugé suffisamment impur pour faire tourner le fruit des vendanges. Allez, oust ! pas de femmes dans le processus de vinification ! Il faudra attendre la fin du XXe siècle pour voir des femmes vigneronnes revendiquer leur production et leur métier, au grand dam d'un milieu diablement mâle.

Vin à femmes, vin féminin

Abonnées pendant des siècles au vin coupé d'eau, les femmes ont-elles un trop petit nez pour déguster un bon vin charpenté ? Qu'à cela ne tienne, on invente le concept de *vin de femme* : plutôt rose ou blanc, léger, mignon et charmant. Étonnamment, les vins qualifiés de *féminins* tendraient plutôt vers les rouges qui ne tachent pas, des margaux bordelais aux volnays bourguignons, loués pour leur élégance, leur côté floral, et une trame fine à faire vaciller plus d'un misogyne.

« À BOIRE POUR LE ROI ! »

DU TRÔNE À LA COUR, C'ÉTAIT ROYAL AU BAR POUR SA MAJESTÉ ! DU CHAMPAGNE ROUGE SANS BULLES AU CHAMBERTIN COUPÉ À L'EAU, RETOUR SUR DES SIÈCLES D'HISTOIRE.

LES ROIS D'ÉGYPTE OU LA BITURE POST MORTEM

Chez les souverains égyptiens, pas question de risquer de manquer de cartouches une fois passée l'arme à gauche. Ainsi, le roi Scorpion Ier, qui de son vivant avait apparemment un penchant pour l'éthanol, fut retrouvé enterré aux côtés d'une centaine de cruches remplies de vins du monde. Au cas où, nous direz-vous.

LA COULEUR DU VIN BLANC D'HENRI IV

Si la robe prétendument virginale du canasson d'Henri IV fait encore l'objet de quelques boutades, on sait moins que son blanc de prédilection n'était autre que le jurançon. Un vin costaud du Sud-Ouest, sec ou moelleux, dont son grand-père Henri II lui aurait frotté les lèvres le jour de sa naissance à l'aide d'une gousse d'ail. L'histoire ne dit pas si l'aïeul avait lui-même ce jour-là un coup dans la trompette. Toujours est-il que l'onction baptismale d'Henri permit quelques années plus tard d'abreuver de jurançon de grands nobles soiffards.

LOUIS XIV, ROI-SOLEIL ENTARTRÉ

Pour arroser les sacres royaux rémois, il n'y avait autrefois rien de tel qu'une rasade de champagne... rouge, et sans bulle aucune. Aujourd'hui connu sous le sobriquet moins festif de *coteaux-champenois*, voilà un vin dont Louis XIV s'abreuvait copieusement la soupente jusqu'en l'an 1693, date à laquelle Fagon, nouveau médecin royal, dénonce ce « champagne » comme pur picrate, avec un taux de tartre et un manque d'esprit provoquant au souverain quelque barbouillis. Sa Majesté mettra un peu de temps à gober la pilule, mais finira par passer au pinot.

GEVREY-CHAMBERTIN, LA COQUELUCHE DE NAPOLÉON

C'est à peine âgé d'une vingtaine de printemps que Napoléon tombe en pamoison devant la célèbre appellation du vignoble bourguignon. Connu pour son côté un tantinet obsessionnel, l'Empereur enquillera religieusement une demi-bouteille de gevrey-chambertin coupé à l'eau pour le restant de ses jours – à l'exception d'une parenthèse désenchantée à Sainte-Hélène où il fut, hélas, condamné à carburer au bordeaux.

Un fin gourmet

CES MOTS LIÉS AU VIN, QU'ONT-ILS EN COMMUN ? ILS DONNENT ENVIE DE PASSER À TABLE !

Échanson à boire

Métier à risque aujourd'hui disparu, l'*échanson* était l'officier qui avait l'honneur de servir à boire à la table des rois… Mais aussi de goûter avant lui, des fois qu'un plaisantin ait glissé un peu de curare dans la coupe royale. Issu du verbe *skenkan* en vieil allemand, « verser à boire », l'échanson est choisi, pour des raisons évidentes, parmi la garde rapprochée du roi. Lorsque, à la suite d'un banquet bien arrosé offert par un roi babylonien, Alexandre le Grand succomba, tout le monde se mit à ragoter sur son échanson Iolas, accusé d'avoir fait passer l'arme à gauche au conquérant. Si ce métier est tombé dans l'oubli, c'est sûrement qu'il est devenu plus difficile de trouver quelqu'un pour se mouiller à ce point !

Gourmet… ou *groumete* ?

D'où vient le mot *gourmet* ? Au moins du XVIe siècle : la première attestation est le féminin *groumete*, « courtière en vins ». Il favorise l'apparition du terme *groumet*, « valet chargé de conduire les vins ». Ces deux termes émanent du guttural *grommes*, « valet » en ancien français, lui-même tiré du vieil anglais *grom*, « jeune garçon », qu'on retrouve dans le mot *groom* – rien à voir avec le fait de *grommeler*. Au fil du temps, le R de *groumet* se déporte et le terme prend sa forme actuelle, *gourmet*, plus proche de *gourmand*, adjectif apparu au XIVe siècle et dont il subit l'influence. Au milieu du XVe siècle, *gourmet* prend le sens de « personne qui déguste du vin, qui sait l'apprécier, bon buveur ». Au XVIIIe siècle, il sort de la cave pour passer à table : le *gourmet*, qui n'a pas de féminin, est « celui qui sait apprécier la bonne chère ». Il sort souvent en compagnie de l'adjectif *fin* !

Le *sommelier*, une bête de somme

Le *sommelier* n'est pas ainsi nommé parce qu'il pionce dans la cave. Héritage médiéval, ce mot qui évoque le sommeil apparaît au XIVe siècle ; il dérive en réalité du *saumalier*, le garçon d'écurie « qui s'occupait des bêtes de somme » en provençal. Au fil du temps, le mot *saumalier* bénéficie d'une belle promo : *saumalier* désigne désormais l'officier chargé du transport des bagages dans les voyages de la Cour. Cet intendant essentiel avait notamment la délicate mission d'acheminer provisions et boissons. À partir du XVIIe siècle, on ne demande plus au *sommelier* que de s'occuper du vin. Les nobles fortunés vont jusqu'à se payer un sommelier pour leur seul usage, belle manière d'épater les duchesses. Vestige des fastes de l'Ancien Régime, le sommelier se fait rapidement une place dans ce nouveau temple de la bourgeoisie qui naît au XIXe siècle : le restaurant. Depuis, il flatte les palais avertis et terrorise les indécis qui ont peur de commettre un impair. Par extension, *sommelier* désigne aussi un type de tire-bouchon (voir « Au pays des tire-bouchons », p. 76).

DELIRIUM TREMENS

AU DÉTOUR D'UN XIXe SIÈCLE RICHE EN DRAMES ALCOOLISÉS, LE VOCABULAIRE AYANT TRAIT À L'IVRESSE SÉVÈRE S'EST FORTEMENT MÉDICALISÉ SOUS L'IMPULSION DES SCIENTIFIQUES.

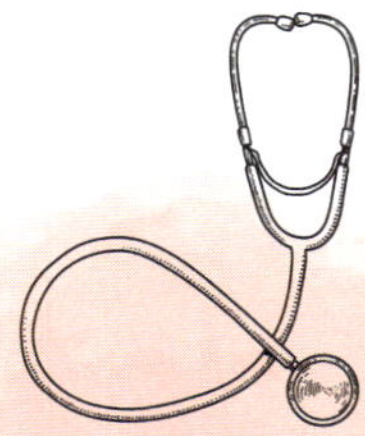

AU PAYS DES ÉLÉPHANTS ROSES

Néologisme en langue latine, la formule *delirium tremens*, littéralement « délire tremblant », fut forgée par le docteur anglais Thomas Sutton en 1813. Elle désigne les symptômes du sevrage alcoolique : hallucinations, tremblements. Elle est utilisée par Émile Zola dans *L'Assommoir* (1876), dans une scène particulièrement glaçante.

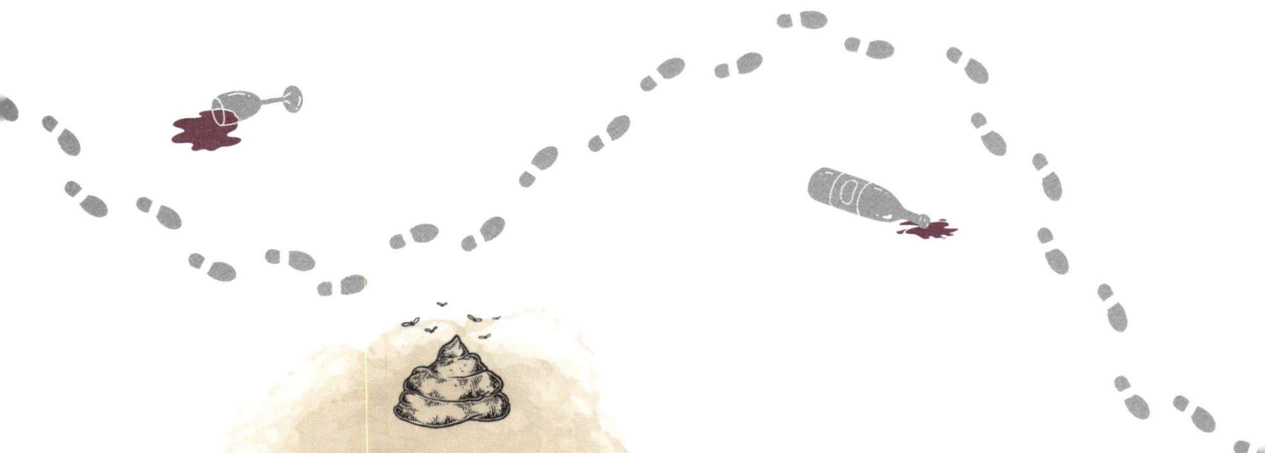

AVANT LE COMA, ON DISAIT QUOI ?

Au Moyen Âge, le terme de *coma éthylique* n'existe pas encore. Au XIIIe siècle, dans le fabliau comique des *Trois Dames de Paris* du ménestrel Watriquet de Couvin, on voit trois ivrognesses bourgeoises s'écrouler « comme merde dans la rue » après avoir goulotté force pichets, l'haleine « [puant] plus qu'un sépulcre » !

DE L'IVROGNE À L'ALCOOLO

Formé sur l'ancien français *ivroigne*, le terme *ivrogne* est issu d'*ebrionia*, « ivrognerie » en latin populaire. Tiré de la même cuvée, *ébriété* est un mot utilisé pour décrire une forme d'ivresse costaude, mais pas plus. Jusqu'au milieu du XIXe siècle, l'ivrognerie n'est pas considérée comme une maladie. Le terme *alcoolisme* a été utilisé pour la première fois en 1848 par un médecin suédois, Magnus Huss – sa mère devait avoir le hoquet. Exit l'ivrogne, place à l'*alcoolo* !

À L'ABRI DU JAJA

Philanthrope alerté par l'alcoolisme des marins désœuvrés entre deux voyages, Jacques de Thézac crée en 1900 des *Abris du marin* dans plusieurs ports de Bretagne. Inspirés par les *sailor's home* anglaises, ces abris sont peints en rose… Et ne tolèrent pas la moindre goutte d'alcool. Dans le viseur des ligues antialcooliques et cible des *Abris du marin*, les marins baptisés à l'eau de morue avaient du mal à s'y saler le bec !

UN BEC SALÉ

Au tournant du XIXe siècle, on finit par penser que l'alcoolisme est atavique. La langue populaire a forgé de réjouissantes expressions autour de cette prétendue tare de naissance, souvent inspirées par la mer et le sel : on estimait qu'un *poivrot* gratiné était né avec le *bec salé*, car le sel donne soif ! Sur le même modèle, on peut *avoir été baptisé à l'eau de morue*, *vacciné au salpêtre* ou *boire la mer et les poissons*.

PILIERS DE COMPTOIR POUR L'ÉTERNITÉ

S'ILS NE SONT PLUS TRÈS CÉLÈBRES AUJOURD'HUI, CES GRANDS BUVEURS ONT MARQUÉ LA LANGUE FRANÇAISE… ET LES ZINCS DES COMPTOIRS !

MILORD L'ARSOUILLE ET *S'ARSOUILLER* : S'ADONNER À LA DÉBAUCHE, S'ENIVRER

Au Moyen Âge, un ivrogne était nommé un *souillard*. Le temps et le verlan le déformèrent en *arsouille*, largement répandu dans les estaminets parisiens. Un certain lord Seymour, qui menait grand train à Paris, était très connu des Parisiens pour ses largesses et ses copieuses beuveries. À Belleville, notre lord aviné était le roi de la descente de la Courtille, un carnaval de trois jours où notre nobliau s'arsouillait tellement qu'il fut surnommé « Milord l'Arsouille » avec un infini respect, car il avait, lui aussi, une bonne descente. En réalité, le vrai Milord répondait au nom de Charles de La Battut, jeune Parisien dispendieux qui se signalait par une voiture chargée de masques tirée par six chevaux, mais les Parisiens ont préféré continuer à honorer le sujet de Sa Majesté. Ce sympathique personnage donna son nom à un restaurant mythique et à un film méconnu des années 1950.

HENRY MURGER ET *SE PRENDRE UNE MURGE* : S'ENIVRER

Au rayon gueule de bois, l'expression *se prendre une murge* viendrait-elle du verbe latin *murgere*, « vomir par le nez » ? Non, car ce verbe n'a jamais existé ! En revanche, une théorie soutient qu'il s'agirait d'un anthroponyme.

Remontons aux années 1840 : sale temps pour les artistes ! Autrefois soutenus par les cours princières, ils n'ont plus un radis... Mais gardent le sens de l'humour : un groupe se forme autour d'Eugène Pottier, auteur de *L'Internationale*. Nadar, des éthérés Baudelaire et Nerval, mais aussi l'écrivaillon Henry Murger adhèrent à l'association d'entraide d'aspirants artistes, « Les Buveurs d'eau »...

Habitué des cafés d'étudiants, le fêtard Henry triomphe avec un roman inspiré par sa vie de bâton de chaise et celle de ses potes de biture. Avec ses *Scènes de la vie de bohème*, il invente l'autofiction, mais surtout un mythe, celui d'un Paris empli d'étudiants fauchés et de grisettes et inspiré par un pays bien réel, la Bohème, une région tchèque peuplée de musiciens. Mille fois imité, son roman un brin daté est éclipsé par *La Bohème*, opéra de Puccini qui immortalise cette faune attachante si parisienne. *Murger* survit dans la langue populaire d'une façon pas très chicosse mais terriblement bohème !

JEAN RAMPONNEAU ET UN *RAMPONNEAU* : UNE BOURRADE, UN COUP

Au XVIIIe siècle, il fallait dépasser les barrières de Paris pour palper un petit vin clairet sans payer de taxes. C'est au village de Belleville que les amateurs de cabaret se pressent alors. Fils de tonnelier bourguignon, Jean Ramponneau s'installe au *Tambour Royal* dans le quartier verdoyant de la Courtille : entrepreneur malin, il se coiffe d'un tricorne pour la touche pittoresque et vend la pinte un sou moins cher que ses voisins. C'est un carton ! Sa réputation est telle qu'un monteur de marionnettes lui propose de jouer son propre rôle, ce qu'il accepte puis refuse, non sans avoir empoché des arrhes, donnant lieu à un procès comique où Voltaire le soutient. De son temps, il y eut une mode « à la Ramponneau », la robe-tonneau faisant fureur. Après sa mort, Ramponneau finit par désigner un cabaret puis un café, notamment en Belgique ; en wallon, *ramponô* est devenu le filtre où l'on passe le café. En langue verte et populaire, il peut désigner un coup à boire, mais surtout un coup tout court, et des plus percutants, comme dans cet extrait des *Enracinées* (1903), ouvrage d'Arnould Galopin sur la vie des détenues : « Quant au vieux, s'il veut nous dénoncer, j'écrirai tout à sa femme, et je lui ferai coller un "ramponneau" par Émile. »

METTRE DE L'EAU DANS SON VIN

PRATIQUE JUGÉE SACRILÈGE, MAIS FORT COURANTE CHEZ NOS AÏEUX, LE FAIT DE COUPER LE VIN À L'EAU A SES ADEPTES COMME SES DÉTRACTEURS.

LE VIN PUR, NECTAR DIVIN

Sous prétexte qu'eux savaient se tenir – quoique, si on en croit les mythologies à leur propos... –, les dieux grecs avaient le droit de glouglouter du vin pur, mais pas leurs adorateurs, qui avaient pour habitude de couper les crus costauds des vignes hellènes à l'eau. Les philosophes et les historiens grecs ont tous fait l'éloge du vin mélangé avec de l'eau, probablement parce qu'ils avaient reconnu les fautes, et quelquefois même les crimes, qu'engendre l'ivresse. Dans ses *Essais*, Montaigne tient Cranaüs, roi des Athéniens, pour avoir été l'inventeur de l'usage de tremper le vin – « utilement ou non, j'en ai vu desbattre », ajoute-t-il, fort indécis.

METTRE DE L'EAU DANS SON VIN

Au Moyen Âge et même avant, mêler l'eau et le vin était d'un usage courant : rendu plus désaltérant et moins enivrant, le vin était bu à tout moment de la journée. C'est au XVe siècle que naît cette formule imagée signifiant « faire passer sa colère » – de ne pas avoir bu de vin pur ? Dès le milieu du XVIe siècle, l'expression évolue. Dans son *Étymologie ou explication des proverbes françois* parue en 1636, Fleury de Bellingen la traduit par « modérer ses passions comme la chaleur excessive du vin est tempérée par le meslange de l'eau ». Aujourd'hui, on *met de l'eau dans son vin* lorsqu'on doit revoir ses prétentions à la baisse. Et on évite d'en verser dans les ballons, même après avoir trop vu sa grand-mère le faire.

ACRATOPOTE

Il sonne comme une des insultes lettrées proférées par un capitaine Haddock énervé. Cet adjectif est formé sur les mots grecs *acratos*, « vin pur », et *potos*, non pas « copains » mais « boisson », toujours en langue hellène, de la famille de *potable*. *Acratopote* désigne donc à l'origine « celui qui boit du vin pur », donc pas coupé, et aujourd'hui l'« adepte des vins nature ».

LA CHIENLIT, C'EST LUI

Lors d'un séjour à Bordeaux, un château-Haut-Brion 1961 fut servi à de Gaulle. Une grande année pour ce pessac-léognan charpenté comme un rugbyman ! Plus familier des beaujolais et autres vins légers, le général ose le sacrilège : sans vergogne, il coupe son verre de grand cru d'une bonne mesure d'eau. Bordeaux outragé, bordeaux brisé, bordeaux opprimé !

QUE D'EAU !

Tous ces heureux sobriquets désignent la flotte, cet élément si étranger au vin, et pour certains si complémentaire !

Château Lapompe
Née au milieu des années 1880, cette plaisante locution sert à désigner l'eau en langue verte ; de quoi regarder sa carafe d'eau du robinet d'un œil plus fiérot.

Chômeur
« Mets-moi un chômeur avec, et roule ! » Ce désœuvré sans emploi, c'est le verre d'eau : une métaphore à travailler du chapeau, née pendant le Front populaire.

Sirop de pébroque
Toujours plus inventif, l'argot parle aussi de *jus de parapluie*, de *bouillon de canard* ou de *ratafia de grenouille*, formules plutôt méprisantes à l'égard de ce breuvage tellement décevant quand on le compare au pif.

LE VIN MÉDECIN

PENDANT DES MILLÉNAIRES, APOTHICAIRES ET MÉDECINS ONT ÉTÉ SÛRS D'UNE CHOSE : LE PINARD, C'EST LA SANTÉ !

HIPPOCRATE ET PICRATE

Fondateur de la médecine occidentale, le médecin grec Hippocrate prescrit le vin en traumatologie, car il lui reconnaît un pouvoir cicatrisant. Entre autres remèdes gynécologiques et médications gastriques vinifères, il le recommandait aussi pour un usage plus inattendu : d'après lui, rien ne vaut une bonne crème dépilatoire à base de vin pour se débarrasser des poils.

DES MÉDOCS ? NON, DU MÉDOC !

Connus pour ingérer un max de cholestérol avec leur saucisson beurre et pour se rincer les gencives au gros rouge, les Français affichent une espérance d'âge insolemment plus élevée que les Amerloques et rosbifs. Le responsable de cette bonne santé ? Le vin, bien sûr ! En 1974 paraît *Soignez-vous par le vin*, énorme best-seller jusqu'à ce que la loi Évin ne vienne y mettre un peu d'ordre. Rédigé par Emmérick-Adrien Maury, médecin homéopathe diplômé en… 1928, ce livre entretient le mythe de ce que les Anglo-Saxons appellent jalousement le « *French paradox* » : une formule née en 1992 après une étude prouvant les effets curatifs du vin rouge.

C'EST BON POUR LE MORAL

Galien, le fameux médecin romain, insiste sur le lien entre vertus médicales et bachiques. Quand c'est bon au goût, c'est bon pour le reste ! Si la plupart des médecins conseillent la modération, certains enthousiastes de la cuite prescrivent l'enivrement profond en guise de purge de l'organisme, à raison de deux fois par mois. Pour faire un gros dodo, la médecine médiévale recommande un état d'ivresse légère aux insomniaques. Les docteurs zélés n'hésitent pas à conseiller des bouillies au vin rouge pour les nourrissons : ça calme les mômes, paraît-il.

UNE CONSTITUTION… MAGIQUE !

Le raisin est une mine d'or de molécules promptes à soigner tous les maux : la vigne est riche en antioxydants, tels que les fameux polyphénols, considérés comme les principaux responsables des bienfaits du vin rouge sur le bien-être. Et que dire des tanins, qui contiennent des procyanidines, censés protéger contre les maladies cardiaques ! D'où le conseil, qui fait aujourd'hui débat, de s'envoyer un verre de vin rouge à chaque repas, ordonnance suivie scrupuleusement par des millions de buveurs plus ou moins en bonne santé.

DES RECETTES MIRACLES

Dans l'Europe médiévale, la formation des premières universités de médecine voit se confirmer l'usage médicinal du vin. Ancien de l'École de Salerne, le médecin catalan Arnaud de Villeneuve écrit, au début du XIVe siècle, *De Vinis*, un traité où il révèle ses recettes pour vivre longtemps en bonne santé grâce aux médications à base de bibine. Son adage botte les amateurs : « Le bon vin sert de médecin ! »

TOURNER AU VINAIGRE

LA VINAIGRETTE, QUELLE HISTOIRE !

PREND-ON LES MOUCHES AVEC DU VINAIGRE ?

D'abord *vin aigre*, le *vinaigre* n'est pas un répulsif pour les mouches ! Mais il est issu des bouteilles de vin mal bouchées, d'où l'expression *tourner (au) vinaigre*, qui traduit une corruption. Loin d'être un rebut, le vinaigre a en fait plus d'un tour dans son ferment, et il fait l'objet de bien des légendes.

BIEN MAL ACQUIS PROFITE PARFOIS

La légende raconte qu'en pleine pandémie de peste noire, quelque part en pays d'Oc, une bande de quatre tire-laines profitait de l'atmosphère apocalyptique qui régnait alors pour détrousser maisons vides et cadavres couverts de bubons. Pas joli-joli, comme gagne-pain ! Pourtant, le jugement de Dieu dut tomber à côté de la plaque, car les gredins échappèrent à l'infection. Une fois arrêtés, on leur offrit d'échapper au gibet s'ils révélaient le petit secret de leur immunité.
Le voici : ils prenaient tous les jours une potion vendue par une femme médecin, une solution à base d'ail macéré dans du vinaigre de vin rouge et des épices. Entré au Codex en 1748, le vinaigre des quatre voleurs est toujours vendu pour soigner toutes sortes d'avanies et fait l'objet d'un véritable culte à La Nouvelle-Orléans !

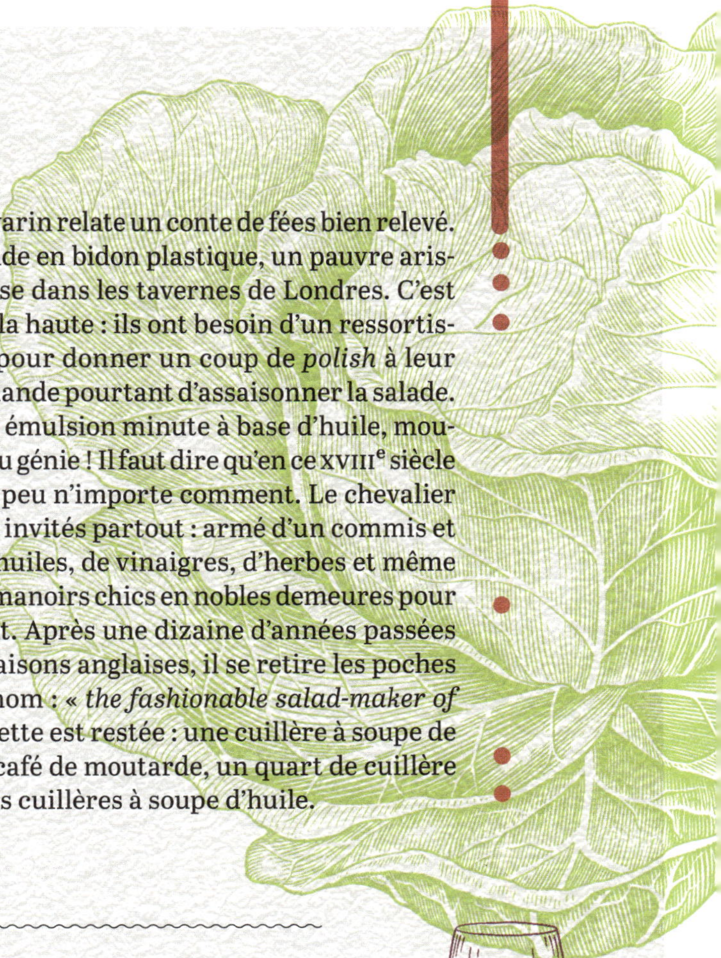

UNE POTION MAGIQUE

Dans sa *Physiologie du goût*, Brillat Savarin relate un conte de fées bien relevé. Bien avant l'invention de la sauce salade en bidon plastique, un pauvre aristocrate désargenté traînait sa carcasse dans les tavernes de Londres. C'est là qu'il tape dans l'œil d'un couple de la haute : ils ont besoin d'un ressortissant de France, patrie gastronome, pour donner un coup de *polish* à leur dîner. Il n'est pas cuisinier ; on lui demande pourtant d'assaisonner la salade. Ce qu'il fait volontiers, inventant une émulsion minute à base d'huile, moutarde et vinaigre. Les convives crient au génie ! Il faut dire qu'en ce XVIIIe siècle finissant, on assaisonne la salade un peu n'importe comment. Le chevalier d'Albignac et son invention sont alors invités partout : armé d'un commis et d'une mallette contenant quantité d'huiles, de vinaigres, d'herbes et même de la truffe, le chevalier se déplace de manoirs chics en nobles demeures pour préparer son fameux assaisonnement. Après une dizaine d'années passées à saucer restaurants fins et riches maisons anglaises, il se retire les poches pleines et auréolé d'un glorieux surnom : « *the fashionable salad-maker of London* ». Passée à la postérité, sa recette est restée : une cuillère à soupe de vinaigre de vin rouge, une cuillère à café de moutarde, un quart de cuillère à café de sel, un trait de poivre et trois cuillères à soupe d'huile.

À TABLE !

Dès 1394, les vinaigriers-buffetiers s'organisent en une corporation qui naît à Orléans, ville vinaigrière à n'en pas douter. Pourquoi *buffetier* ? Car le vinaigre était jusque-là appelé *vin de table* ou *vin de buffet*. Le vinaigre vendu par les vinaigriers-buffetiers fait des merveilles, comme l'écrit Louis-Sébastien Mercier au XVIIIe siècle : « L'un des vinaigres inventés par le sieur Maille avait le mérite de transformer en ingénues les femmes les plus mariées. »

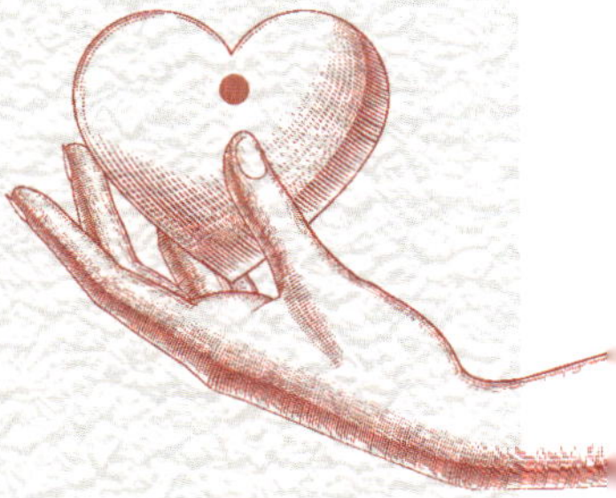

APHRODISIAQUE, LE VINAIGRE ?

Dans la médecine chinoise, on associe le vinaigre au clou de girofle pour éveiller l'appétit charnel. On dit aussi que le malheureux Salomon, souffrant d'impuissance, utilisait un remède fabuleux pour pouvoir lutiner la reine de Saba : du vinaigre mêlé d'une mystérieuse huile de Tirba.

UN POT DE VIN

POUR LA PLUPART DES FRANCOPHONES, UN *POT DE VIN* ÉVOQUE MOINS LE FRUIT DE LA VIGNE QU'UN IMAGINAIRE LIÉ À LA CORRUPTION POLITIQUE ET AU RACKET. PAS SI SIMPLE, POURTANT !

UN POT CADEAU !

Si, aujourd'hui, un *pot de vin* a toujours l'air de traîner derrière lui moult casseroles, il signifiait au départ simplement ce qu'il est : un pichet contenant du vin. À Lyon et en Bourgogne, on parle encore de *pots* quand on verse le vin (voir « Avoir l'air cruche », p. 102). Aux XIVe et XVe siècles, le pot de vin est une forme de gratification qui n'a rien d'illicite : à Tours, par excellence, des pots d'étain appartenant à la Ville étaient dévolus au transport du vin chez les *happy few* dont il convenait de s'attirer les bonnes grâces. D'une contenance de 3 à 7 litres, ces pots étaient livrés par des clercs embauchés par la Ville et inscrits dans la comptabilité ; il s'agissait alors plus d'une largesse que de corruption.

À BOIRE... ET À MANGER

Synonyme de *payer un pot-de-vin* et de *dessous-de-table*, la formule *graisser la patte* trouve son origine dans un troc bien plus comestible. Au XVIe siècle à Paris, le marché boucher des Halles est transféré au parvis Notre-Dame pour que le clergé puisse plus commodément prélever l'impôt sur la viande de porc dû à l'Église. Pour éviter d'acquitter cette taxe malvenue, certains marchands soudoient les contrôleurs à l'aide de morceaux de lard, de quoi fort hydrater les mains corrompues. On désigne alors cette pratique par le spirituel *oindre les paumes* avant que le matois *graisser la patte* ne le supplante.

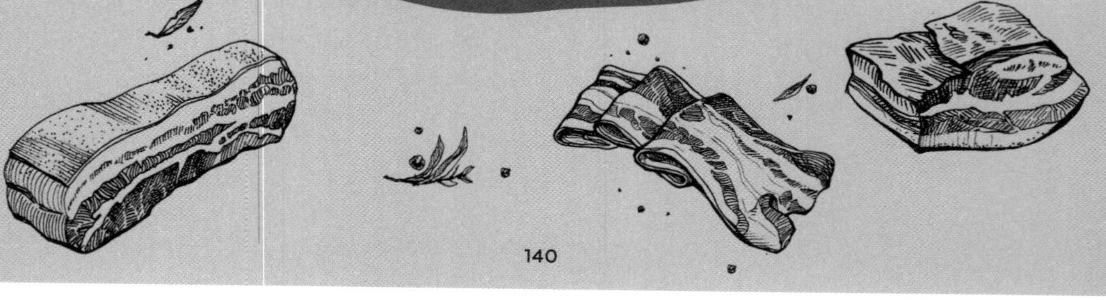

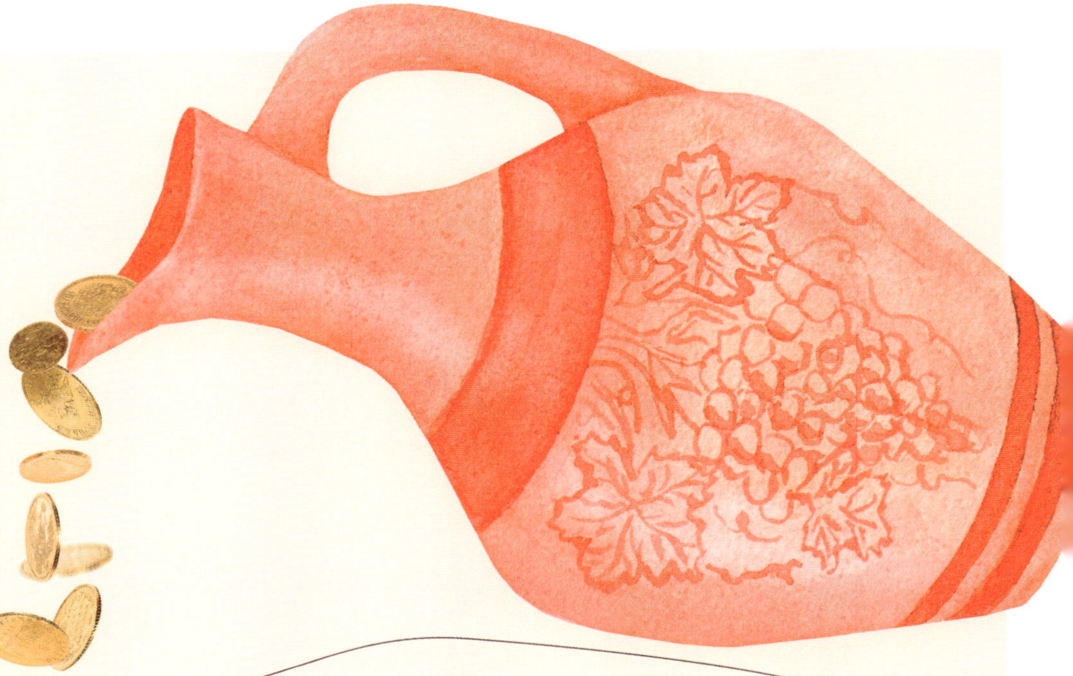

PAR-DESSUS LE MARCHÉ

En 1510, l'expression *pot-de-vin* (avec des traits d'union cette fois), pour parler d'un cadeau, apparaît dans une lettre adressée à Marguerite d'Autriche, régente des Pays-Bas. Ambassadeur du futur Charles Quint, Jean Caulier y invite la reine à soigner le messager, « à le faire bien traiter et donner quelque bon *pot-de-vin* ou gracieuseté, car cela polroit ayder à l'expédition des matières qui se traictent par de ça ». Sophistiquée, la *gracieuseté* se mue peu à peu en *pot-de-vin* : en 1769, il est défini dans le dictionnaire de Pierre Richelet comme « ce qu'on donne outre le marché ». C'est d'ailleurs là le vrai sens de *par-dessus le marché* : quelque chose qui vient au-dessus de la somme dite... ou par-dessous ! On parle bien de *dessous-de-table*.

BAKCHICHE OU *POURLICHE*

On trouve, dès le XIXe siècle, une carotte plus exotique : le *bakchich*, cette corruption à l'orientale, emprunté au turc *bakşiş*, « pourboire ». Au restaurant, il est aussi question d'argent en plus : c'est le fameux pourboire, dit *pourliche*, qui consiste à laisser un peu de menue monnaie au serveur pour qu'il aille boire un canon. Gare au client radin !

L'ÉTUDIANT, AMI DU FLACON

PAS FÂCHÉ AVEC LE FLACON POURVU QU'IL AIT L'IVRESSE, LE PEUPLE ÉTUDIANT S'EST SOUVENT DISTINGUÉ PAR SA PROPENSION À LOUER LA DIVE BOUTEILLE.

LE *GOLIARD*, FÊTARD REBELLE

Mélange paillard de *rigolo* et de *gaillard*, le mot *goliard* serait formé sur *gula*, « gueule », évoquant la gloutonnerie, mais peut-être aussi sur *Goliath*, l'adversaire mal-aimé du David de l'Ancien Testament. Clerc sans le sou ou étudiant fauché, le *goliard* aime l'insolence et les tavernes. Montrés du doigt par l'Église dès le XIIIe siècle, les goliards tels que Rutebeuf composent des vers protestataires contre l'Église ou poétisent – plus haut que leur cul – dans des odes paillardes à leur copain le vin. Depuis 1888, en Italie, des sociétés carnavalesques d'étudiants d'ordre goliardique se réclament de cet héritage !

VILLON ET LES ESCHOLIERS TURBULENTS

Il doit aussi beaucoup à cet héritage : au milieu du XVe siècle, l'étudiant parisien tapageur François Villon embrasse la mauvaise vie dans les tavernes avec ses potes de fiesta. Sur la montagne Sainte-Geneviève, ces escholiers pas sages venus de toute l'Europe font régner la terreur dans les rues : sortant armés, ils chahutent les bourgeois, violentent les femmes, et refusent de payer le vin des taverniers qu'ils boivent jusqu'à la lie tout en pestant sur ces crus frelatés. Fort échaudés par ces mauvais payeurs diplômés, les maîtres taverniers se font une joie de les attraper par la peau des fesses afin de les jeter dehors, nus comme des vers ! Un spectacle prisé des clients, surtout quand il gèle à pierre fendre.

LES ÉTUDIANTS BOHÉMIENS, À LA BIÈRE ET AU VIN

Au milieu du XIXe siècle, fini les *tavernes*, en avant les *brasseries* ! Toujours sans un rond, les étudiants sont excentriques, licencieux et portés sur la boisson : ils se réclament de la bohème inventée par Murger (voir « Piliers de comptoir pour l'éternité », p. 132). Dans le Quartier latin à Paris et sur les boulevards, leur Q.G. c'est le *Café Momus* vers le Boul'Mich', squatté par Chateaubriand, Sainte-Beuve mais aussi des étudiants inspirés par la bière, popularisée par les Alsaciens exilés à partir de 1871. Jouant sur l'homonymie avec la bière funéraire, le demi est rebaptisé *asticot de cercueil*. Hilarant, n'est-ce pas ?

LE BEAUJOLAIS NOUVEAU

IL A BEAU SERVIR DE MARRONNIER TOUS LES TROISIÈMES JEUDIS DE NOVEMBRE, LE BEAUJOLAIS NOUVEAU EST MOINS APPRÉCIÉ QUE DANS LES ANNÉES 1970, ÉPOQUE OÙ IL BATTAIT SON PLEIN. SNOBÉ PAR LES FINS PALAIS, JUGÉ POUR SON GOÛT DE BANANE CLANDESTIN, MÉRITE-T-IL VRAIMENT D'ÊTRE VILIPENDÉ ?

ÉCOLE PRIMEUR

Les *vins primeurs* sont mis en bouteille avant le printemps. C'est une appellation qui ne dure qu'un mois, à distinguer donc des *vins nouveaux* qui maintiennent leur appellation jusqu'aux vendanges de l'année suivante. Le *primeur* doit donc être consommé vite ou comme le disent les vignerons : « Sitôt fait, sitôt bu, sitôt pissé. »

C'EST PLUS CE QUE C'ÉTAIT

Cette pratique consistant à commercialiser un vin juste après sa vendange est d'ailleurs très ancienne. Les droits du banvin permettaient aux seigneurs de vendre en priorité leur cru dès le début du mois d'octobre. Une tradition féodale qui se perd au XIXe siècle car on produit plus et on stocke mieux les boutanches. On peut donc plus facilement conserver la production des années précédentes.

LE BEAUJOLAIS MALIN

Il faut attendre 1935 pour que les réglementations autour des AOC interdisent la vente des vins nouveaux avant la mi-décembre. Mais les vignerons du beaujolais ne l'entendent pas de cette oreille et obtiennent, en 1951, le droit de mettre leur vin sur le marché un mois plus tôt. Le beaujolais nouveau commence à squatter les comptoirs lyonnais avant de se répandre dans toute la France et au-delà des frontières. Ce jeune fruit des vendanges occasionne désormais tous les troisièmes jeudis de novembre une fête nationale.

ON SE FAIT BANANER

Ce qui fait la spécificité des vins primeurs, c'est notamment leur courte macération carbonique. Pour que le p'tit nouveau soit produit dans les temps, on triche un peu en lui collant quelques levures chimiques dans le tarin. Or, l'une des levures développée en particulier pour ce vin libérait des arômes dits *amyliques* : un goût sucré de fruits rouges mais surtout... de banane ! Ces arômes se développent déjà naturellement dans les macérations carboniques, mais on peut en rajouter une couche. Toutefois, ne nous laissons pas bananer : c'est avant tout le symptôme d'une fermentation mal finie.

QUAND LA RÉPUTATION BAT DE L'AILE

Trop jeune, goût de banane, quantité plutôt que qualité... Chaque année, le beaujolais prend cher. C'est l'jeu ma pauvre Lucette, quand on passe à une production de 2 millions de bouteilles dans les années 1950 à 22 millions aujourd'hui. Mais peut-être aussi parce que près de la moitié de la production est exportée dans le monde, principalement au Japon et aux États-Unis, deux pays dont on ne vante pas traditionnellement le goût du vin. Toujours est-il qu'il n'existe pas un mais des beaujolais nouveaux et, fort heureusement, de nombreux vignerons consciencieux mettent tout leur talent à produire un vin jeune, certes, mais de qualité. Roulez jeunesse !

BOIRE OU BIEN SE CONDUIRE : UNE HISTOIRE DE L'IVROGNERIE

BOIRE REND GAI ET DISERT, MAIS TROP BOIRE, C'EST SE RENDRE… IMBUVABLE.

CONNAÎTRE BIBLIQUEMENT

Dans le Livre saint, l'histoire du vieux Loth, coupable d'inceste après que ces filles l'ont fait boire afin de pouvoir copuler avec lui, rappelle à celui qui s'oublie sous l'effet du cruchon l'opprobre qu'il pourrait subir. Brandissant cet exemple déplorable (et bien utile), Césaire, évêque d'Arles, interdit au VIe siècle, dans ses *Sermons au peuple*, de porter le moindre toast en fin de banquet, même pour fêter les saints, afin d'éviter les débordements !

PÉCHÉ PAS CAPITAL… QUOIQUE

Il est intéressant de noter qu'au Moyen Âge, l'Église décide de montrer du doigt l'ivrogne, alors même que l'ivresse ne viole aucun des dix commandements. Le péché de *voracitas*, « la gourmandise », était jusque-là lié à la nourriture. Désormais, l'ivrogne est châtié, mais peine perdue ! Au XIIIe siècle, les prêtres ont beau présenter la taverne comme l'antichambre de l'enfer, les moines ne sont pas les derniers à y courir après la messe. Pis : les progrès de la viticulture ne font que multiplier les cas d'ivrognerie.

LA FAUTE À LA FLOTTE

L'eau étant le plus souvent polluée, le peuple était forcé de s'humecter à l'aide de boissons fermentées. Peu alcoolisé (environ 7 degrés), le vin d'alors était sifflé à raison de 3 litres par jour et par personne, homme ou femme. De quoi être un peu paf toute la sainte journée ! Mais l'important, c'est que cela ne se voie pas trop.

QUELLE GALÈRE !

Au XVIIe siècle, dans les villes, les épaves avinées constituent un gibier de choix pour le roi, soucieux d'armer ses galères de bras : une lanterne cassée, un peu de tapage nocturne et hop, les pauvres malheureux écopent d'un aller simple pour un paquet d'années de travaux forcés à dos de navire à rames. Et, après l'achat de la Louisiane, ils peuvent bénéficier d'un ticket gagnant pour une nouvelle vie de colon, direct au bayou.

ÇA SE VOIT RIEN QU'À SA TROGNE

Personnage haut en couleur, l'ivrogne subit le délit de sale gueule : signalé par son gros nez rouge (phénomène aussi appelé *rhinophyma*), sa diction hébétée et son pas en zigzag le rendent *persona non grata* et non plus *bon vivant*. La bonne ivresse, c'est celle qui rend la santé ou qui amuse... à condition de mettre de l'eau dans son vin.

Fraude qui peut !

AUSSI BIEN PORTÉ AUX NUES QU'OBJET DE MÉFIANCE, LE VIN EST PARFOIS VICTIME DE MANIPULATIONS DOUTEUSES Ô COMBIEN FRAUDULEUSES.

Et on leur pèlera le jonc (jusqu'au bailli du Limousin)

Ce n'est pas parce qu'on embrasse la mauvaise vie qu'on ne peut pas mégoter sur le vin qui nous est servi. Souvent attribuée, à tort, à ce génie voyou de François Villon, la cruellement drôle *Ballade joyeuse des taverniers* (xve siècle) souhaite la mort aux carambouilleurs de crus... Pourvu qu'elle soit douloureuse et lente :

> « *Et briefvement puissent mourir de goutte,*
> *Ou je requiers et pry que l'on leur boute*
> *Parmy leur corps force d'ardans barreaulx;*
> *Vifs escorchez des mains de dix bourreaulx,*
> *Et puis bouillir en huile le matin,*
> *Desmembrez soient à quatre grans chevaux,*
> *Les taverniers qui brouillent nostre vin.* »

Origine contrôlée

Très tôt, le pouvoir royal et les parlements de province se sont inquiétés des trafics sur le vin, nés presque en même temps que le commerce du jaja. Ainsi, dès 1351, les marchands et débiteurs de vins furent obligés d'indiquer la région d'origine. Les viticulteurs peu scrupuleux n'hésitaient pas à trichouiller sur l'origine de leurs pichets, parfois aussi obscure qu'un médiocre coteau d'Ardèche. En 1935 est créée l'*Appellation d'origine contrôlée*, pour mettre en déroute les tricheurs. Cette réglementation stricte est toutefois contournée à l'occasion par des fraudeurs culottés, exhibant sur leurs étiquettes une appellation protégée rien moins que malhonnête.

Les vignerons voient rouge

En 1907, les révoltes viticoles du Midi font suite à une chute du prix de vente des vins, due à la fois à une surproduction et à une concurrence de crus d'autres régions et d'Algérie, trafiqués à l'aide de vin de betterave du Nord pour « corriger » les vins trop faiblards. Ces manifestations sanglantes aboutiront aux premières lois antifraude interdisant notamment la chaptalisation. Appelée *mouillage* dans le milieu, cette pratique consiste à sucrer le vin pour augmenter sa teneur en alcool. À la même occasion, un corps spécial de répression des fraudes est créé. Et toc pour les margoulins !

Pas de raisin, pas de vin ? Mais si !

À la fin du XIXe siècle, c'est la panique dans les vignes : le phylloxéra, parasite ravageur, réduit à néant les récoltes dans plusieurs régions pour de nombreuses années. Triste époque pour les bibonnards, mais temps béni pour les audacieux ! L'heure était aux vins frelatés, tels que la piquette, astuce antigaspi pour tirer parti du marc. Un « inventeur » vendait alors des sachets de poudre, qui, une fois diluée, était censée se muer en délicieuse cuvée. Un autre promettait l'impossible : à partir de jus de pomme et de raisins secs, il se targuait de produire un grand cru classé ! La définition légale du vin en 1907 viendra mettre un peu d'ordre à cette période d'ersatz.

GLOIRE ET MISÈRE DE LA FÉE VERTE

DU VIN À L'ABSINTHE, IL N'Y A QU'UN PAS. LISEZ POUR VOIR.

LES ABSENTS ONT TOUJOURS TORT

Dans les années 1860, une sacrée plaie d'Égypte abat ses infernaux petits morpions sur les vignes françaises. Le phylloxéra, parasite vorace, décime les vignobles du sud au nord, ruinant les vignerons et vidant les caves des troquets. C'est la panique dans la classe populaire, et pour cause ! À l'époque, un homme siffle plusieurs litres de vin par jour. La remplaçante ? L'absinthe, cette bonne copine ! Enveloppée d'une aura sulfureuse, cette amie des poètes a été interdite pendant cent ans avant de renaître il y a quelques années.

LE REMÈDE MIRACLE

Issue du grec, l'*absinthe* est formée sur *apsinthium*, « plante amère » ; son histoire ne l'est pas moins. Liqueur de plantes à boire à petites lampées, l'absinthe vient du paisible canton de Vaud, en Suisse. C'est là que l'extraordinaire docteur Ordinaire, fuyant la Révolution, a inventé un genre de « remède miracle » à partir d'une plante locale, l'*Artemisia absinthium*. Prescrite pour soigner un peu tout et n'importe quoi, elle passe pour soigner le moindre bobo, de l'anémie aux ballonnements. Popularisée dès 1815, elle est d'abord rangée dans la famille des anisettes pour bonnes femmes, ces boissons étant tolérées pour celles-ci, puis devient la boisson des soldats : à l'armée, elle est réputée soigner la malaria et rendre l'eau potable.

UN GROS DÉLIRE

Fin XIXe, les lobbies antialcool alertent contre les dangers de l'absinthe, dont certains poètes, tel Oscar Wilde, apprécient le pouvoir hallucinogène. Pouvoir bien réel : celle qu'on surnomme *la fée verte* contient naturellement une molécule, la thuyone, aux propriétés euphorisantes. Pour qu'elle soit de moins en moins chère, les distillateurs avaient la manie de distiller plusieurs fois les mêmes plantes, décuplant sans le savoir le taux de thuyone dans leurs liqueurs... Dès lors, le casse-poitrine servi dans les bars déclenche chez les intoxiqués des crises de *delirium tremens* (voir p. 130) pas franchement poétiques.

UN TITRE FRAPPANT !

En 1876, l'absinthe a la cote auprès des buveurs ; un peu trop, même ! Les cas de *delirium tremens* font rage chez le populo, qui a remplacé son litron de gros rouge par ces petits verres aux reflets verts. Cette année-là paraît *L'Assommoir*, septième roman de Zola sous la forme d'un feuilleton qui fait un carton. Si l'intrigue se noue dans un troquet du quartier de la Goutte d'Or, Zola se serait documenté en fréquentant les *bibines* de Maubert. Ces débits au blase sympathique n'étaient pas ainsi nommés parce qu'on y servait de la bibine, mais bien plutôt parce que ceux qui y venaient étaient dans la *débine* ! S'il s'était appelé *La Bibine*, *L'Assommoir* aurait-il connu le même succès ? Pas sûr. Zola choisit donc son titre en s'inspirant des nombreux cabarets de barrière dont l'enseigne *À l'assommoir* annonce la couleur : ici, on s'arsouille jusqu'au K.O.

L'ENNEMI PUBLIC N° 1

En 1905, un certain Jean Lanfray tue sa famille après une journée à picoler de l'absinthe. Ce crime sordide vient rejoindre les nombreux « meurtres absinthe », mais c'est la goutte d'eau qui fait déborder l'alambic : des pétitions tournent pour interdire cette boisson, jusqu'à son bannissement effectif des comptoirs en 1915.

UN RITUEL SORCIER

L'absinthe réclame une mise en scène et quelques indispensables outils :

La gracieuse cuillère à absinthe, pour permettre la libération goutte à goutte de la liqueur.

•

Un verre à absinthe rempli d'eau.

•

Des glaçons.

•

Du sucre en poudre.

RÉVINLUTIONS ET GRÈVES

SI L'ANTIALCOOLISME EST DEVENU L'APANAGE DES CONSERVATEURS, LE VIN COULE DANS LES VEINES DE LA RÉPUBLIQUE ET AGITE LE PATRIOTISME DU PEUPLE DEPUIS LA RÉVOLUTION FRANÇAISE.

CARICATURE POUR TOUS

En 1789, le pinard infuse dans les soulèvements populaires comme dans ses représentations. Les caricatures vont bon train, quel que soit le camp dans lequel on se trouve, et les nez teintés de couperose alimentent moquerie et dérision.
Dans le journal de Camille Desmoulins, le vicomte de Mirabeau (frère de l'orateur royaliste) est dépeint comme un bouffon à la bedaine bien tendue subtilement surnommé Mirabeau-Tonneau. De leur côté, les royalistes s'en donnent à cœur joie pour caricaturer Marianne en harpie bourrée.

Anonyme, *Caricature de Mirabeau selon son sobriquet* Mirabeau-Tonneau, fin du XVIIIe siècle.

LA MARSEILLAISE DU BUVEUR

Isidore Pils, *Rouget de Lisle chantant* La Marseillaise *pour la première fois à l'hôtel de ville de Strasbourg ou chez Dietrich*, 1849.

Dans les guinguettes de la Courtille (ancien quartier de Belleville à Paris), on scande des parodies de l'hymne national comme *Le jour de boire est arrivé* dont le refrain entonné en goguette est éloquent :

> *« À table, citoyens ! Videz tous les flacons ! Buvez, buvez, qu'un vin bien pur abreuve vos poumons ! »*

ÉMEUTIER... MAIS MESURÉ

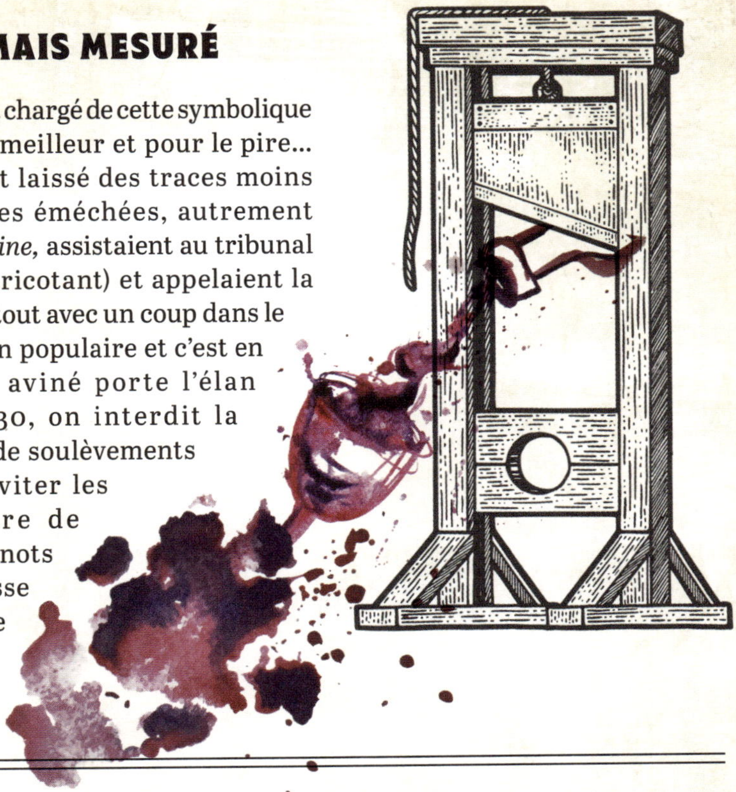

Jusqu'au XIXe siècle, le vin est chargé de cette symbolique insurrectionnelle pour le meilleur et pour le pire... Le pinard et ses excès ont laissé des traces moins héroïques. Les tricoteuses éméchées, autrement appelées *furies de la guillotine,* assistaient au tribunal révolutionnaire (tout en tricotant) et appelaient la Terreur de leurs vœux, surtout avec un coup dans le pif. Le vin déploie l'émotion populaire et c'est en titubant que le peuple aviné porte l'élan révolutionnaire. En 1830, on interdit la distribution d'alcool lors de soulèvements populaires, histoire d'éviter les débordements. Ancêtre de l'Antésite cher aux cheminots abstinents, l'eau de réglisse remplace le vin, plus facile pour maîtriser les foules (et surtout les esprits).

LA BITURE SOLIDAIRE : LA RÉVOLUTION DU ROUSSILLON 1907

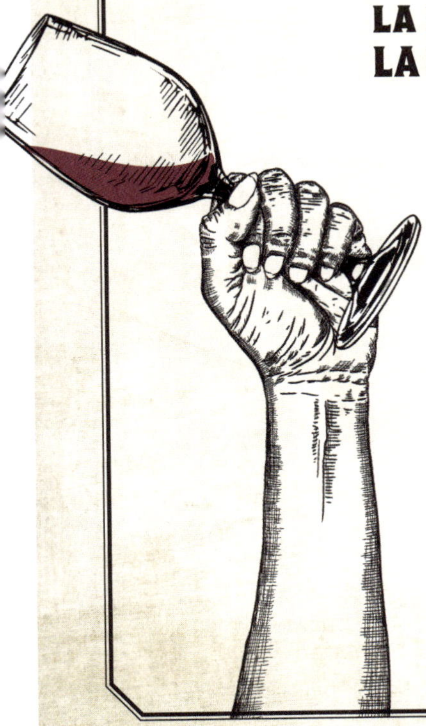

Plus de vin dans les revendications populaires ? Qu'à cela ne tienne ! La révolution au pinard se fait aussi dans les cafés.

En devenant un alcool social, le pinard unit le peuple. Au début du XXe siècle, une colère sans précédent monte chez les vignerons. En cause, la fraude des vins (voir « C'est de la triche ! », p. 66 et « Fraude qui peut ! », p. 148), la mévente et surtout l'impuissance des autorités face à ce désastre. La misère gagne la profession et plusieurs villes du Languedoc organisent des rassemblements. Parmi ces cris de la révolte : « Si on ne supprime pas la fraude, nous supprimerons les fraudeurs. » On scande *La Marseillaise des viticulteurs* d'Auguste Rouquet dans les rangs des manifestations : « Debout viticulteurs ! Luttons, luttons ! pour que la faim déserte nos maisons. »

Le vin meurtrier

EN LANGUE VERTE, LE *POUSSE-AU-CRIME* EST UN VIN QUI TITRE SUFFISAMMENT POUR INSPIRER À CELUI QUI LE BOIT DES PULSIONS MEURTRIÈRES. VIN ET FAITS DIVERS, QUELLE BELLE PAIRE !

Le vin, assassin des poètes

PIERRE-FRANÇOIS LACENAIRE

Dans les années 1830 sévissait Pierre-François Lacenaire, assassin et poète immortalisé dans *Les Enfants du Paradis* de Marcel Carné (1946). En esthète du crime, il « tuait comme il buvait un verre de vin », disait-on à son propos.

CHARLES BAUDELAIRE

« Enivrez-vous. Il faut toujours être ivre », enjoint Charles Baudelaire, poète dandy, dans son fameux *Spleen de Paris* (1869). L'auteur des *Paradis artificiels* (1860) était fasciné par le pouvoir de l'ivresse, soumettant les êtres et dévoilant leurs noirs penchants. Une ivresse de vin, mais aussi, plus immatérielle, « de poésie ou de vertu ». Et de crime aussi ! Parmi les poèmes qu'il dédie au vin, « Le Vin de l'assassin » (*Les Fleurs du Mal*, 1857) raconte un féminicide, qu'il sublime plus qu'il ne rend sordide, et glorifie le pouvoir libérateur du vin sur les sombres pulsions tapies dans le subconscient. Brr ! Au XIXe siècle, celui qui compose des vers n'a plus rien d'un gentil troubadour !

ARTHUR RIMBAUD

Ernest Delahaye évoquait Arthur Rimbaud en ces termes :

« S'il est ivre, inutile de discuter, parce qu'alors il tire son couteau, et on n'a plus qu'à ficher le camp. »

Emporté par la foule

Le 16 août 1870, accablés par la canicule et la sécheresse qui nuisent au bétail, les habitants de Hautefaye, en Dordogne, sont réunis à la foire aux bestiaux annuelle. Les affaires s'annoncent mauvaises, la guerre franco-prussienne obsède et inquiète. Jeune notable apprécié et élu voisin, Alain de Monéys vient rendre visite : certains l'auraient entendu crier « Vive la République ! », et le croient partisan de la Prusse. Dans ce contexte tendu, cette rumeur met le feu aux poudres.

Échauffée par le vin car peu habituée à boire, la foule se rue sur le malheureux, lui réservant d'ignobles sévices : dents cassées par le notaire, coups de gourdin, phalanges sectionnées par le maréchal-ferrant (interrompu par une tournée générale, il voulait crucifier sa victime), fourchette dans l'œil, pendaison ratée à un cerisier, écartèlement... Il est finalement brûlé et, d'après la légende, boulotté par les bonnes gens de Hautefaye qui auraient tartiné sa graisse sur du pain. Le curé aurait tenté de parlementer avec la foule démente en lui offrant des pichets de vin pour la calmer, mais le mal était fait !

On n'est pas sorti de l'auberge

En 1831 paraît *L'Auberge rouge* de Balzac qui raconte une sombre histoire criminelle associée à un fait divers survenu la même année. L'histoire a pour décor l'auberge de Peyrebeille, en Ardèche. Un jour, un riche cultivateur est découvert mort sur les bords de l'Allier après avoir passé la soirée chez les aubergistes. Réputé cupide, le couple de propriétaires est alors dans le viseur de la rumeur. Un procès est ouvert, une centaine de témoins se relaient pour plomber les Martin.

Tous auraient vu, ou entendu parler, de repas préparés à base de chair humaine...

Tous auraient vu, ou entendu parler, de repas préparés à base de chair humaine, de mains bouillies dans des marmites, de draps ensanglantés, de viols et de meurtres...

En tout, il y aura eu une seule mort restée inexpliquée, mais tant pis pour les aubergistes !

Pas de pub !
Loi et vin, une histoire de compromis

DANS LES ANNÉES 1960, CHAQUE FRANÇAIS TOURNE EN MOYENNE À 100 LITRES DE PINARD PAR AN (CONTRE 42 AUJOURD'HUI). AUTANT DIRE QU'À L'ÉPOQUE LA FRANCE EST NATIONALEMENT BEURRÉE. POUR LUTTER CONTRE CETTE CUITE GÉNÉRALE, ON S'ATTAQUE ENTRE AUTRES À LA PUB. À TORT OU À RAISIN…

Mucho Mucha

La publicité pour le vin fait partie du paysage depuis le XIXe siècle. Les affiches d'Alphonse Mucha sont les plus représentatives en la matière. Figure de proue de l'Art nouveau, l'affichiste met en scène de magnifiques femmes aux chevelures envoûtantes pour appâter le gosier du chaland (et son portefeuille).

L'apologie de la vinasse

La création, en 1933, du Comité national de propagande en faveur du vin a connu un franc succès (soutenu par le ministère de l'Agriculture auquel il était rattaché) durant l'entre-deux-guerres. Le montant des subventions dont il bénéficie est au moins 100 fois plus élevé que tous les groupes antialcooliques réunis. Il faut attendre le gouvernement de Vichy pour qu'une politique antialcoolique plus rigoureuse soit mise en place. Pas de bol, l'antialcoolisme a vite fait d'être associé au puritanisme de Pétain, et les lobbyistes du jaja ne manquent pas de le rappeler !

On évince, on évince

En 1977, la guerre est de nouveau déclarée contre l'alcool. Valéry Giscard d'Estaing accuse l'alcoolisme d'être le pire des fléaux, un « mal français » qu'il promet de combattre sur les dix ans à venir. La pub pro-jaja est progressivement dégagée de la petite lucarne jusqu'à ce que la loi Barzach votée en 1987 ne la supprime officiellement.

Adam et Évin

Bien qu'elle s'inscrive dans la continuité, la loi de ce triste sire de Claude Évin crée en 1991 un débat presque aussi vif que pour l'abolition des privilèges de bouilleurs de crus. Finalement, elle se concentrera sur la lutte contre le tabagisme. Quant aux publicités pour l'alcool, on veut surtout qu'elles cessent d'associer spiritueux au succès social, à la convivialité et à la fête.
Il est en revanche possible de communiquer sur l'élaboration, la tradition...
Le whisky Glenfiddich a donc le droit à son astucieux slogan : « Comment faire rentrer 120 ans de tradition dans 70 centilitres ? »
La loi Évin ne limite pas tant la publicité pour l'alcool qu'elle n'exige au langage publicitaire, abonné aux superlatifs, de se renouveler en répondant à ce paradoxe existentiel : comment inciter à consommer sans inciter à consommer ?
Telle est la question.

Alphonse Mucha, *Affiche publicitaire pour le champagne Ruinart*, 1896.

GRAPPE DE RAISIN

CULTURE DE BITURE

« Gamay, c'est mon produit de beauté », bafouillait Alain Chabat dans une fausse pub des *Nuls* parodiant une célèbre marque de cosmétiques. Bien qu'un peu freinées par la loi Évin, les représentations du vin ne sont jamais venues à manquer ! Dès l'invention du jus de raisin fermenté, poètes, philosophes, peintres, troubadours et belles plumes ont voué au fruit de la vigne des œuvres à sa gloire.

Plus finaud que ses commères la cervoise et la bière, moins brutal que ses cousins les alcools forts, le vin est un équilibriste des registres ! Se prêtant volontiers à la grivoiserie des chansons à boire et des récits paillards, il sait aussi se faire la muse d'esprits sophistiqués.

Dis-moi quel vin tu bois, je te dirai qui tu es : il est des manières de boire comme des modes, elles changent, et gare aux faux pas ! Les usages en termes de libation, c'est d'abord une question de tradition. Objet à la fois franchement rétro et un peu pop, le vin, ses accessoires et surtout ses buveurs se planquent également dans un registre aussi comique que douteux : l'éloge de l'ivresse. De la franche pétée du samedi à l'ivresse racée des dandys, toutes les nuances ont été explorées ! Aussi redoutée que vantée, la cuite est source d'autant de fantasmes que d'histoires farfelues, de potions magiques et de vocable débridé, que l'on consomme sans modération et toute honte bue.

Aujourd'hui, le « tutu » coule à flots, mais plus seulement chez les vioques à moustaches : si le vin abreuve les séries américaines, il apparaît nature peinture dans de nouveaux lieux, il se réinvente dans les mains des militants du vin vivant et de l'étiquette farcie de jeux de mots. Il y a dans ce chapitre de quoi se faire une petite culture... Mais gare à la biture !

À DÉGUSTER DANS CETTE PARTIE

LE VIN REND-IL PHILOSOPHE ? VOUS AVEZ QUATRE HEURES.

NOS PLUS ÉMINENTS DIALECTICIENS ONT CERTAINEMENT TROUVÉ DES CHOSES À DIRE AU FOND DE LEUR VERRE… ALORS NOUS AUSSI, DANS LA PLUS PURE TRADITION SCOLAIRE, EN TROIS PARTIES CONTRADICTOIRES, TOURNONS DONC AUTOUR DE LA QUESTION SANS JAMAIS Y RÉPONDRE.

THÈSE : LES PHILOSOPHES SONT CONTRE LE VIN

Pour Épicure, le vin ne procure pas plus de plaisir que l'eau. Diogène, lui, se moque de ceux qui marchent des kilomètres pour acheter les meilleurs nectars de Lesbos ou de Chio, tandis que les bêtes « quand elles ont soif, ne passent jamais sans s'arrêter à côté d'une source ou d'un ruisseau d'eau pure ». Traduction : les humains se rendent malheureux en poursuivant des plaisirs inutiles.

Deux mille ans plus tard, certains continuent de penser que le vin ne sert à rien. Voilà, par exemple, le credo de Rousseau, qui tolère quand même la bibine quand elle est locale et qu'elle tache, affirmant sa préférence pour le « vin passable ». Contrairement à Voltaire, qui savoure la cuisine bourgeoise et les alcools fins, Rousseau fantasme la table rustique du paysan où le vin serait « noir et grossier, mais désaltérant et sain, et du cru de sa vigne ». Car, en précurseur des circuits courts, l'auteur des *Confessions* ne tolère aucun intermédiaire entre les producteurs et le consommateur. Ça ne s'invente pas.

ANTITHÈSE : LES PHILOSOPHES SONT POUR LE VIN

On peut être à la fois grand esprit et grand buveur. Ainsi, par exemple, Debord, ou Deleuze, chez qui la boisson sert de carburant pour le moteur à concepts. Philosophe barbant et souvent bourré, Hegel reçoit quant à lui plusieurs avertissements pendant ses années étudiantes pour consommation excessive de vin rouge. Il aime la vigne, et la vigne le lui rend bien, puisqu'un cépage en Allemagne porte désormais son nom.

D'autres versent dans l'excès, comme Sartre, alcoolique notoire enquillant plus d'un litre par jour – du vin, du whisky, tout ce qu'il trouve. Au printemps 1954, à Moscou, l'existentialiste prend une si belle cuite qu'il doit se faire hospitaliser dix jours.
Heureusement, le vin connaît de meilleurs défenseurs ! Par exemple Bachelard, qui voit dans la vigne une source d'inspiration poétique, car elle représente un petit cosmos en soi, unifiant le ciel et la terre en un seul grain… Mais l'apôtre des soiffards est définitivement Clément Rosset. Ce philosophe français, mort en 2018, décrit l'ivresse comme une porte d'accès vers l'« expérience ontologique » ; elle nous apprendrait à voir les choses telles qu'elles sont, sans les juger. Et ça (hips) c'est toujours qu'est-ce que j'ai dit !

FOUTAISE : EN FAIT ÇA DÉPEND

Le vin, c'est bien mais pas trop. Tel serait, en résumé, le credo de Kant, qui s'autorisait un verre de vin chaque midi. Jamais de bière, disait-il, car celle-ci est « un poison lent, mais mortel ». L'illustre Königsbergien nous a même légué une étonnante théorie de l'ivresse où l'on apprend que l'eau-de-vie rend sombre, la bière rend fruste, tandis que le vin permet d'être spirituel et joyeux. Nietzsche, son compatriote, fixe également la limite à un verre par jour et réprouve la boisson nationale qui provoquerait une « lente dégénérescence » des esprits.
Même éloge de la modération chez nous, en France, avec Montaigne. Mais la synthèse ultime pourrait venir de Montesquieu, lui-même vigneron dans le Bordelais, et buveur averti. En connaisseur, il affirme : « Le vin est un excellent antidote contre la mélancolie. »
Si c'est une Lumière qui le dit…

Vin et littérature : le verre sur la main

SI LE VIN ET LES LETTRES SEMBLENT TOUJOURS AVOIR FAIT SAVANT MÉNAGE, C'EST AU MILIEU DU XIXe SIÈCLE QUE L'ALCOOL ENTRE RÉELLEMENT EN LITTÉRATURE – ET LE TERME *ALCOOLISME* DANS LE DICTIONNAIRE. PETITE RECENSION SÉLECTIVE DES PLUMES AVINÉES AYANT ÉCRIT DES MERVEILLES AVEC UN COUP DANS LE NEZ.

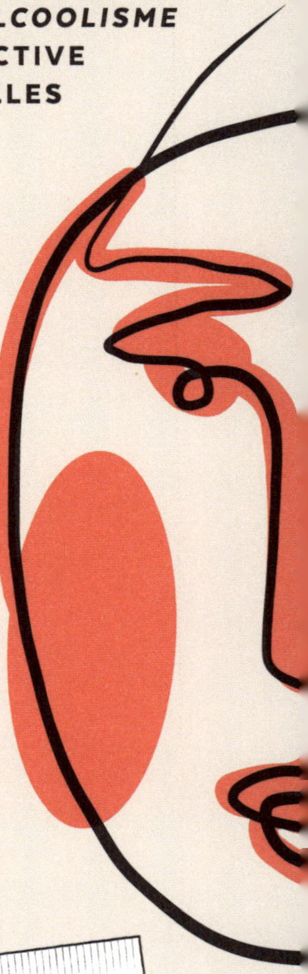

Rabelais et la soif gargantuesque

Dans les textes rabelaisiens, le *vin* était synonyme de bonne chère, de gaillards rougeauds et de péché primaire. Soit peu ou prou l'anti-Baudelaire. Dès les premières pages de *Gargantua* (1534), on plonge dans les canons du sud de Chinon :

« – O Lacryma Christi !
– C'est du vin de la Devinière, c'est du pineau !
– Ah, le gentil vin blanc ! Sur mon âme, c'est du taffetas ! »

Tout au long de l'ouvrage, l'auteur abreuve ses bavards buveurs de gros rouge, avec un Grandgousier qui promet à son jeune fils le legs de 50 tonneaux d'un vin breton qui ne vient pas de Bretagne, et que l'on reconnaît aujourd'hui comme le cabernet franc, cépage phare du bourgueil que les vignerons de Loire appellent encore affectueusement le « breton », pour un vin censé *bretonner*, lorsqu'on lui prête ce côté puissant et poivré.

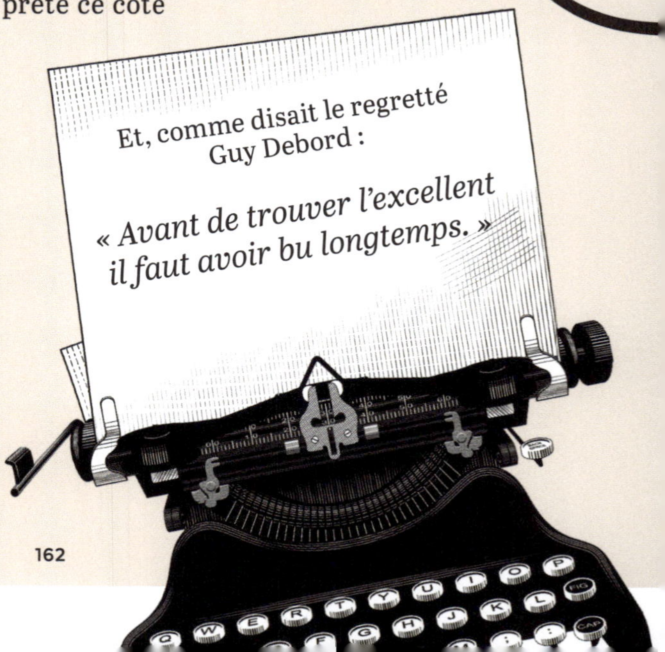

Colette et les liquoreux et grands crus

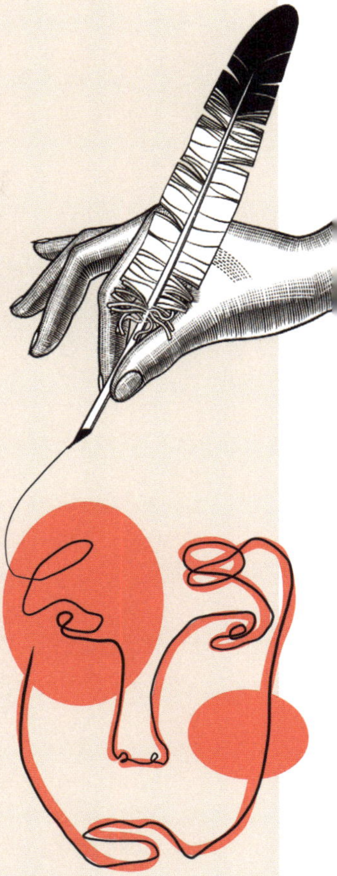

L'autrice de *Chéri* (1920) – où l'on retrouve mention du champagne Pommery – n'aura pas attendu ses trois printemps pour se mirer le minois dans le doux reflet d'un muscat de Frontignan, dont les quelques gouttes lui laissent un souvenir puissant. Une soif juvénile dont la future romancière ne tire déjà aucune honte :

> *« J'ai tari le plus fin de la cave paternelle, godet à godet, délicatement... Ma mère rebouchait la bouteille entamée et contemplait sur mes joues la gloire des vins français. »*

Plus tard, elle tombe en pâmoison devant les vins du Jura et de Jurançon, avant de devenir elle-même viticultrice à Saint-Tropez, et de sillonner les vignobles beaujolais et bourguignon. On lui doit certaines des lignes les plus évocatrices écrites sur les délices de la boisson dans *Prisons et paradis* en 1932 :

> *« Emplis donc, vin, ce verre que je tends. Verre fin et simple, bulle légère où jouent les feux sanguins d'un grand ancêtre de Bourgogne, la topaze d'Yquem, le rubis balais, un peu mauve parfois, du bordeaux au parfum de violette... »*

Marguerite Duras et les cafés de Saint-Germain-des-Prés

Écrivaine à scandale par excellence, celle à qui l'on doit non seulement *L'Amant* (1984), mais aussi une flopée d'héroïnes imbibées, fut l'une des premières femmes à reconnaître publiquement son penchant pour la boisson. À titre d'exemple, elle raconte avoir rédigé *La Maladie de la mort* (1982) avec 6 litres de vin quotidien dans le sang, et fréquentait les bars germanopratins dans le creux de la nuit. « De mon temps pour avoir la force de l'affronter en public, rentrer seule dans un bar, la nuit, il fallait avoir déjà bu », écrit-elle dans *La Vie matérielle* (1988), après avoir résumé d'une phrase sa trajectoire d'avinée :

> *« Au départ j'ai bu du whisky, du calvados, ce que j'appelle les alcools fades, de la bière, de la verveine du Velay – pire dit-on pour le foie. En dernier j'ai commencé à boire du vin et je ne me suis jamais arrêtée. »*

Santé !

LES CHANSONS À BOIRE TRADITIONNELLES

GENRE MUSICAL PLUTÔT MODESTE FORT ATTENDU EN FIN DE REPAS, LA CHANSON À BOIRE EST SOUVENT ASSOCIÉE À LA PAILLARDISE ET À LA GRIVOISERIE… ET N'EST PAS TOUJOURS SIGNÉE !

LES CHANSONS COURTOISES ET BACHIQUES

Particulièrement prisée au bas Moyen Âge, à l'âge d'or de l'amour courtois, la chanson à boire était une spécialité des trouvères et troubadours du XIIIe siècle qui troussaient volontiers ces refrains poétiques exaltant bonne vie et bon vin. Probablement jugées indignes d'être consignées, peu ont été conservées.

LES CHANSONS À BOIRE… ET À DANSER !

Au XVIIe siècle, ce genre quelque peu mineur rencontre à l'âge classique un grand succès. Des recueils de chansons à boire, mais aussi à danser, sont souvent réédités dans les années 1620 à 1670. Certains compositeurs aux noms parfois fleuris s'illustrent dans cette catégorie : le prolifique Bénigne de Bacilly mais aussi Jean Boyer, musicien de la chambre du Roi, dont les *Chansons à boire et à danser* firent longtemps fureur dans les soirées.

QUELQUES TUBES IMMÉMORIAUX

Chantons le vin clairet

Tube de bien des banquets depuis le XVIe siècle, *Quand je bois du vin clairet* était chanté et dansé ! Il exigeait d'exécuter les pas endiablés du tourdion (une danse de couple rapide), de préférence avec un coup dans le nez et le verre à la main !

« Quand je bois du vin clairet,
Ami tout tourne, tourne, tourne, tourne
Aussi désormais je bois anjou ou arbois
Chantons et buvons, à ce flacon faisons la guerre
Chantons et buvons, les amis, buvons donc ! »

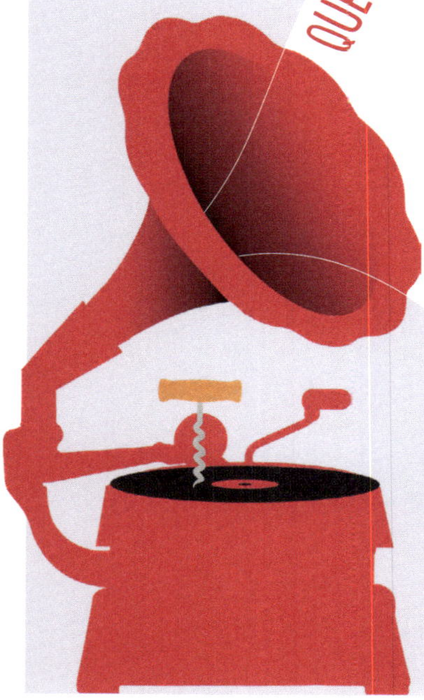

La voilà la jolie vigne

Chanson de vendanges française, *La Vigne au vin* est une ronde fort longue qui rend hommage à chacune des étapes de la fabrication du vin, depuis la plantation à... l'évacuation. Chantée depuis le XVIe siècle, elle est réactualisée par Aristide Bruant (1892), et reste un titre cher à une chanson française amatrice de tradition bachique. On la croise aussi à l'écran : on peut ainsi l'entendre entonnée par un chœur de joueurs de cartes éméchés dans *Les Belles de nuit* de René Clair (1952).

« Plantons la vigne,
La voilà la jolie vigne,
Vigni, vigna, vignons le vin,
La voilà la jolie vigne au vin,
La voilà la jolie vigne ! »

Les copains d'abord

La guerre de 14-18 inspira de nombreux airs ; on retiendra le paillard *Vive le pinard !*, la gaillarde *Madelon* mais surtout la poignante *Butte rouge*, composée par le chansonnier Montéhus en 1923. Elle fait allusion non pas à la butte Montmartre des communards mais à la butte Bapeaume, terrain de bataille de la Grande Guerre.

« La Butt' Roug' c'est son nom, l'baptême s'fit un matin
Où tous ceux qui grimpaient roulaient dans le ravin...
Aujourd'hui y'a des vignes, il y pousse du raisin
Qui boira ce vin-là, boira l'sang des copains ! »

Aux sombres héros de la mer

Nostalgique des pirates, le groupe breton Soldat Louis réclamait « du rhum, des femmes et d'la bière, nom de Dieu ! » au son du piano à bretelles. Plus corsaire, le *Trente et un du mois d'août* célèbre les victoires du fameux Robert Surcouf (1773-1827). Très populaire dans les années 1800 sur les côtes françaises – qui avaient une dent contre la perfide Albion –, ce texte est un refrain prisé dans la marine à voile.

« Buvons un coup, buvons en deux,
À la santé des amoureux,
À la santé du roi de France,
Et merde au roi d'Angleterre,
Qui nous a déclaré la guerre ! »

Mais le manche !

Finalement, *La Serpette*, la plus célèbre des chansons à boire, n'est pas signée ! Bien connue des enfants – notamment grâce à Henri Dès (1985) –, cette sombre histoire d'ustensiles est bien plus drôle lorsqu'on remplace toutes les voyelles par I, E, ou U.

« Buvons un coup, ma serpette est perdue
Mais le manche, mais le manche !
Mais le manche est revenu. »

Boire le vin en peinture

« L'ART ET LE VIN SONT LES JOIES SUPÉRIEURES DES HOMMES LIBRES. » C'EST PAS NOUS QUI LE DISONS MAIS ARISTOTE. LE PINARD A TOUJOURS EU SA PLACE SUR LA PALETTE DU PEINTRE. MIROIR DES MŒURS, IL EST LE SYMBOLE DE NOTRE RAPPORT AU VIN.

Pas très clerc

L'iconographie médiévale (produite principalement par les clercs) est plutôt trouble sur la vinasse. On a tendance à l'associer aux femmes et à la luxure : la kryptonite du clergé ! Il faut attendre la fin du Moyen Âge pour que les représentations du vin soient moins négatives, et que le vin religieux laisse la place au vin voluptueux.

Back in Bacchus

À la Renaissance, les représentations épiques célébrant ivresse et transe sont légion. Dieu de la Vigne et du Théâtre, Bacchus, entre autres, incarne pleinement cette intensité orgiaque. Les peintres se jouent de son ambiguïté et tantôt glorifient son ivresse, tantôt dénoncent son ivrognerie. Pour le Caravage, il peut porter les traits d'un enfant ou d'un malade (1593) tandis que Pierre Paul Rubens montre sa débauche, épaulé d'un satyre alors que vin et urine coulent à flots (1638-1640).

Le Petit Bacchus malade, le Caravage, 1593.

Par Montmartre et par vaux

On connaît la célèbre butte pour ses pavés ripolinés et ses touristes en quête d'une authenticité depuis longtemps perdue. Montmartre a toutefois été le cœur battant des peintres de la bohème au début du XXe siècle. Comme le raconte Charles Aznavour dans sa chanson homonyme en 1966, peintres au ventre creux, chansonniers et poètes offraient leurs vers et leur toile contre un bon repas chaud. Pablo Picasso fait partie des pique-assiette, on lui retiendra de ces années montmartroises ses périodes bleue (*Pauvre Couple dans un café*, 1903) puis rose, réalisées au sein de l'atelier du Bateau-Lavoir. On y trouvera aussi quelques joyeux drilles comme Amedeo Modigliani, Georges Braque… Autant d'artistes qui participeront au patrimoine historique du quartier sous l'impulsion duquel a été créée la fête des vendanges de Montmartre en 1933.

Notre vin quotidien

Longtemps vin des Dieux, les artistes du XIXe siècle le font ériger en vin des Hommes. Le naturalisme lui rend hommage à travers des scènes du quotidien. Ambiance festive dans *Le Déjeuner des canotiers* (Auguste Renoir, 1880-1881) ou dans *Un bar aux Folies Bergère* (Édouard Manet, 1881-1882), technique dans *La Vigne rouge à Montmajour* (Vincent Van Gogh, 1888) – certainement le premier tableau où figure le mot *vigne* dans le titre, et le seul que Van Gogh ait vendu de son vivant – ou tristement alcoolique dans *Les Ivrognes* (James Ensor, 1883).

Un bar aux Folies Bergère, Édouard Manet, 1881-1882.

Mariage heureux

Les peintres célèbrent le vin et les vignerons le leur rendent bien. De nombreuses collaborations voient le jour au détour d'un étiquetage qui se veut artistique. Depuis 1945, le château Mouton Rothschild s'offre ainsi des pinceaux de stars pour signer ses millésimes, de Jean Cocteau (1947) à Pablo Picasso (1973) en passant par Salvador Dalí (1958) ou, plus récemment, le clivant Jeff Koons (2010) abonné aux œuvres gonflées (d'aucuns diraient gonflantes).

La goutte du pape

BOISSON SACRÉE, LE VIN A INSPIRÉ NOMBRE D'EXPRESSIONS CÉLESTES… ET PARFOIS DIABOLIQUES.

La goutte du pape

Natif de la région de Sauternes, Bertrand de Got était archevêque de Bordeaux lorsque Philippe le Bel, roi beau mec, le fait pape en 1305. Sous le nom de Clément V, il devient le premier pape français d'Avignon. Biberonné au bon vin dans son enfance, Clément V encourage la livraison de vin de Beaune pour rendre la messe plus gaie ; Jean XXII, son successeur, fait venir des vignerons du Quercy pour y planter des vignes dans sa résidence de Châteauneuf. Vin sérénissime par excellence, le châteauneuf-du-pape eut l'auguste honneur de se voir glouglouter par tous les papes d'Avignon !

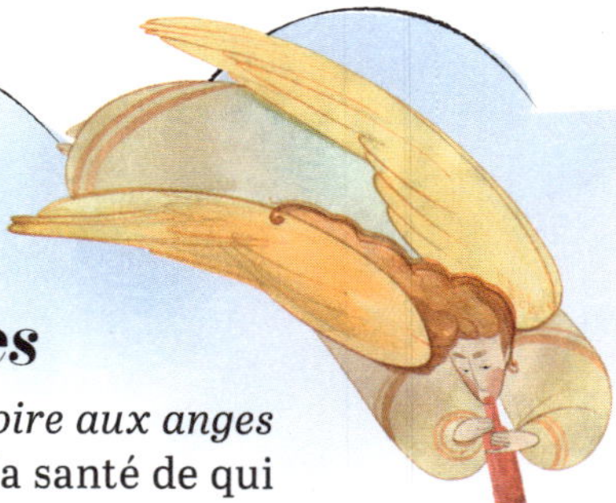

La part des anges

Au XVIIe siècle, on disait *boire aux anges* lorsqu'on ne savait plus à la santé de qui boire. *La part des anges*, elle, serait née au XVIIIe siècle : on raconte que le curé de Segonzac aurait voulu offrir du cognac à son invité, l'évêque d'Angoulême. Au moment de remplir son carafon, il remarque qu'une bonne quantité de ce spiritueux a disparu du tonneau, pourtant parfaitement scellé. Par la barbe de saint Pierre ! Le curé aurait incriminé les anges, qui auraient pris leur « part »… En alchimie, les substances volatiles sont donc tout bonnement appelées *anges*.

Le vin du diable

Au début du XVIe siècle, des marchands de vins commencèrent à conserver le vin de Champagne en bouteille plutôt qu'en fût. Problème : le vin embouteillé avant la seconde fermentation pouvait faire exploser les bouteilles. On l'appela le *vin du diable* ; seul un esprit malin pouvant causer de telles détonations !

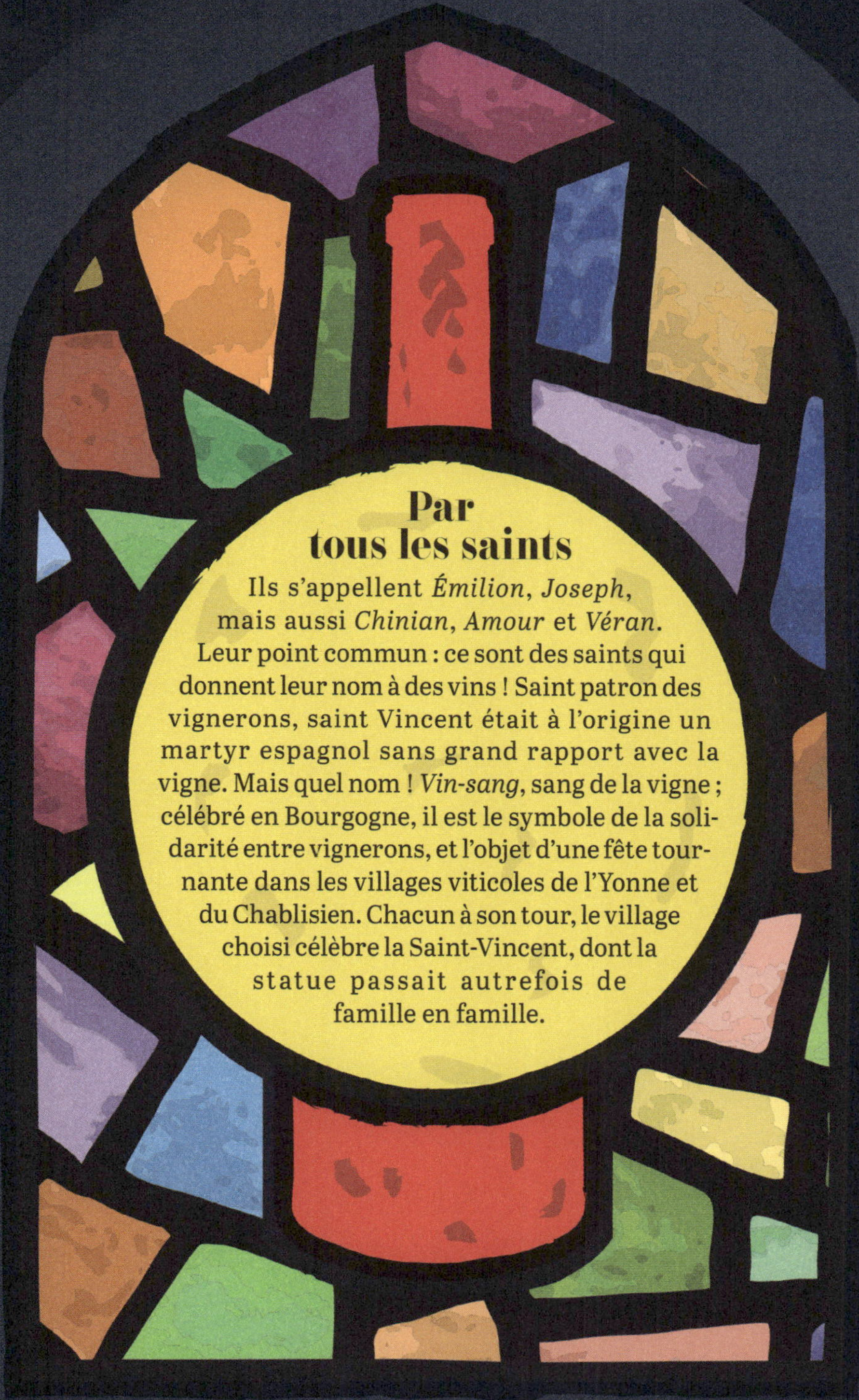

Par tous les saints

Ils s'appellent *Émilion*, *Joseph*, mais aussi *Chinian*, *Amour* et *Véran*. Leur point commun : ce sont des saints qui donnent leur nom à des vins ! Saint patron des vignerons, saint Vincent était à l'origine un martyr espagnol sans grand rapport avec la vigne. Mais quel nom ! *Vin-sang*, sang de la vigne ; célébré en Bourgogne, il est le symbole de la solidarité entre vignerons, et l'objet d'une fête tournante dans les villages viticoles de l'Yonne et du Chablisien. Chacun à son tour, le village choisi célèbre la Saint-Vincent, dont la statue passait autrefois de famille en famille.

Un vrai enfant de chœur

Étouffer ou *casser la gueule à un enfant de chœur* signifie « ouvrir une bouteille » et, implicitement « casser son col en cire ». L'expression fait référence à la soutanelle rouge que porte l'assistant du curé. Aux piliers de comptoirs ayant fait leur catéchisme, elle rappelait la cire qui cachetait alors le goulot des bouteilles. Un habillage qu'il convenait de brutaliser, jusqu'à ce que l'alu ne vienne enrober col et goulot.

VIVRE D'AMOUR ET DE VIN FRAIS

VIN *AIMABLE*, VIN *AMOUREUX*... AUTANT DE QUALIFICATIFS FLATTEURS QU'ON ACCOLE À UN VIN POUR QUI ON A LE BÉGUIN. OR LE VIN AIME... L'AMOUR !

LÂCHONS LA GRAPPE À LA FEUILLE DE VIGNE

En lisant la Bible, on comprend qu'à l'origine ce n'était pas une feuille de vigne mais de figuier qu'Adam et Ève avaient cueillie pour couvrir les parties devenues honteuses. La postérité a préféré la feuille de vigne. Devenue symbole de pudeur et de convenance sociale, elle a servi de voile végétal appliqué des siècles après la peinture de toiles aux personnages nus comme des vers. Une réplique du *David* de Michel-Ange, ayant choqué la pudibonde reine Victoria, fut dotée d'un cache-sexe feuillu du plus bel effet. Par jeu, la feuille fut détournée en grappe de raisin par Coluche dans la *Salsa du démon* du Grand Orchestre du Splendid en 1980, grappe qu'il n'a, Dieu merci, pas lâchée !

BUVEZ, MA MIE

Au XVIe siècle, Montaigne affirmait qu'il y avait un temps pour boire et un temps pour la *paillardise*, car « ce sont deux occupations qui s'entrempeschent en leur vigueur ». Pour l'homme, surtout, car l'amoureux chérit le caractère désinhibiteur de la dive bouteille, qui agit à merveille, croit-il, sur la pudeur des donzelles – aujourd'hui, on parlerait plutôt de *libre arbitre*. On comprend bien le problème : le vin échauffe certains sens, mais en ramollit d'autres. En argot, l'expression *faire flanelle* revêt deux sens : « ne pas consommer dans un bar » ou « subir une mollassonne érection » – causée implicitement par un excès de jaja.

LE VIN, PETIT COQUIN

Dans *Le Mariage de Figaro* (1778), Beaumarchais fait dire au vieil oncle Antonio que « boire sans soif et faire l'amour en tout temps, Madame, il n'y a que ça qui nous distingue des autres bêtes ». En littérature et en peinture, l'image du libertin charrie un univers plein de femmes dévêtues, de sensualité sophistiquée et de luxueuses bouteilles de vin champenois. Sous le règne du polisson Louis XIV, les fameuses bacchanales qui avaient cours alors ne pouvaient se tenir sans force champagne ! Pour les gens du peuple, c'est autre chose. Depuis les kermesses peintes des Flamands jusqu'aux festins champêtres des toiles du XVIIIe siècle, le peuple semble avoir des amours calquées sur le vin qu'il ingère : pas compliquées et plus joyeuses qu'orgasmiques.

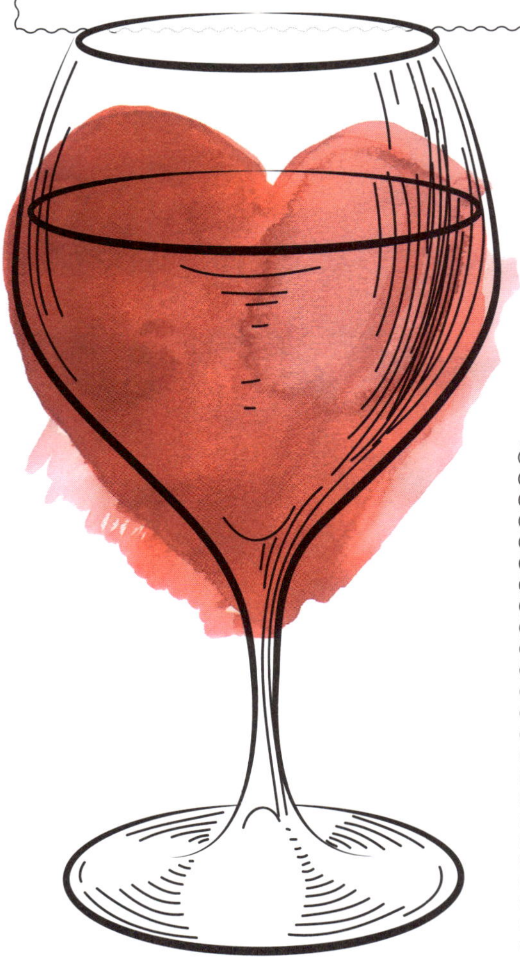

UN AMOUR DE SAINT

Élégant vin du Beaujolais, le saint-amour tire son nom palpitant d'un légionnaire, Romain Amor, qui se réfugia en Gaule pour fuir des massacres dans le Valais suisse. Le plus langoureux des crus est souvent offert à l'heure où les époux se prêtent serment… Comme c'est sarment !

BOBINES DE COMPTOIR

D'ARLETTY À BÉBEL EN PASSANT PAR LE GRAND GABIN, ÇA ÉCLUSE SEC À L'ÉCRAN !

GABIN

DU PETIT BALLON DE ROUGE AU CHÂTEAU D'YQUEM

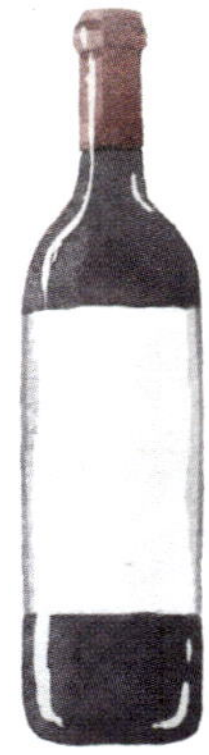

Dans *Un singe en hiver* (1962), tiré d'un roman d'Antoine Blondin, c'est un Jean Gabin hautain qui jette à Paul Frankeur cette fameuse tirade tricotée par Michel Audiard, à vrai dire assez contestable :

« Vous avez le vin petit et la cuite mesquine, dans le fond vous ne méritez pas de boire ! »

Pilier de comptoir des années 1930 dans des films où il est le champion des faubourgs, le Gabin d'après-guerre se révèle vrai bec fin... À tel point qu'on lui propose de jouer un restaurateur dans le polar *Voici le temps des assassins* (1956). À un serveur qui s'occupe d'une tablée yankee qui ose réclamer du Coca-Cola, il glisse alors :

« Vire donc le château d'Yquem et mets leur donc un monbazillac à 400 balles, ça leur fera faire des économies, on n'est pas dans le Massachusetts ! »

BÉBEL

PILIER DE BISTROT, MAIS PAS TROP

Poivrot en herbe dans *Un singe en hiver*, Bébel tape dans l'œil de Jean Gabin, vieil abstinent et ex-alcoolo, qui reconnaît en son jeune ami la folie princière d'une ivresse qu'il a bien connue, recréant l'Indochine à même le comptoir. À sa sortie en 1962, ce film faisant une apologie de la picole est interdit aux moins de 18 ans. Des années plus tard, dans *Le Professionnel* (1981), c'est un Jean-Paul Belmondo sobre et insolent qui trempe son croissant dans le café au comptoir d'un rade. Au bourrage de gueule, il préfère désormais le bourre-pif : « Le croissant, c'est pour mon ami », lâche-t-il après avoir cassé la binette de l'inspecteur auxiliaire Farges, joué par Bernard-Pierre Donnadieu.

ARLETTY
ABONNÉE AU ZINC

Dans *L'Hôtel du Nord* (1938) de Marcel Carné, le patron, ému, raconte comment l'achat de son cher bistro fut le plus beau jour de sa vie. Pensionnaire à la langue bien pendue, Arletty lui rabat fissa le caquet d'un « chialer pour un zinc, faut être vicieux ». Pourtant, cette actrice à la gouaille très populaire en connaît un rayon sur le comptoir : que ce soit dans *Circonstances atténuantes* (1939) ou *Le jour se lève* (1939), elle n'est pas la dernière à commander un verre entre deux répliques gouleyantes.

RENÉ GÉNIN
L'ASSASSIN CARBURE AU MUSCADET

Comédie policière tournée sous l'Occupation, *L'assassin habite au 21* (1942), du génial Henri-Georges Clouzot, commence par une scène de comptoir. Prolifique second couteau, René Génin, y joue un clochard qui a la baraka : heureux gagnant à la loterie, il fait la tournée des bars. Après avoir éclusé 21 godets, il livre une réflexion pas piquée des hannetons sur les effets du petit vin blanc :

« En règle générale, faut pas boire, ça saoule et ça donne des aigreurs. Mais exceptionnellement il faut boire, ça égaie, surtout le muscadet ! »

LINO VENTURA
LA TOURNÉE DES TONTONS

Rendez-vous religieux des amateurs de rediffusion télévisuelle, *Les Tontons flingueurs* (1963) comportent quelques ventres mous et un paquet de scènes cultes. Surtout une ! En marge d'une fête de jeunes yéyés, on assiste à un symposium improvisé par une bande de truands vieillissants sommés de beurrer des toasts. La réunion tourne à la dégustation à l'aveugle d'une eau-de-vie dont la production a cessé car « des clients devenaient aveugles, ça faisait des histoires » :

« – Faut reconnaître... C'est du brutal.
– Vous avez raison, c'est curieux hein ?
– J'ai connu une polonaise qui en prenait au petit-déjeuner. »

VIVE LE VIN !

LE VIN DANS LA CHANSON

DE LA CHANTEUSE RÉALISTE AU COMIQUE TROUPIER, DU ROCKEUR ENGAGÉ AU CHANSONNIER IMBIBÉ, LA CHANSON FRANÇAISE A CÉLÉBRÉ LE VIN EN MILLE COUPLETS. VIVE LE VENT ? NON, VIVE LE VIN !

LE REFRAIN DES BECS FINS

Pas facile d'inviter Anne Sylvestre à boire un coup quand on connaît son cru préféré :

« Ah ! Laissez-moi boire à genoux
La reine des vins de chez nous
La Romanée, la Romanée,
la Romanée-Conti ! »

Quant à Jacques Higelin, après la sortie de son album *Champagne pour tout le monde, caviar pour les autres* (1979), on ne lui offre plus que des coupettes !

LES PILIERS DE LA CHANSON

La devise du groupe parisien Java, dans les années 2000, était éloquente : *« Sexe, accordéon et alcool. »* Eh oui, c'est « pas d'la menthe à l'eau » qu'il faut, mais du vin !

C'EST LE POMPON !

Dans *Je suis sous...* (1964), Claude Nougaro
ne tient plus debout :
« Je suis sous, sous, sous, sous ton balcon [...]
Je suis rond, rond, rond, rongé de remords [...]
Je suis bourré, bourré, bourré de bonnes intentions. »

LES PAS BÉGUEULES

Bien avant le tube de Lina Margy
Ah ! le petit vin blanc (1944),
Fréhel goualait en 1933 :
« Je bois du gros qui tache
C'est moi la môme catch-catch ! »
Elle aurait pu payer le coup
à Georges Brassens, qui professe
le même goût dans sa chanson
Le Vin (1957) :
« Hélas, il ne pleut
Jamais du gros bleu qui tache
Qu'elles donnent du vin
J'irai traire enfin les vaches. »

ET EN ARGOT !

Faisons confiance à Pierre Perret
pour dégoter le plus crade des rades !
Dans sa chanson *Le Tord-boyaux* (1964),
le patron s'appelle Bruno mais :
« Il s'agit d'un boui-boui bien crado
Où les mecs par-dessus l'calendo
Se rincent la cloison au kroutchev maison
Un Bercy pas piqué des hannetons. »

DESSINS IMBIBÉS

EN BANDE DESSINÉE OU EN DESSIN ANIMÉ, LE GENTIL IVROGNE NE MANQUE PAS DE SE MONTRER SYMPATHIQUE. AINSI NAÎT DANS L'IMAGINAIRE DES PLUS JEUNES LECTEURS UNE FIGURE DU BOURRÉ, POUR LE MEILLEUR ET POUR LE PIRE.

MILLE MILLIARDS DE BACHI-BOUZOUKS

Certainement le plus volubile des ravagés du goulot ! Archibald Haddock, vieux loup de mer connu pour son langage fleuri, déboule dans les aventures du célèbre et soigneux Tintin à partir du neuvième album, *Le Crabe aux pinces d'or* (1941). Il est alors l'archétype du marin ivrogne dépassé par les événements. C'est peu dire qu'il gagne en crédibilité au contact du pudique reporter. Une étude farfelue menée par un groupe de médecins chercheurs lui a toutefois dénombré 21 épisodes d'ébriété. Comique malgré lui, ce sont certainement les relents tourbés de ce fidèle compagnon et ses invectives ordurières qui donnent un peu d'âme au tristement propret Tintin. Vous reprendrez bien une tasse d'aspérité ?

ON N'A DIEU QUE POUR SŒUR MARIE-THÉRÈSE DES BATIGNOLLES

La pire ambassadrice du bon Dieu est aussi une accro au pinard pour qui le jaja n'a aucun Maëster. Gosier sans fond, sexualité débridée, violence assumée, provocation salutaire et aventures rocambolesques dictent la vie de cette fausse bigote au nez rosi par la vinasse (ou tout ce qui traîne du moment que le degré d'alcool est suffisamment élevé). Une drôlerie anticléricale qui aura valu à son auteur Maëster deux procès pour blasphèmes. Mais comme on dit : « Si quelqu'un te gifle sur la joue droite, tends-lui encore l'autre. »

LA POTION MAGIQUE DES GAULOIS !

Les Gaulois sont souvent imaginés comme d'antiques alcoolos alors que leur vraie potion magique était avant tout l'hydromel : un alcool à base de miel. Sous la plume de René Goscinny et Albert Uderzo, ce sont surtout les Romains qui ont l'œsophage glissant, comme en témoigne une scène d'anthologie dans *Astérix chez les Bretons* (1966) dans laquelle la troupe de légionnaires complètement beurrée chante en chœur : « Vive l'arôme, l'arôme, c'est du bon vin ! » Toutefois, on notera quelques écarts de conduite, notamment chez notre ami Obélix, amateur de cervoise qui se paie un coma éthylique après avoir englouti un tonneau de vin blanc chez les Helvètes (*Astérix chez les Helvètes*, 1970). Mais peu importe, il célèbre la vigne : « Vidons les futailles, à nous la ripaille, Quand l'appétit va, tout va ! » (*Astérix et Cléopâtre*, 1965).

« L'ONCLE WALDO, Y M'PLAÎT »

Firme connue pour sa pudibonderie légendaire, Disney affectionne pourtant les personnages de poivrots, surtout quand l'action se passe… en France ! On se rappelle l'ivresse malencontreuse du pauvre Linguini dans les cuisines de *Ratatouille* (2007), le troubadour voleur de grand cru de *La Belle au bois dormant* (1959) ou… l'oncle Waldo des *Aristochats* (1970). Sosie étrange de l'acteur Pierre Brasseur, autre leveur de coude devant l'Éternel, ce vieux jars déplumé est jeté sans ménagement hors d'une arrière-cuisine pour refus d'obtempérer. Le malheureux avait un peu trop goûté au vin aromatisant le plat du jour : oie rôtie aux marrons arrosée de madère. Or comme le signale le chat de gouttière Thomas O'Malley : « Arrosé ? tu parles, il a au moins mariné dedans. » Faute de se laisser farcir, en voilà un qui est farci ! On est vite charmé par ce gallinacé à l'accent britannique, qui tape aussi dans l'œil du vieux briscard O'Malley : « Vous voulez que j'vous dise, l'oncle Waldo, y m'plaît. »

LE VIN CRÈVE L'ÉCRAN

ÇA SIFFLE ALLÈGREMENT À L'ÉCRAN, ET PAS QUE DEUX FOIS : IL EST RARISSIME QU'UN FILM NE MONTRE PAS UNE SCÈNE OÙ L'ON BOIT DU VIN. QUANT AUX SÉRIES, IL Y A DE QUOI OUVRIR UNE CAVE AVEC TOUTES LES QUILLES QUI Y FIGURENT ! PETIT TOUR DES CLICHÉS VÉHICULÉS PAR LES FILMS ET LES SÉRIES.

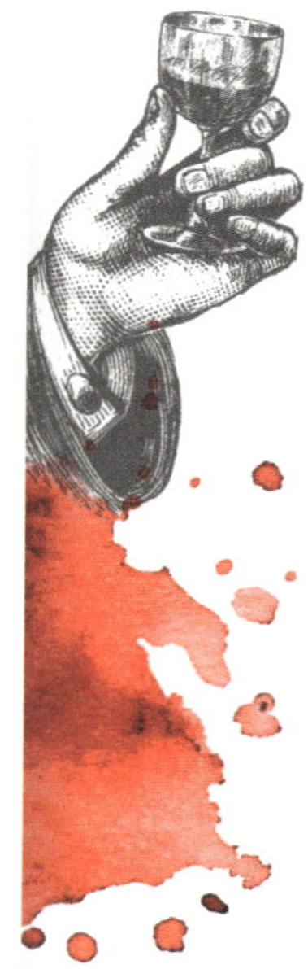

LE VIN, SUJET CASSE-BOUCHON

Beaucoup de films qui ne parlent que de vin se sont cassé les dents sur ce sujet pas si simple : si on exclut tous les drames sur l'alcoolisme mondain, sujet en vogue dans l'Amérique post-prohibitionniste, ça commence par *Porte des Lilas* (1957). Ce film de René Clair a pour cadre un bistrot, avec un Georges Brassens pas très bon acteur et un scénario poussif. Le point nanar est atteint avec *Une grande année* (2006) de Ridley Scott, comédie romantique nouée dans le cadre cossu d'un mas viticole du Lubéron… Décor idéal pour un drame familial où il n'y a pas que le sang de la vigne qui s'épanche – le vin (et l'héritage qu'il représente) est au centre de *Ce qui nous lie* de Cédric Klapisch (2017) ou de *Tu seras mon fils* de Gilles Legrand (2011) –, le vignoble ne semble pas être un sujet permettant de rafler oscars et palmes d'or ! Road movie « dégustatif » filant au milieu des vignes californiennes, *Sideways* d'Alexander Payne (2004) reste finalement le film qui a probablement le mieux traité ce sujet… On retiendra le dégoût du héros excédé pour un certain cépage :

« *Not fucking merlot!* »

AU CINÉMA TOUT EST PERMIS !

Ce qu'interdit la loi Évin, le cinéma l'autorise : personne ne peut empêcher les compères du *Bonheur est dans le pré* (1995) de gueuletonner au vin jaune… Jusqu'à ce que crise de foie s'ensuive.

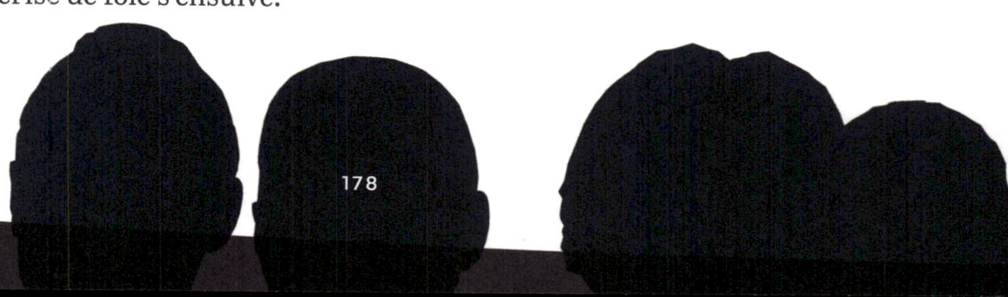

UN CLIENT PÉNIBLE

« – Dites-moi, avec un radis,
qu'est-ce que vous me conseillez ?
– Ah, Monsieur pourrait prendre un petit muscadet.
– C'est sec ou c'est doux ?
– Plutôt sec.
– Je préférerais plutôt doux.
– Alors un sauternes ?
– C'est doux ?
– Ah, c'est très doux !
– C'est pas trop doux ?
– Ah, si, c'est doux… Voulez-vous un demi-sec ?
– Non, je préférerais un demi-doux. »

Tiré du *Grand Restaurant* (1966), ce délicat échange entre le sommelier Paul Préboist et notre Louis de Funès national en client mystère amuse encore les terrorisés de la commande de vin. Parfois comique, cette scène rituelle est plus souvent l'occasion de montrer la richesse experte d'un personnage – souvent un mâle d'âge mûr – qui pourra épater la galerie en articulant le nom d'un cru aussi prestigieux que confidentiel, assorti de l'année *ad hoc*.

CHÂTEAU ANGÉLUS, LA STAR DU SEPTIÈME ART

Dans son costume de velours rouge, il apparaît dans des comédies populaires, mais aussi dans des cartons tels que *Casino Royale* ou *La Môme* : bordelais opulent, ce saint-émilion s'est déjà glissé dans une trentaine de films. Son nom ? Château Angélus, grand bordeaux produit par le cinéphile Hubert de Boüard. Roué vigneron, il a dispensé ses bouteilles classées, ce qui lui a valu un coup de com' assurément.

LES CLICHÉS SEXISTES D'HOLLYWOOD

Un pinot grigio nommé désir

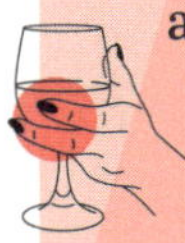

Star des séries américaines, le verre de vin grand format est l'ami des banlieusardes désespérées et des *executive women* aux amours compliquées. Comment expliquer l'extrême récurrence de cette scène rituelle : une quadra sexy prend, en guise de pause méditative, une outre aux faux airs de verre à pied qu'elle remplit d'une demi-bouteille de pinot grigio, un cépage très courant en Californie… ? S'il s'agit d'une femme puissante, elle optera pour un vin rouge plus carnassier.

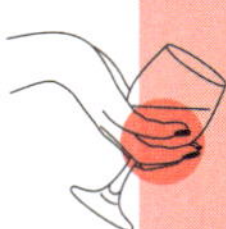

Who runs the girls? Wine!

Dans les séries, le vin est une affaire de femmes : depuis la Sue Hellen de *Dallas* et la *Desperate Housewife* Bree Van de Kamp, les héroïnes du petit écran sont quasiment forcées d'écluser un baquet de vin – rarement un grand cru. À la fois accessoire d'*empowerment* et révélateur d'un mal-être existentiel, le vin symbolise plus qu'il ne se déguste !

DIS-MOI COMMENT TU BOIS, JE TE DIRAI QUI TU ES

LE VIN NE SERAIT RIEN SANS SES INEXORABLES BUVEUSES ET BUVEURS.

L'ODYSSÉE DE L'ESPÈCE

Le profil des buveuses et buveurs a bien changé au cours du dernier siècle. La France comptait 41 % de biberonneuses et biberonneurs quotidiens en 1980 contre seulement 17 % en 2000, laissant la place à une nouvelle espèce : les amatrices et amateurs de vin. Penchons-nous (en évitant le tour de reins) sur cette typologie singulière.

L'ÉRUDIT ASTRINGENT

Il s'est découvert une émouvante passion pour le vin au détour d'un atelier œnologie en *team building*. Depuis, il maîtrise sur le bout des ongles le langage académique du liquide et se gargarise de termes savants à la moindre dégustation.

♥ Pardonnons-le, personne n'a encore osé lui dire que le vin est une histoire d'émotions avant d'être un salmigondis d'érudition !

LA SNOB BOUCHONNÉE

Peu alerte sur le contenu de son verre, elle en boit à tire-larigot depuis le berceau (l'amour du vin s'hérite avec plus de facilité qu'un patrimoine immobilier). Malheur pour son compte en banque, elle a le mauvais goût de n'aimer que le vin trop cher.

♥ Pardonnons-la, la bougresse n'a jamais été informée qu'il existe d'excellentes bouteilles pour moins de 10 euros !

LE NÉOPHYTE LIQUOREUX

En voilà un dont on n'est pas pressé d'ingurgiter le contenu de la boutanche qu'il apporte à l'apéro. Sympathique au demeurant, il a le chic pour dénicher ce qui se fait de pire en matière de picrate. La terrible Villageoise n'a aucun secret pour ce vilain palais.

♥ Pardonnons-le, ce soiffard de l'extrême est bien capable de finir les fonds de bouteilles réservées initialement au déglaçage d'une recette. Profitons-en.

LA GROUPIE DU PET' NAT'

Lassée des traditionnels vins sulfités, elle a mis son grappin sur le vin nature. Loin d'être né de la dernière pluie, ce vin est désormais à la mode. Dans le vocabulaire de la groupie, le mot *rigolo* pour décrire un vin a supplanté l'académique *perlant* (voir « Il a de la cuisse : les textures du vin », p. 50).

♥ Pardonnons-la, le vin nature cause une moindre gueule de bois grâce à sa composition fortement limitée en intrants (notamment en soufre). Santé !

LE GÉRARD DEPARDIEU MOELLEUX

Assoiffé du matin au soir et du soir au matin, il boit du vin comme il respire ; c'est un rabelaisien patenté qui a bien compris que « ce qui est le propre de l'homme, ce n'est pas le rire, c'est le boire ».

♥ Pardonnons-le, s'il y a bien une personne avec qui le « juste un dernier verre » n'existe pas, c'est lui.

BRÈVES DE COMPTOIR

SOLIDEMENT ARRIMÉ À SON BALLON DE ROUGE, IL SOUTIENT LE COMPTOIR : CETTE COLONNE À TRUFFE FLEURIE, C'EST LE *PILIER DE BISTROT*. VOUS SAVEZ, CE POIVROT ACCROCHÉ AU BAR COMME UNE MOULE À SA FRITE… ET PAS RADIN EN VÉRITÉS PROFONDES. IL PRODUIT CE FRUIT ÉTRANGE DE LA RUMEUR ET DE LA SAGESSE POPULAIRE : LA *BRÈVE DE COMPTOIR* !

ET UNE BRÈVE, UNE !

Comme le Gabin aviné du *Tonnerre de Dieu* (1965), le producteur de brèves de comptoir est capable d'enchaîner tautologies et figures de style, tel son fameux :

« Je suis comme ma voiture :
je suis sobre sur la route et je consomme en ville. »

Voici quelques formules qui pour être brèves, exhalent néanmoins un parfum… d'éternité. Et les célébrités n'en sont point avares !

Je regarde la carte des vins pour éviter les bouchons !

Raymond Devos

Si je suis athée ? Je suis plus intéressé par le vin d'ici que par l'eau de là.

Francis Blanche

Les Français ont du vin, les Anglais de l'humour.

Roland Topor

Je boirai du lait le jour où les vaches mangeront du raisin.

Notamment Jean Gabin

Si la vérité est dans le vin, qu'elle y reste !

Pierre Dac

LE HAÏKU DU BISTROT

Bien trouvée, l'expression *brève de comptoir* n'est forgée qu'en 1988 par Jean-Marie Gourio, qui devient l'expert de cette catégorie aussi lacunaire que fendarde. À l'écoute de ces formules parfois chocs proférées sous l'œil impavide du taulier essuyant ses verres, il en collecte suffisamment pour en publier quelques volumes.

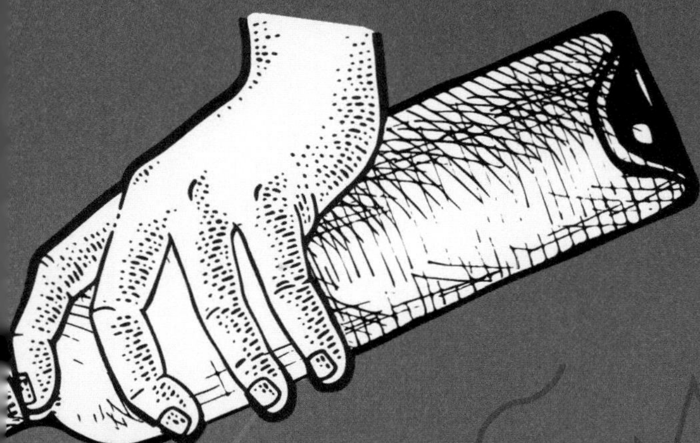

Une bonne vieille bouteille de vin est aussi miraculeuse qu'un vieux pas con.

Roland Topor (encore)

Lorsque le vin entre, le secret sort.

Le Talmud

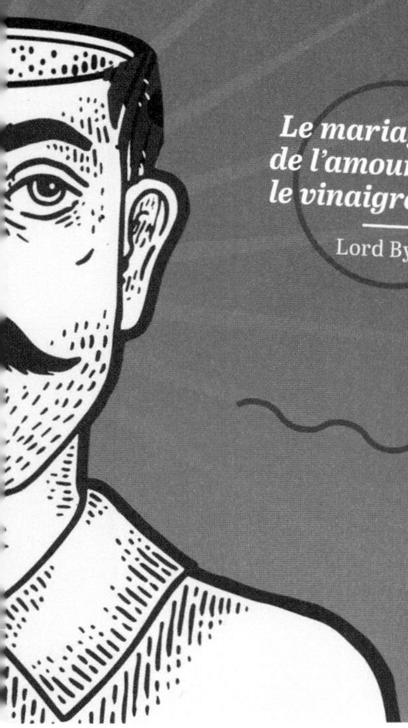

Le mariage vient de l'amour comme le vinaigre du vin.

Lord Byron

L'eau conduit l'électricité, mais si tu mets du vin dedans, elle a plus le droit de conduire.

Brève ouïe par Jean-Marie Gourio

SUS AUX PONCIFS DU PIF !

DU BARBARISME AU SNOBISME

L'ART DE BOIRE

Boire du vin ; c'est tout un art. Si tout le monde n'a pas la fibre artistique, certains se comportent comme de véritables barbares avec la vinasse… ou pas. Entre snobisme et erreur de conduite, il y a du tri à faire.

LE VIN ROUGE AU FRIGO ? OUTRAGE !

Beaucoup d'amitiés se sont brisées pour moins que ça. Comment ?! Un vin rouge au frigo, mais quelle abomination ! Relax Max, l'idée n'est pas si saugrenue. On a retenu que le vin devait se boire *chambré*, c'est-à-dire à la température de la chambre, mais il ne faut pas oublier qu'à l'époque la chambre ne bénéficiait ni d'un sol chauffant ni d'un chauffage collectif, et qu'il y faisait rarement plus de 18 degrés Celsius. Au-delà de cette température, le vin rouge peut se révéler plus lourdaud avec une sensation d'excès d'alcool. Il peut donc être le bienvenu dans la porte de votre frigo, place qui lui sera également réservée pour conserver quelques jours une bouteille entamée.

ON VA PAS EN FAIRE TOUT UN FROMAGE !

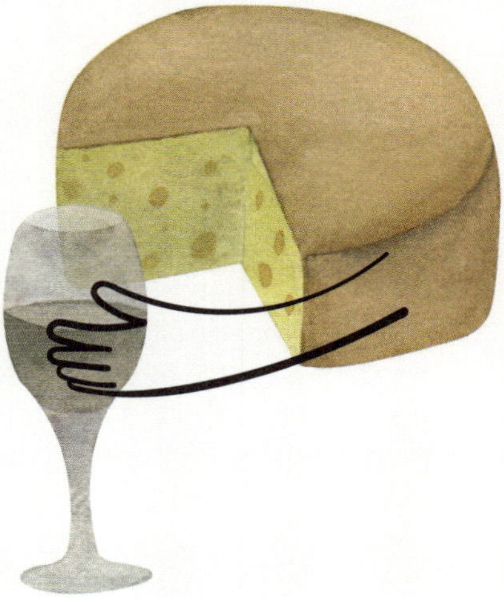

Que l'on soit œnologue en herbe ou non, tout le monde s'accorde pour dire que le vin rouge et le fromage, c'est une vieille histoire. En réalité, c'est surtout une vieille croyance. Les tanins du rouge ne font pas bon ménage avec le frometon et vont plutôt altérer le goût de cette réjouissante pitance. Le vin blanc, quant à lui, sera parfaitement indiqué puisqu'il est dépourvu de ces indécrottables tanins. Petit rappel : on ne fait pas macérer le raisin blanc avec sa peau. Pas de peau, pas de tanin. Pas de tanin... pas de tanin. La tendance (inattendue) serait même à accorder du thé avec nos morceaux lactés !

LE VERRE À MOUTARDE SE LÈVE DU PIED GAUCHE

Si le fait de boire dans un verre sans pied nous défrise, le geste n'est pas aussi insolent qu'il n'y paraît. Certes, on préfère le verre à pied car il nous évitera de saisir le godet de notre main molle et moite qui a la mauvaise idée de chauffer le contenant et donc d'altérer le goût du vin. Néanmoins, pour peu que vous ne vous rinciez pas le gosier avec un grand cru, la pratique douteuse du verre sans pied n'est pas totalement incohérente, on parle même de *boire à la pomponette* (voir « Boire à... », p. 202).

Les pires gueules de bois de l'histoire :

l'ivresse dans la presse

SI L'ALCOOLIQUE A TOUJOURS EXISTÉ, LA FIGURE DE L'IVROGNE POINTE LE BOUT DE SON NEZ AU XIXe SIÈCLE. LA SOCIÉTÉ SE MET À JUGER LES EXCÈS DE BEUVERIE, LA MÉDECINE CONDAMNE LA TOXICITÉ DE L'ALCOOL ET LA PRESSE S'EN DONNE À CŒUR JOIE. AUJOURD'HUI, LE CANONIQUE « IVRE, IL... » ILLUSTRE LES CONSÉQUENCES COMICO-SORDIDES DE L'ALCOOL, NON SANS UNE POINTE DE DÉRISION.

Réveils difficiles

Boire jusqu'à la dernière goutte peut facilement mener à la déroute. Qu'à cela ne tienne, on attendra de restienne, on attendra de ressusciter dès potron-minet pour payer les pots cassés...

- « Ivre et endormi, il est jeté d'un avion par ses amis pour son anniversaire »
- « Un jeune homme ivre finit sa nuit au sommet d'une grue à Lille »
- « Ivre, il s'endort sur un banc et se réveille à la morgue »
- « Nord : après une soirée il se réveille sans cheveux »
- « Paralysé, il peut parler pour la première fois et demande une bière »

Interactions truculentes avec les forces de l'ordre

La plupart des beurrés pris en faute se raidissent à la simple évocation de leur nom. D'autres, plus imbibés que de coutume, se réjouissent à l'idée d'interagir avec la maréchaussée.

- « Ivre, il touche les parties intimes d'un gendarme en criant "chat bite" et écope d'un an de prison »
- « Amiens : ivre, il s'introduit dans un véhicule de police avec des policiers à l'intérieur »
- « Ivre, il "bénit" les gendarmes avec la brosse des toilettes »
- « À Quimper, il jette son dentier sur les policiers qui tentent de le maîtriser »

Nos amies les bêtes

Ce n'est pas parce qu'on est saoul comme 36 cochons et à deux doigts d'écorcher un renard (voir « La dégobillade », p. 214) que les animaux nous voient d'un bon œil. Cela étant, l'ébriété donne toutefois des ailes pour se faire des copains de débâcle à poils plus ou moins longs.

- « Brest. Ivre, il jette une vache sur la voiture »
- « Ivres, ils volent un lama et lui font prendre le tramway à Bordeaux »
- « Ivre, il se cache dans la niche du chien et lance des briques sur la police »

Des compagnons de biture douteux

Squatteurs patentés, certains ont l'offense facile quand d'autres n'ont pas tout à fait l'âge de consommer. Pas toujours évident de trouver chaussure à son pied.

- « Le moniteur d'auto-école était ivre et dormait… pendant une leçon sur l'autoroute »
- « Il amène une bouteille de tequila à la garderie et la boit avec les autres enfants »
- « Frappé avec un sabre pour avoir ramené du Coca et non de la vodka lors d'une beuverie à Reims »
- « "J'étais bourré" : Gérard Depardieu évoque son soutien à Nicolas Sarkozy en 2007 »

Où sont les femmes ?

Moins abonné aux faits divers alcoolémiques, le beau sexe n'échappe pas à quelques titres de presse désopilants. À bonne entendeuse.

- « Ivre, elle se jette sur un enfant et lui fait une prise de catch »
- « Alcoolisée, une femme se met nue et mord un policier à la cheville »
- « Gironde : elle surprend les voleurs chez elle en train de boire l'apéritif »

Médiévalement vôtre

- « Ivre, il déçoit Clovis en pétant le vase de Soissons »
- « Ivre, elle entend des voix ; ça tourne mal et elle finit par prendre une sacrée cuite »
- « Ivre, il croit découvrir les Indes alors qu'il débarque à Charleroi »
- « Ivre, l'Inquisition met au cachot l'homme qui affirmait que la Terre tourne autour du Soleil »

CASSER LA GRAINE

DEPUIS TOUJOURS, *BOIRE UN COUP* EST SOLIDAIRE DE *CASSER LA GRAINE*, ET VICE ET VERSAILLES ! LES EXPRESSIONS S'EMMÊLENT PARFOIS QUAND IL S'AGIT D'AVOIR FAIM… OU SOIF.

AVOIR LA DALLE EN PENTE OU *LA DALLE* TOUT COURT ?

L'expression *mourir de faim* a perdu de sa force : elle est aisément employée par celui dont le ventre gargouille juste avant sa pause déjeuner. Pour paraître plus convaincant, il peut dire qu'il *crève la dalle* ! *Avoir la dalle* fait référence au lexique marin apporté par les Normands.
Issu du scandinave ancien, *daela* apparaît vers 1300. Il désigne une « rigole pour l'écoulement des eaux à bord d'un navire ». Petit à petit, il sert à nommer un « évier » ou une « gouttière », voire une « auge ». Au XIVe siècle, le mot *dalle* prend aussi le sens figuré de « gorge » et désigne le conduit de l'œsophage. Souple et pentue, la dalle humaine doit être régulièrement humectée. C'est ainsi qu'on dit d'un ivrogne qui *se rince la dalle* qu'il *a la dalle en pente*, son gosier-toboggan faisant dire de lui qu'il *a une bonne descente*. Au XXe siècle, la dalle est de plus en plus associée à la sensation de faim. *Crever la dalle* serait la forme sévère d'*avoir la dalle*, une expression inventée, semble-t-il, par l'auteur et argotier Auguste le Breton ! Quand on dit qu'on *a la dalle*, on peut donc entendre que notre petit tuyautin a besoin de solide… Comme de liquide.

LES CASSE-CROÛTE DU TERROIR

Si d'aucuns avancent que « manger, c'est tricher », pour d'autres ces bonnes choses sont indispensables au moment de boire un coup… Zoom sur les bons mariages (et un intrus) !

Gougères et **gevrey-chambertin**

Camembert et **cidre**

Cervelas et **sylvaner**

QUE CASSE-T-ON ?

Bonasse et usitée, l'expression *casser la croûte*, attestée à partir de 1871, désignait à l'origine le fait de casser, de partager un repas frugal avec un copain – celui avec qui on partage le pain. Et le vin ? Son double sémantique, l'expression *casser la graine* serait née dans la région lyonnaise au XIXe siècle, une contrée où l'on est à la fois adroit du coude et leste des mandibules ; elle serait une déformation de *casser la grune* en langue de gones, qui signifiait… « boire un verre ». *Casser la graine*, ce n'est pas rompre le grain de blé qui fait le pain, mais bien plutôt la graine de la vigne ! Ce cher grain de raisin dont on fait du vin. En langue verte, on *casse le col* d'une bouteille lorsqu'on l'ouvre.

PORTRAIT : LA MIDINETTE

« La midinette fait sa dînette au bistrot », chante Charles Trenet dans *Ménilmontant* (1938). C'est ce qui la définit, d'ailleurs : cette petite main des ateliers de couture, comme on l'appelle à la Belle Époque, casse la croûte et mange sa frugale dînette sur le pouce, sur un banc ou dans un bistrot où l'on peut apporter son manger. Côté glouglou, elle ne tourne pas à la Contrex ! Le midi, elle est bien contente de partager son litron rempli le matin au bistrot avec ses copines pour alléger sa peine.

Saucisson
et **gros rouge**

Jambon-beurre
et **bière**

Apéricube
et **rosé pamplemousse**

Andouillettes-frites
et **champagne**

Bon vin, bonne sauce

FLEURONS DE LA GASTRONOMIE FRANÇAISE, LES SAUCES NE DÉDAIGNENT PAS LE VIN, INGRÉDIENT PAS TOUJOURS SECRET DES JOLIS METS.

LES 3 V : VIN, VINAIGRE ET VERJUS

Au Moyen Âge, on fait grand cas des sauces ; et pour montrer qu'on en a sous la poulaine, on n'hésite pas à épicer généreusement icelles, et à les arroser de vin. Si celui-ci est privilégié pour attendrir le vieux gibier ou les chairs coriaces, on a aussi la main lourde sur le verjus, cet acide jus vert qui fait le secret de la sauce verte chère à Rabelais, et sur le vinaigre, mêlé au gingembre dans la sauce cameline, plaisir des rois à l'heure du rôti.

Des régions et des sauces

Pour situer une sauce, rien de tel que la boisson !

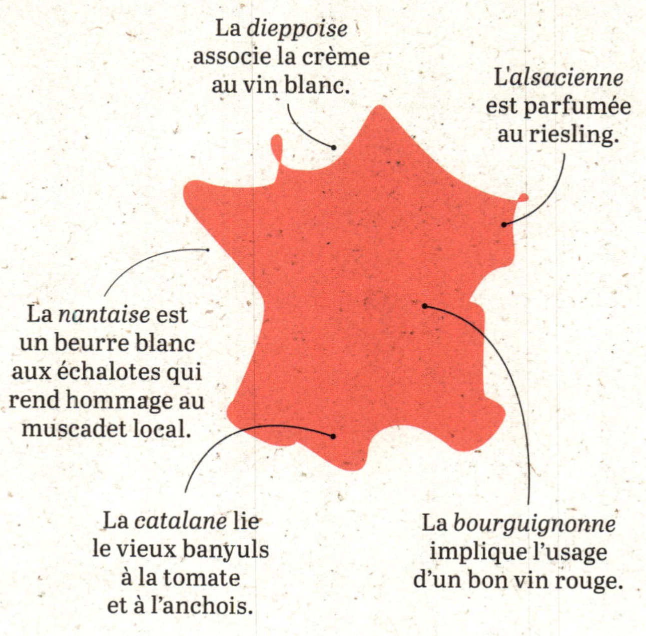

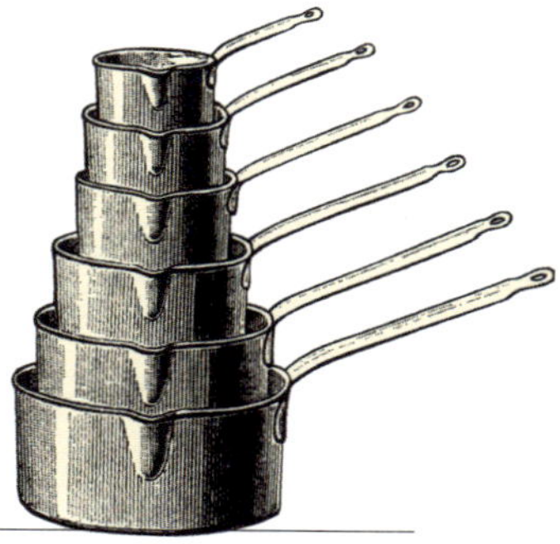

C'est de la daube !

D'où vient la mauvaise réputation de la *daube*, ce plat de viande cuit à l'étouffée, synonyme de *camelote* dans le langage familier ? Technique et racée, cette spécialité dont on fourre les raviolis à Nice nécessite en réalité de mariner dans du très bon madiran, et certainement pas de la piquette. Avis aux parcimonieux.

Et un bourguignon pour la 12 !

Estouffade de bœuf charolais aux petits lardons cuite au pinot noir de Bourgogne, le bourguignon se fait un nom dans la gastronomie, alors qu'il était autrefois un plat paysan. L'histoire nous apprend que cette sorte de daube constituait, autrefois, le repas dominical des paysans, qu'ils accompagnaient de pain grillé frotté d'ail. Le reste de sauce servait alors à préparer les fameux *œufs en meurette*, dont le nom dérive de l'ancien français *muire*, « saumure ». Le secret de cette recette qui fait bicher les touristes ? Les croûtons, bien sûr, mais surtout la qualité du vin de cette sauce *matelote* (c'est-à-dire au vin rouge), qui ne supporte pas la médiocrité.

RECETTES POMPETTES

CUISINÉES AVEC AMOUR, EST-CE QUE LES RECETTES QUI ONT FAIT LA GLOIRE DE LA GASTRONOMIE FRANÇAISE AURAIENT ÉTÉ AUSSI CÉLÉBRÉES SI ELLES N'AVAIENT PAS ÉTÉ... POMPETTES ?

COCORICO !

Le roi de la basse-cour n'est pas devenu le totem des Français par hasard. Une légende raconte que Vercingétorix, assiégé par Jules César à Gergovie, envoie un coq à son ennemi, chargé de symboliser hargne et fierté. Provoqué, César convie son adversaire à sa *cena* (son « dîner »). Au menu : un *coq au vin* ! Le camouflet romain ne reste pas impuni. Vercingétorix et ses Arvernes font subir une humiliante déculottée aux troupes impériales. Remis au goût du jour au XIXe siècle par la cuisine bourgeoise, le coq au vin caquète encore avec panache sur les ardoises des restaurants traditionnels !

LE VEAU DE LA VICTOIRE

La *blanquette* de Maigret, le *bourguignon* de mémé, le *bœuf-carottes* de *La Tour Pointue*... Fleurons de la cuisine ménagère, tous ces plats mijotent dans le vin depuis des temps immémoriaux. Et le *veau marengo* ? On le doit à un certain petit Corse. En 1800, il vient de vaincre les Autrichiens à Marengo, ville piémontaise, et il a faim ! Pour combler l'impérial petit creux, son chargé de table, Dunand, lui sert un plat de fond de placard : un poulet aux tomates, œufs frits, écrevisses et croûtons. Bonaparte s'en délecte ! Mais comme il n'a aucun palais, il ne voit pas que son cuistot remplace peu à peu le poulet par du veau, les écrevisses par des champignons et les œufs par des oignons et, surtout, un litron de vin blanc. Et un plat du jour, un !

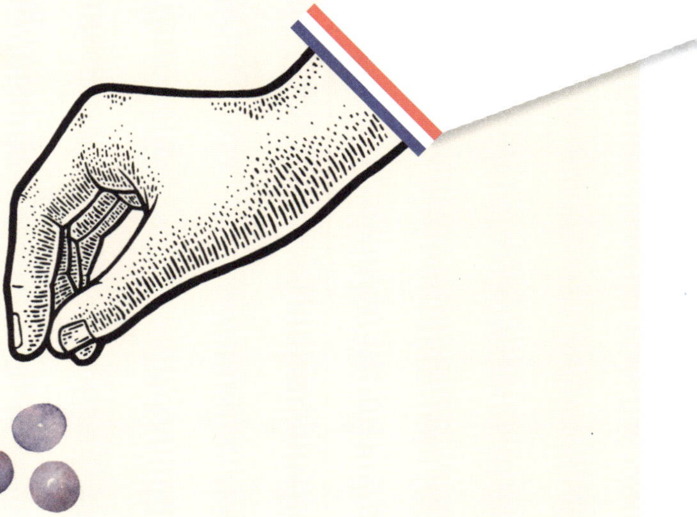

UN PEU DE MOUTARDE ?

D'où vient le mot *moutarde* ? Une hypothèse fantaisiste, mais charmante, nous apprend qu'en 1382, le duc de Bourgogne Philippe le Hardi accorda à la ville de Dijon de porter ses armes avec sa devise : *Moult me tarde* (« Comme j'ai hâte ! »). Ce n'est pas un hasard si c'est dans cette cité aux toits bigarrés que naquit la corporation des vinaigriers et moutardiers ! La moutarde a toujours été préparée avec du moût de raisin, lisible dans son ancien nom, le *mustum ardens* en latin, c'est-à-dire le « moût piquant ». Elle est donc traditionnellement fabriquée dans des régions vinicoles !

QUAND LE VIN FAIT TREMPETTE

Que fait-on lorsqu'on fait *chabrot* ? On met du vin dans son potage ! Petite technique rustique pour ne pas gâcher un fond de soupe, le fait de *faire chabrot* désigne une coutume très ancrée dans le Sud, pour ne point gâcher en s'octroyant un gros kif. Appuyant ce côté champêtre, *chabrot* serait issu de l'occitan *chabrol*, « *chèvre* ». Selon le coin, on parle de *mijet* dans le Poitou, de *goudale* en pays gascon, de *trempine* en Vendée, ou de *soupine* en Anjou – c'est la version sucrée (voir « Les cocktails au vin », p. 194).

Les cocktails au vin

QUAND LE VIN SE GLISSE DANS LES COCKTAILS, CE N'EST PAS TOUJOURS POUR AVANCER MASQUÉ !

Le kir

La légende bourguignonne

Cet apéritif bien connu des becs sucrés porte un nom qui rapporte un peu au Scrabble : le *kir* ! On peut aussi commander ce cocktail à base de vin blanc sous le nom de *blanc cass'*, appellation abandonnée qui a donné son nom au groupe de rock berrichon né dans les années 1990, Blankass.

Kir, c'est aussi (et d'abord) le nom d'un curé de choc : le chanoine Kir, arrivé en 1945 à la mairie de Dijon après avoir vaguement servi la Résistance. Indéboulonnable droitard un poil affabulateur, il y soutient les valeurs traditionnelles, notamment le patrimoine gastronomique, jusqu'à sa mort en 1968. On lui reconnaît un don certain pour lever le coude, surtout si le verre comporte vin blanc et cassis : Dieu lui a donné un (bon) foie. L'apéritif préféré de cet élu en soutane va finir par prendre son nom, de même qu'un lac artificiel dans lequel barbotent les Dijonnais. L'a-t-il inventé pour autant ?

La vraie histoire

En réalité, le vrai inventeur de cet apéro des plus capiteux n'est point ce bon chanoine mais son prédécesseur... Et il n'est pas du même bord. En 1904, le maire Henri Barabant, socialiste, avait décidé de réduire les coûts des réceptions en mairie. Pour remplacer le champagne – qui coûtait bonbon –, ce fils de vigneron propose d'acheter le très local bourgogne aligoté. Problème : pas très bien égrappé, ce petit blanc se révèle trop amer pour les palais dijonnais. Pas dégonflé, l'élu a alors l'idée de l'allonger d'un tiers de crème de cassis, pur produit du coin. Dans la foulée, il compose la recette du *communard*, qu'on rebaptisera plus tard *gavroche* ou *mêlé-cass'* : $\frac{2}{3}$ vin rouge, $\frac{1}{3}$ cassis, pour retrouver la couleur du sang des camarades.

Les recettes

À vos touillettes, et en avant saucisson et radis-beurre !
Avec ces cocktails, prouvez qu'il n'y a pas que la sangria dans la vie.

L'hypocras

Recette star de l'Antiquité jusqu'au bas Moyen Âge, l'*hypocras*, dont le nom évoque confusément les pouvoirs curatifs du maître Hippocrate, reflète le goût ancien pour les vins aromatisés. Il est possible qu'à l'origine cette composition servait à recycler un vin qui aurait eu le mauvais goût de tourner :

–

- 1 l de vin rouge ou blanc ;
- 100 g de miel ;
- 3 bâtons de cannelle râpée ;
- 5 g de gingembre ;
- 5 g de macis ;
- 10 grains de cardamome ;
- 3 clous de girofle.

(Il faut faire mariner le tout au moins trois jours puis filtrer et servir frais.)

Le blanc limé

Apéro traditionnel du Sud-Ouest, le *blanc limé* a le charme rétro des comptoirs en formica :

–

- 1 mesure de blanc (entre-deux-mers ou sauvignon) ;
- 1 mesure de limonade.

La soupe champenoise

Pas assez de champagne pour tout le monde ? Sus à la *soupe champenoise*, un cocktail au chic décomplexé :

–

- 1 bouteille de champagne ;
- 1 louche de Cointreau ;
- 1 louche de jus de citron vert ;
- 3 cuillères à soupe de cassonade.

Le rosé pamplemousse

Rejeton douteux d'un vin ensoleillé et d'un paquet de bonbons, le *rosé pamplemousse* ragaillardit les barbecues pas folichons :

–

- 1 verre de rosé ;
- crème de pamplemousse.

La soupine

On l'appelle aussi *mijet* ou *miettée*, selon les régions : la *soupine*, cette soupe de vin rouge sucrée angevine, fut longtemps un dessert de choix :

–

- 1 bouteille de vin rouge d'Anjou ;
- 1 à 2 verres d'eau fraîche ;
- 1 gros quignon de pain sec dont on ne garde que la mie émiettée ;
- 6 à 10 morceaux de sucre.

L'AMI DU PETIT-DÉJEUNER

BIEN AVANT QUE LE CAFÉ NE VIENNE RÉVEILLER LE MATIN BLÊME, IL Y AVAIT… LE VIN. PAS TRÈS RICHE EN CAFÉINE, MAIS Ô COMBIEN RÉJOUISSANT.

UN PETIT REMONTANT

Le vin au petit-déj', quelle drôle d'idée ! Cette pratique plutôt oubliée a pourtant perduré pendant des siècles. Au Moyen Âge, certaines professions matinales qui commençaient le travail à l'aube avaient, selon un texte de loi, une demi-heure « pour le boire du matin » au lever du jour. Et ce n'était pas de la chicorée… En 1617, Justus Zinzerling, voyageur allemand, observe ainsi les Français :

> « *Ils ont l'habitude de déjeûner avant de sortir, mais très légèrement et se contentent d'un verre de vin […] et d'une bouchée de pain. Cet usage fortifie le corps, réjouit l'âme et détruit les crudités de l'estomac.* »

Mazette ! Un alicament !

DU PAIN ET DU VIN !

Dans le Bordelais, le déjeuner des vendangeurs consiste à avaler des *lèches* (tranchettes) de pain trempées dans du vin sucré brûlant. On appelle ce remède bien connu contre les bronchites et autres miasmes la *soupe de perroquet*. Kézako ? Dans *Le Médecin malgré lui* (1666), Molière éclaire cette curieuse locution en expliquant que le mélange du pain et du vin aurait la vertu de délier la langue :

> *« Ne voyez-vous pas bien qu'on ne donne autre chose aux perroquets, et qu'ils apprennent à parler en mangeant de cela ? »*

EN ATTENDANT LE CAFÉ-CROISSANT

Pour exposer la duplicité de Tartuffe, le même Molière le montre en 1669 buvant « à son déjeuner, quatre grands coups de vin » ! Avec quoi ? Du müesli ? Mieux que ça : il semble que les grands bourgeois de l'Ancien Régime avaient pour habitude de s'envoyer dès potron-minet un verre de rouge renforcé d'une tartine de brie, de quoi avoir les joues roses et calées avant d'aller bosser.

LE ROI DÉJEUNE !

Le Roi-Soleil avait pour habitude de déjeuner d'une tisane, d'un bouillon ou de vin coupé d'eau lorsque l'horloge sonnait 9 h. Il fallut toute la persuasion de son médecin Fagon pour lui faire préférer le café, ce fortifiant d'origine turque. Il faut dire que Louis le Grand boudait ce phénomène de mode depuis que l'ambassadeur turc lui avait fait goûter ce breuvage amer. S'estimant moqué par ce diplomate qu'il n'avait pas réussi à éblouir, il commanda à Lully et Molière – encore lui ! – un ballet ridicule pour se payer la fiole des Turcs : *Le Bourgeois gentilhomme* (1670).

DE BON MATIN

En argot, une poignée d'expressions évoquent le geste un peu passé de mode de boire à jeun au petit matin.

Tuer le ver

En langue verte, *tuer le ver* c'est « boire un alcool lorsqu'on est à jeun pour bien commencer la journée ». De préférence un bien fort, ou mieux ! Un *petit bossu*, ce café arrosé d'eau-de-vie. Dans l'argot des voleurs du XIXe siècle, *tuer le ver* signifiait aussi, et c'est comique, le fait d'étouffer efficacement les remords et autres dilemmes susceptibles de miner le malfaiteur.

~

Chasser le brouillard

Météorologique, cette expression désigne le fait de prendre un petit verre le matin, comme chez ce hussard qui conseille en 1861 : *« De préférence on boit [la goutte] le matin, au saut du lit. Rien de meilleur pour éveiller son homme, de plus apéritif pour l'estomac, de plus sain pour dissiper le brouillard. »* S'il le dit !

AUX GRANDES CUITES, LES GRANDS REMÈDES

SI LE COMMUN DES MORTELS SE SENT INUTILE ET HONTEUX LORSQU'IL SOUFFRE DE *VEISALGIE* (*AKA* LA GUEULE DE BOIS), IL EST À NOTER QUE CETTE DERNIÈRE N'EMPÊCHE NULLEMENT LE GÉNIE DE SE REMONTER LES MANCHES : C'EST UN MOZART EN LENDEMAIN DE CUITE QUI A ÉCRIT L'OUVERTURE DE SON OPÉRA *DON GIOVANNI*.

VEISALGIE, KÉSAKO ?

Néologisme scientifique inventé par des chercheurs américains, la *veisalgie* est formée sur l'alliance multiculturelle du norvégien *kveis*, littéralement « malaise qui suit la débauche », et du grec *algia*, « douleur ».

SOIGNER LE MAL PAR LE MAL ?

Deux options s'offrent à nous pour atténuer les effets de l'alcool : la première, c'est de *faire tintin ballon*, c'est-à-dire « faire l'impasse sur l'alcool en attendant que les effets se dissipent ». La seconde : prendre le taureau par les cornes et le verre par le pied, en *soignant*, comme disent les experts du dimanche matin heureux, *le mal par le mal* !

Voici quelques recettes qui auraient fait leur preuve :

Le rince-cochon
Inventé pour combattre les effets de l'ivresse de la veille, le combo vin blanc, eau de Seltz et citron a pour joli nom le *rince-cochon* !

Le *bullshot*
Considéré comme un excellent reconstituant au pays du *teatime* et du *binge drinking*, le *bullshot* est l'association diablement virile du consommé de bœuf et de la vodka. Cul sec oblige !

La *michelada*
Fameuse depuis les années 1940, la *michelada* est un cocktail mexicain qui mélange les bienfaits conjugués de la bière, du citron vert, d'une sauce salée et du piment de Cayenne. Aïe aïe aïe, le coup de fouet !

DES SECRETS SORCIERS

Passé le stade où l'on n'est que *pompette*, il y a de grandes chances pour que les libations laissent un goût amer au cervelet. On sait aujourd'hui que l'alcool, par sa teneur en sucre, en sulfites et en éthylène, cause d'épouvantables migraines aux insolents qui tentent de braver cette loi immuable. Cette information ayant échappé pendant longtemps au grand peuple des buveurs, toutes sortes de remèdes plus ou moins efficaces ont été expérimentés pour se sortir la tête du seau !

Tête de piaf

À Rome, les astuces citées par Pline l'Ancien sont légion – et les légionnaires en ont bien besoin : on n'hésite pas à faire frire un canari et à le gober, à manger des becs d'hirondelles moulus ou à boulotter des œufs de chouettes en omelette avec du mou de mouton.

Anguille sous roche

Au Moyen Âge, ceux qui ont forcé sur l'hypocras se repaissent d'anguilles, poissons gras, riches en oméga 3 : un reconstituant bien plus appétissant que le chou bouilli.

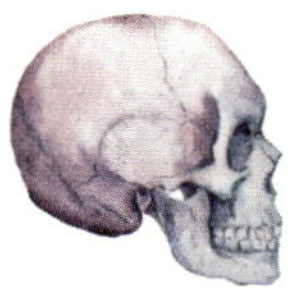

Bourrage de crâne

Une légende tenace (et même pas viking) veut que la poudre de crâne humain constitue un remède souverain contre la gueule de bois. Au XVIIe siècle, en Angleterre, un médecin est sollicité par le roi Charles II, qui désire lui acheter la recette de ses « gouttes » qui cartonnent dans le royaume. Pour 25 000 écus, le docteur Goddard dévoile au médecin du roi les ingrédients jusque-là tenus secrets de son breuvage. Parmi eux, on trouve de l'ammoniaque, de la poudre de crâne d'un pendu et de la vipère séchée. Et pourquoi pas de la bave de crapaud ?

À VOTRE SANTÉ !

BERCEAU DE LA VIGNE, L'EUROPE PORTE EN SON SEIN UNE GRANDE PARTIE DU JARGON BACHIQUE. CE N'EST PAS POUR RIEN QU'ON A EMPRUNTÉ LE MOT *TRINQUER* À L'ALLEMAND *TRINKEN*. À LA TIENNE, ÉTIENNE !

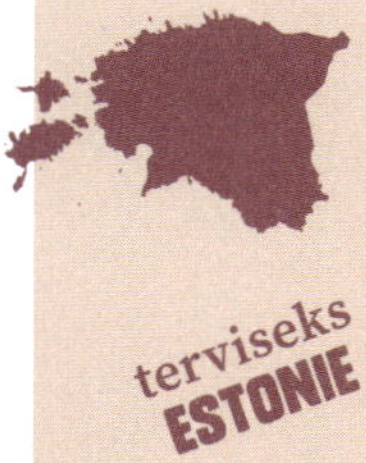

MALENTENDU AUTOUR DU TCHIN-TCHIN

Elle a beau être sur toutes les bouches à l'heure de l'apéro, l'expression *tchin-tchin* doit son origine à un petit imbroglio datant de 1900. Un soir de beuverie, un groupe de soldats français s'acoquine avec des autochtones dans la région du Canton, en Chine. En trinquant, les Cantonais clament ce qui semble être un *tchin-tchin* et que les soldats ne manquent pas d'aller colporter aussitôt rentrés au pays. En réalité, les Chinois disaient *qing qing*, ce qui signifie « je vous en prie » et non « santé ! ». Il n'y a donc pas vraiment de raison de s'écrier fièrement *tchin-tchin* en Chine pour trinquer. Et encore moins au Japon où le mot *tchin* signifie « pénis ». Pas fût-fût ce tchin-tchin olé olé.

À LA BONNE VÔTRE

Rabelais a bien tenté de nous faire croire que Pantagruel était l'inventeur de la coutume, mais en réalité on portait déjà des toasts auparavant. Les Romains utilisaient une formule compréhensible, même par des non-latinophones : *bene vos, bene nos, bene te, bene me, bene nostrum etiam Stephanium*, qui donna certainement par la suite *à la (bonne) vôtre* !

PAS UN *TOAST*, MAIS UN *TOSTE* !

Le terme *toast*, qui nous vient d'outre-Manche, est pourtant issu de l'ancien français *toste*. Il désigne au XIIIe siècle la tranche grillée du pain que l'on mange en buvant. Chez les Britanniques au XVIIe siècle, *toste* devient *toast* et l'usage se transforme en célébration : en hommage à une femme respectable, on trempe ce morceau de miche rôti dans le verre de chaque convive (la miche incarnant la dame), jusqu'au dernier, qui a l'honneur de manger le délectable aliment imbibé de vin. Encore faut-il que la donzelle en question soit digne d'être toastée. On remercie nos actuels grille-pains d'être moins phallocrates.

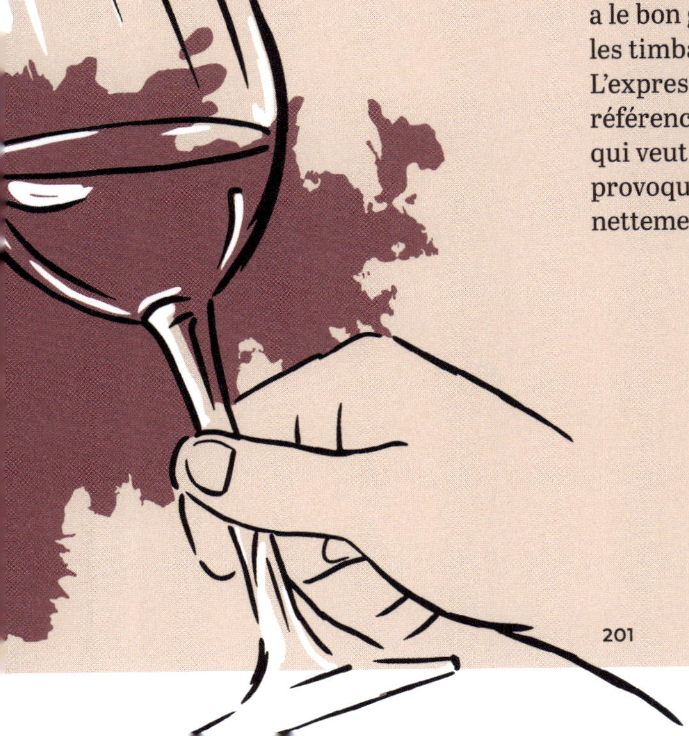

TIC TOC, CHIC CHOC, CRIC CROC !

Pour trinquer, on a longtemps pu croiser en France l'expression *cric croc*, issue de l'argot parisien *cric* et de l'argot marin *croc* (les deux désignant une eau-de-vie de piètre qualité). L'association *cric croc* a le bon goût de rappeler le bruit que font les timbales quand elles s'entrechoquent. L'expression pourrait bien aussi faire référence à l'ancien français *croquier* qui veut dire « frapper contre un écu pour provoquer quelqu'un en duel », un rituel nettement moins festif qui sent bon la baston.

BOIRE À…

**BOIRE, LA BELLE AFFAIRE ! MAIS COMMENT ?
VOICI QUELQUES EXPRESSIONS PAS PIQUÉES DU FÛT…
ET PLUS SIBYLLINES QU'IL N'Y PARAÎT !**

… TIRE-LARIGOT

Étrange locution que ce *à tire-larigot*, synonyme rétro du gaguesque *à gogo* ! À l'origine, *à tire-larigot* était toujours associée à l'action de boire. Au XVe siècle, *tirer* est souvent lié à la boisson. « Quand le vin est tiré, il faut le boire » dit le proverbe. Quant au *larigot*, il désigne une petite flûte qu'on trouve spécifiquement dans les orgues françaises. L'orthographe de cette locution a mis des siècles à se fixer, donnant foi à une légende sonore : à Rouen, la grosse cloche de la cathédrale, offerte par un archevêque du nom de Rigaud, était tellement lourde à agiter qu'il fallait, dit-on, promettre force pintes de vin aux douze paires de biscotos chargées de *tirer la Rigaud* ! Cette tradition fit rapidement l'objet d'une chanson paillarde munie de rimes en *larigot*.

… LA RÉGALADE

Bien avant les gourdes en métal, les gobelets en carton et les bouteilles en plastique, les gens partageaient une outre ou une bouteille qu'ils buvaient *à la régalade*, c'est-à-dire en renversant la tête et en suggérant une forme de partage. Depuis l'invention de la bouteille, on préfère dire que l'on boit *au goulot*. À force de pandémies successives, le Youtubeur Cyprien a inventé le précautionneux *boire en wifi*, c'est-à-dire sans contact avec la bouteille lorsqu'elle est tendue par une tierce personne.

… LA POMPONNETTE

Manière de boire aussi risquée que désuète, cette *pomponnette*-là a bien disparu ! Cousine du *pompon* – celui du marin en goguette –, de *pompette* et de *Pompadour*, la *pomponnette*, qui désigne aussi la coquette pomponnée, évoque un jeu qui consistait à boire dans un verre privé de pied : il fallait boire à toute berzingue pour que la flûte cassée qui servait de réceptacle ne puisse choir, ce qui demande une certaine adresse ! Un verre à champagne appelé *pomponne* apparut d'ailleurs pendant l'entre-deux-guerres : drôle de contenant qui ne peut se tenir par la jambe, car, tel le cul-de-jatte, il en est dépourvu ! Après la Grande Guerre, il pointe son absence de pied en terre champenoise, pour marquer la clôture des festins. Au fil du temps, il est devenu l'emblème de l'ordre des coteaux de Champagne ! À Paris, deux joyeux drilles amateurs de ce jeu à boire fondèrent dans les années 1920 un restaurant mythique à Montmartre : ainsi, jusqu'il y a peu, on pouvait se rincer la dalle *À la Pomponnette*, rue Lepic.

Boire comme…

POUR DÉSIGNER LES AFFRIOLÉS DU LITRON, RIEN DE MIEUX QUE QUELQUES CROUSTILLANTES COMPARAISONS ! BOIRE *COMME UN SAOULARD* N'A RIEN DE GLORIEUX : ALORS POURQUOI NE PAS BOIRE AVEC PANACHE, COMME AU BON VIEUX TEMPS ?

… un templier

Née au xvie siècle, cette expression charriant un imaginaire historique témoigne de la perfidie des dirigeants de l'époque ! Le roi Philippe le Bel, fameux pour avoir convoité le magot de cet ordre secret, et son infâme chancelier Guillaume de Nogaret n'hésitaient pas à présenter les protecteurs du temple comme des ivrognes au blasphème facile pour les discréditer.

… un Polonais

Cette expression d'allure raciste est en réalité très flatteuse à l'égard des Polonais ! Elle fait référence à un épisode des guerres napoléoniennes. En 1808, pendant la campagne d'Espagne, un assaut final doit être donné à 1 500 mètres d'altitude. Un régiment d'élite polonais se démarque pendant le combat ; après la victoire, les généraux français font paraître devant l'Empereur ces combattants au triomphe modeste, qui avouent avoir bu avant l'attaque pour se donner du courage. Le petit Corse aurait alors déclaré au reste de son auditoire : « La prochaine fois, sachez être soûls comme des Polonais. » Car *boire comme un Polonais*, c'est parvenir à écluser le coup en gardant flegme et maîtrise !

… UN HUSSARD

Autre souvenir des guerres impériales, l'expression *boire comme un hussard* rend plutôt hommage à la vie de patachon de ces cavaliers de brigades légères. Sapés comme jamais et promis à une mort imminente, les hussards baladaient leurs petites tresses dans les auberges où ils menaient grand tapage et s'ingéniaient à boire à l'œil ! De même sens est l'expression non moins exotique *boire comme un cosaque*, qui fait référence au siège de Paris de 1814 par les Prussiens : voyant arriver ces hordes de Slaves assoiffés, le père Lathuille de la place du Tertre ordonna aux soldats français de liquider leurs provisions liquides, car ce sera « toujours ça que les cosaques n'auront pas » !

BOIRE EN SUISSE

Apparue à la fin du XIXe siècle, cette expression fait référence aux Helvètes à plusieurs titres ! Pour certains, *boire en suisse* ferait allusion aux mercenaires suisses engagés dans les armées françaises sous l'Ancien Régime, francs buveurs devant l'Éternel. Mais le sens de *boire en suisse* nous éclaire : cette expression désigne en effet le fait de se cacher pour mieux boire seul. Or les Suisses germaniques passaient pour payer chacun leur godet, une pratique de gros radin méprisée par les Français glorifiant la traditionnelle tournée partageuse.

LE BESTIAIRE DU VIN

LE MEILLEUR MOYEN DE PARLER DE LA BIBINE, C'EST DE FOUILLER DANS LES ENTRAILLES POILUES ET PLUMÉES DE LA LANGUE FRANÇAISE. NOS AMIS LES BESTIAUX NOUS APPORTENT UN CHAMP LEXICAL RICHEMENT TOUFFU QUI NE MANQUE PAS DE FLEURIR NOTRE PATOIS.

SAOUL COMME...

Quand on est ivre, on a vite fait d'être comparé à un animal. Le cochon, la vache ou encore la grive chez Rabelais, cet oiseau pilleur de vigne. Pour Zola, les invités de Coupeau (*L'Assommoir*, 1876) sont « saouls comme des tiques », cet acarien qui s'enivre du sang des animaux.

Malheureux celui qu'on accuse d'être *saoul comme un dindon* ! Le comparatif peu reluisant fait référence à un animal connu pour sa crucherie. Ce n'est d'ailleurs pas un hasard s'il *glougloute* quand il crie.

BÊTES ET BÉBÊTES

Les références animales dans la soulographie humaine pourraient bien venir de la mythologie grecque. Par un jour de joli temps, Dionysos, encore enfant, déracine une plante verte en bord de route. Pour éviter qu'elle ne se dessèche à cause de la chaleur, il abrite ce rameau dans l'os d'un oiseau. Mais la plante grandit trop vite ! Il la cache alors dans un os de lion. La plante se développe encore trop rapidement. Il finit par la dissimuler dans un os d'âne. Une fois arrivé à Thèbes, il cultive la plante dans son jardin jusqu'à ce qu'elle lui offre de magnifiques fruits juteux que le bien nommé futur dieu du Vin a la bonne idée de presser pour les donner à boire aux hommes. Il est né le divin vin !

Voilà pourquoi, selon cette légende dionysiaque, on désigne l'ivresse des hommes par les trois stades relatifs à ces abris osseux du rameau originel : les buveurs chantent d'abord comme des oiseaux, puis se sentent forts comme des lions avant d'être bêtes comme des ânes...

SUS AU RENARD !

Le renard a une place de choix dans le glossaire vineux. Le soulard qui dégobille *écorche le renard*, l'animal personnifiant le vomi d'ivrogne, comme le dénonce un dicton provençal : « Les lendemains de fêtes, les poules mangent des renards » (voir « La dégobillade », p. 214). D'ailleurs, on parle aussi de *renard* pour désigner un bouillon dans lequel on a coulé une chopine de vin et qui rappelle donc le vomi du pochard. Bon appétit !

Toutefois, le *renard* est avant tout invoqué pour désigner un vin au goût amer dont l'exhalaison rappelle celle d'une punaise écrasée : on parle alors d'un *goût de queue de renard* ou même d'un *vin foxé* (expression d'outre-Manche puisque *fox* veut dire « renard » dans la langue de Shakespeare). On doit ce parfum douteux à l'anthranilate de méthyle, caractéristique des cépages hybrides américains qui ont été introduits en France après les ravages causés par le phylloxera.

Et le renard ne fait pas que refouler de la couette. On lui prête aussi un amour tendre pour la grappe, comme le raconte la fable de La Fontaine *Le Renard et les Raisins* (1668) dans laquelle l'animal mourant de faim se refuse à ingurgiter des grains pas assez mûrs :

« Ils sont trop verts, dit-il, et bons pour des goujats. »

UN PETIT DERNIER POUR LA ROUTE

MÊME SI ON SAIT BIEN QUE BOIRE UN DERNIER VERRE N'AIDERA PAS À MIEUX TENIR LA ROUTE, LE BUVEUR APPRÉCIE CE *COUP DE L'AMITIÉ*, DIT AUSSI *COUP DE L'ÉTRIER*.

À DADA SUR MON BIDET

L'expression *boire le coup de l'étrier* dérive d'une autre plus ancienne : *boire le vin de l'étrier,* altier souvenir des temps jadis, où la cavalerie buvait *le verre de l'amitié* à dos de canasson. Et pour ce qui est de la botte, elle est citée dans les *Lettres historiques et galantes* de la journaliste Madame Dunoyer, qui couvrit le traité d'Utrecht en 1713. Elle y raconte qu'un certain marquis de Léri, envoyé à Cologne pour négociation, « triompha des Allemands le verre à la main ». Déclaré vainqueur, on lui proposa, lorsqu'il monta sur son cheval, de *boire le vin de l'étrier.* Il soutint alors que celui-ci devait se boire dans une botte ; la sienne fut conservée longtemps à l'hôtel de ville de Cologne.

PROPOSER LA BOTTE

Le *coup de l'étrier* serait celui qu'offrit en 1625 le maréchal de Bassompierre, ambassadeur en Suisse, aux députés des treize cantons. Avant de les quitter après un copieux banquet, il refusa le dernier verre tendu par ses invités et se fit ôter une de ses grandes bottes à entonnoir de voyage. Le diplomate la fit remplir de vin par son échanson et, selon les versions, la vida à la santé des treize députés, ou la fit passer à tous ses commensaux. Ces soirées étaient évidemment réputées pour le bon goût du maître de maison.

La démarrante
La dernière tournée, souvent offerte par les tauliers désireux de vider les clients cramponnés au zinc.

Le der des ders
Avec son nom guerrier, il est censé mettre fin aux hostilités… Censé seulement.

À DÉFAUT DE TROUVER UNE BOTTE POUR LE BOIRE, PAS QUESTION DE REFUSER LE DERNIER VERRE, QUI BÉNÉFICIE D'UNE FOULE DE PETITS NOMS.

Le coup de pied au cul
Cette énergique locution désigne sans ambiguïté l'ultime godet qu'on siffle avant de se séparer.

La consolante
Tournée gratos offerte par le patron de bistrot afin de consoler le gros chagrin des clients forcés de *faire tintin ballon* (ne plus boire d'alcool).

« DÉSOLÉ POUR HIER SOIR »

BONJOUR TRISTESSE ! JE SUIS *SAOUL À CHARMER MES POUX*. DIEU MERCI, LES EXPRESSIONS POUR TRADUIRE DANS QUEL ÉTAT J'ERRE NE MANQUENT PAS.

ÊTRE IVRE

- SE NOIRCIR COMME UNE PELLE À FEU
- ÊTRE BEAU COMME UN SOLEIL
- METTRE SES POMPES À BASCULE
- AVOIR DES LUNETTES EN PEAU DE SAUCISSON
- SE GOUDRONNER LE VESTIBULE
- PORTER SON CASQUE À PLUMES
- SE RINCER LA CLOISON
- ÊTRE BOURRÉ COMME UNE DANSE AUVERGNATE
- AVOIR CHAUD AUX PLUMES
- SE CRAMER LE BURLINGUE
- ÊTRE BLINDÉ JUSQU'À LA QUINZIÈME CAPUCINE
- TENIR (OU PRENDRE) UNE BITURE
- ÊTRE FAIT COMME UN RAT
- ÊTRE SAOUL À CHARMER SES PUCES (OU SES POUX)
- CHARGER LA MULE
- RAMASSER UNE BEURRÉE
- PRENDRE UNE CAISSE
- ÊTRE BEURRÉ COMME...
  - ... UN PETIT LU
  - ... UNE HUÎTRE
  - ... UN PLAT DE MOULES AU GRATIN
  - ... UNE QUICHE
  - ... UNE TARTINE
- ÊTRE ROND COMME...
  - ... UN BOULON
  - ... UN PETIT POIS
  - ... UNE QUEUE DE PELLE
  - ... UN BOUDIN

TENIR OU PRENDRE UNE BITURE

Symbole phallique par excellence, la bitte d'amarrage est aussi l'ancrage du marin. Quand les bateaux entraient au port, on disait que les marins *prenaient biture*. Hardi petit, c'était parti pour courir la gueuse, tanguer dans les rades et prendre son compte de bitures, par Neptune !

ÊTRE BLINDÉ JUSQU'À LA QUINZIÈME CAPUCINE

Aussi truculente que désuète, cette expression fait référence à une pièce en forme d'anneau, la capucine, qui assujettit le canon au bois sur les fusils. Quand on en est à la quinzième, c'est qu'on a fait plus que le plein !

C'ÉTAIT LE VERRE DE TROP

Avis aux amateurs de cuites inspirées, voici l'occasion d'en pondre une pas piquée des hannetons en vue de la prochaine pétée du week-end ! Et d'avoir mille et une façons de le dire.

- *Se lustrer...*
- *S'allumer...*
- *Se poivrer...*
- *Se pistacher...*
- *Se démâter...*
- *S'avoiner...*
- *Éponger...*
- *Raccourcir...*
- *Balancer...*
- *Se calfater...*
- *Se buriner...*

- *... le paletot*
- *... les feux de croisement*
- *... la myrtille*
- *... le moulin*
- *... les bajoues*
- *... le foie*
- *... les chicots*
- *... la tulipe*
- *... la violette*
- *... les endosses*
- *... le calcif*
- *... comme un cap-hornier*
- *... l'échine*

AVOIR LA GUEULE DE BOIS

DEPUIS TOUJOURS, L'ÊTRE QUI A FESTOYÉ SANS SE SOUCIER NI DE SON FOIE NI DU FUTUR EST EN PROIE, DÈS LE LENDEMAIN, À UNE DOULEUR QUI PEUT CONFINER À L'ATROCE. DEPUIS QUE LE VIN COULE DANS LES COUPES, ON SUBIT SES EFFETS EN SE PROMETTANT QUE C'EST BIEN LA DERNIÈRE FOIS.

QUOI, MA GUEULE ?

À l'origine, l'expression *gueule de bois* découle d'un constat pas très glorieux : apparue à la fin du XVIIIe siècle, elle décrit le triste état qui succède à la cuite. Car la *gueule* dérive du latin *gula,* « gosier », et elle est dite *de bois* en référence à la raideur de la langue desséchée, mais aussi à la dureté ressentie à l'intérieur du crâne.

Par plaisanterie, ce mal est parfois désigné – par nos amis québécois et belges – *xylostomiase,* terme faussement hérité du grec ancien *xylo,* « bois », et *stomia,* « bouche ».

TRISTE COMME UN LENDEMAIN DE FÊTE

Expression sylvestre, *gueule de bois* n'est pas seulement associée à l'univers de l'alcool : on peut ainsi parler de *gueule de bois post-électorale* lorsque la bruyante euphorie fait place à une sombre désillusion.

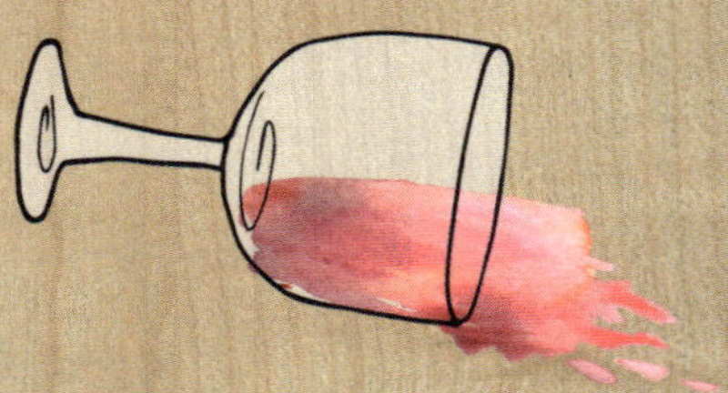

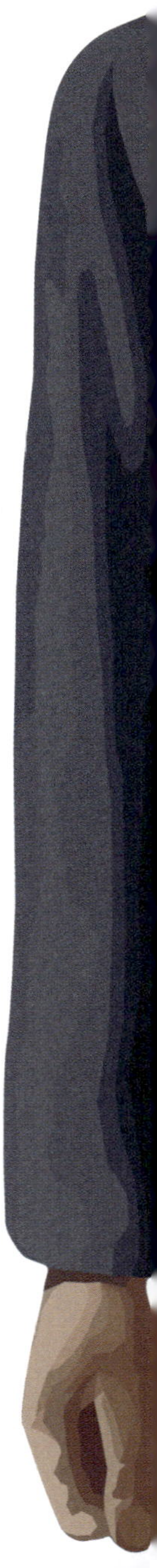

Y'EN A DANS LA CABOCHE

Cet état d'hébétude douloureuse pousse à l'autoflagellation, mais aussi à une certaine créativité langagière ! On dit ainsi :

Avoir le casque à pointe

Avoir la gueule de sapin

Avoir du ramdam sous la coiffe

Être dans le coaltar

Avoir la cervelle en terrine

Avoir la tirelire en palissandre

Être pâle des genoux

Avoir mal aux cheveux

Avoir les crins en fil de fer

Avoir la casquette plombée

LA DÉGOBILLADE

AH ÇA, QU'IL EST BON DE PRENDRE ! MAIS N'OUBLIONS PAS QU'APRÈS IL FAUT RENDRE. TOUTES CES FORMULATIONS DÉSIGNENT LE FAIT DE RENDRE L'ALCOOL, QUI N'EST JAMAIS QUE PRÊTÉ.

RUSÉ RENARD

Membre d'une fratrie au museau roux, le verbe pas franchement ragoûtant *dégobiller* apparaît vers 1600 ; il est cousin du verbe *dégoupiller*, soit « faire gicler l'eau bénite hors du goupillon ». Au Moyen Âge, le *goupillon* est fabriqué en queue de goupil, d'après le nom médiéval du *renard* dont il tire son nom. De cette origine forestière découlent tous les idiotismes associant régurgitation et malin des bois : on dit ainsi qu'*on écorche le renard* ou même qu'on *renarde*. Certains vins issus de cépages hybrides spécifiques sont dits *foxés*, c'est-à-dire qu'ils exhalent un parfum oscillant entre la punaise écrasée et le renard, *fox* en anglais (voir « Le bestiaire du vin », p. 206).

LES PÂTISSIERS

Pour rendre plus imagé le fait de rendre tripes et boyaux, les Provençaux parlent de *quicher*, tandis que certains préfèrent *poser une galette*.

AVOIR LA GERBE

Cette *gerbe*-là n'est pas faite de blé, et elle donne sacrément la nausée. On peut néanmoins supposer que la forme énergique d'un boisseau de blé ait inspiré cette gerbe qu'on ne rêve nullement de se voir offrir ! Pudique, le verlan privilégie la forme *béger*.

JETER DU CŒUR SUR LE CARREAU

Dans les *Mémoires de Vidocq* (1828), le *cave* qui n'entrave pas l'argot lit avec un délicieux frisson ces lignes :

« Tandis que Gaffré et ses complices me croyaient encore au cinquième, occupé de mettre du cœur sur le carreau, j'étais dans la rue. »

Semblable à une figure de belote, cette expression encore fort prisée des blousons noirs dans les années 1980 est tombée en désuétude.

COMPTER SES CHEMISES

Dans un article du *Canard enchaîné* d'octobre 1985, on peut lire cette formule imagée :

« Sur le Greenpeace*, il n'a pas cessé d'avoir le mal de mer et de compter ses chemises comme on dit dans l'argot de la Royal. »*

Que voulez-vous, les marins aussi ont la tripe fragile face aux éléments ! En argot terrestre, on parle également de *compter* ou *déballer son linge*.

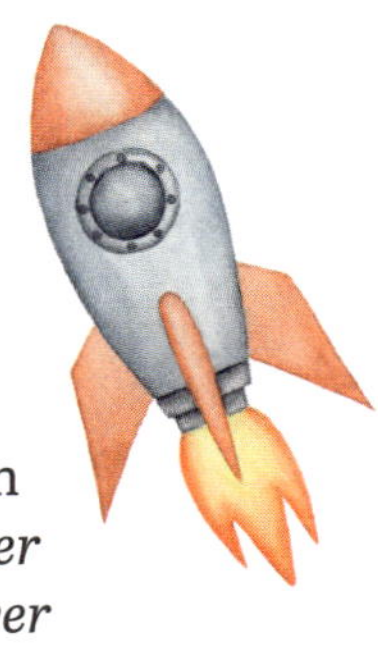

LES INVENTIFS

L'argot rétro est fortiche pour inventer de récréatives parades aux expressions bien connues, avec le viril *bousculer du porte-pipe*, le spatial *envoyer des fusées rouges* et le très détox *se dégarnir le buffet*.

VIN

MÉTIERS D'AVENIR ?

QU'ILS AIENT DISPARU, RÉSISTÉ OU TOUJOURS ÉTÉ RELATIVEMENT LOUFOQUES, RETOUR SUR QUELQUES MÉTIERS DU VIN, DU MOYEN ÂGE AUX ANNÉES 2020 !

LES OUBLIÉS

Le crieur de vin
À une époque où les annonceurs publicitaires ne sévissaient pas encore dans les pages des canards locaux, il était de bon ton de hurler les louanges d'un vin à la cantonade. C'est ainsi que naissent les premiers *crieurs*, qui s'uniront sous Philippe Ier afin de former un office. S'installant aux carrefours avec coupes et brocs, les badauds se risquaient à goûter les picrates de divers taverniers – à condition que le crieur les ait préalablement tirés et goûtés !

Le courtier piqueur de vin
La fraude n'a pas attendu l'ère numérique pour faire des ravages. Dès l'Antiquité, on falsifiait déjà à tour de bras, avec de petits malins utilisant divers moyens pour colorer le vin (voir « C'est de la triche ! », p. 66 et « Fraude qui peut ! », p. 148). Des procédés fautifs qui se répandent largement au XIXe siècle, nécessitant la création d'une profession jusqu'alors inconnue, celle des *courtiers piqueurs*, née sous le règne de Louis IX, dit Saint Louis. Soit une clique de goûteurs intègres munis à l'époque d'un tastevin – ou tasse de dégustation – et chargés de juger la loyauté d'une cuvée avant sa mise en marché.

LES RESCAPÉS

Le bouilleur ambulant
Autrefois, chaque village bourguignon avait son propre *bouilleur*, passant de hameau en bourgade, muni de son bel alambic, afin de transformer de juteux fruits en exquises eaux-de-vie. Attention à ne pas le confondre avec le *bouilleur de cru*, qui distille à domicile ses propres récoltes, disposant d'un privilège d'absence de taxation remontant à Napoléon Ier.
Hélas, ces parangons de l'itinérance ne sont aujourd'hui plus qu'une dizaine sur tout le territoire, notamment en Champagne et en Bourgogne, et participent au retour en grâce de marcs et fines, ces divines eaux-de-vie de raisin, injustement tombées dans l'oubli…

L'antiquaire de liqueurs
S'il en existe aujourd'hui moins d'une poignée, c'est qu'il s'agit là d'un métier demandant d'étonnantes capacités, à commencer par celle de pouvoir passer sa vie à battre villes et campagnes à la recherche de flacons du siècle dernier. Parfois aiguillé par quelques émissaires bien renseignés, l'*antiquaire de liqueurs* sillonne l'Hexagone afin d'explorer les caves de bistrots endormis, et d'expertiser celles d'héritiers ne sachant que faire des vieilles chartreuses de leurs aïeux…

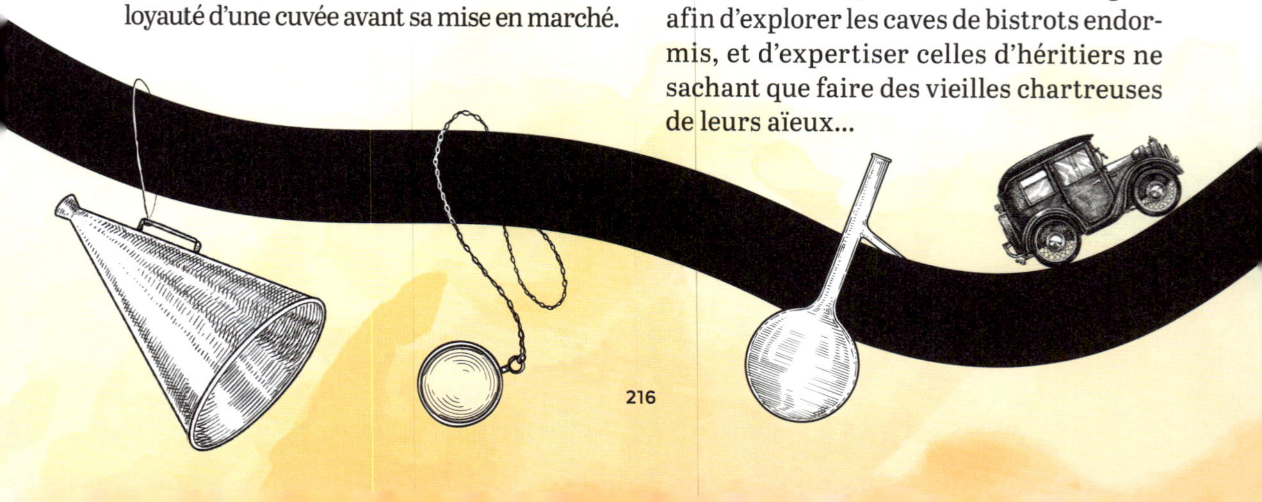

LES IRRÉDUCTIBLES ET LES NOUVEAUX

Le nez
Au-delà des œnologues-consultants, il existe quelques électrons libres reconvertis dans le conseil en assemblage de vins auprès de prestigieux châteaux. Issus du domaine de la parfumerie de luxe, ces *nez* de compétition, capables de reconnaître et d'associer une palette d'arômes à donner le vertige, cisèlent en amont les futurs vins comme s'il s'agissait de précieux parfums.

Le vigneron 2.0
Si l'on observe dans le vignoble un retour aux méthodes ancestrales, on aurait grand tort de se priver de tous les avantages désormais permis par de rutilantes technologies. Avec un mélange des genres parfois cocasse, puisque labour à cheval et enherbement naturel peuvent aujourd'hui aller de pair avec capteurs parcellaires et autres outils numériques révolutionnaires...

LE VIN VOIT ROUGE

C'EST BIEN JOLI DE PENSER AUX VIGNES, MAIS LE CHOIX DU CONTENU DE NOTRE VERRE A AUSSI UN IMPACT SUR NOTRE DOUCE PLANÈTE. SEULEMENT VOILÀ : CERTAINS ONT UNE FÂCHEUSE TENDANCE À RESTER PLUS ACCROCHÉS À LEUR QUILLE QU'À PRÊTER ATTENTION À LEUR EMPREINTE CARBONE.

PETIT POINT EMPREINTE

L'empreinte carbone est une mesure qui permet d'évaluer le volume de dioxyde de carbone que l'on émet dans notre vie de tous les jours par la combustion d'énergies fossiles. Bien pratique comme point de repère, mais pas très rassurant.
Un Français a une empreinte moyenne de 12 tonnes d'équivalent carbone par an. Or si l'on veut respecter l'accord de Paris de 2015 et rester en dessous d'un réchauffement global de 1,5 degré Celsius par rapport à l'ère préindustrielle, il nous faut limiter cette empreinte carbone à 2 tonnes par an. Il est donc plus que temps de changer nos vilaines habitudes, jusque dans notre ballon de vin.

LE VIN VERT

Attention, n'allez pas vous encanailler à boire du *vin vert*. Il n'a rien de bon ni pour la planète ni pour votre gosier, puisqu'il désigne un vin trop jeune. À ne pas confondre avec le *vinho verde*, nectar portugais apprécié justement dans sa prime jeunesse.

LE VERRE DE BOUTEILLE, CE LOURDAUD

On dit souvent que le verre est un matériau recyclable à l'infini, et c'est vrai. Ceci étant dit, ce procédé consomme beaucoup d'énergie et omet une variable non négligeable : son poids. Plus le poids est important, plus il va alourdir son empreinte carbone lors du transport. On estime qu'une bouteille de 75 centilitres, de sa fabrication à sa consommation, représente environ 1,5 kilogrammes d'équivalent carbone (c'est autant qu'un trajet de 6 kilomètres en voiture, mais avec une voiture très moche du genre Fiat Multipla). Seule solution pour parer à cet embonpoint, le cubi ! Voilà encore une bonne raison de l'aimer (voir « ... pourvu qu'on ait l'ivresse » et notre déclaration d'amour pleine de volupté pour le cubi, p. 98). Quant aux bouteilles de champagne, c'est pire ! Leur poids est deux fois plus important que celui des bouteilles classiques. C'est bien beau d'avoir des bulles, mais ça n'allège en rien l'empreinte carbone.

LA BITURE AU VIN NATURE

De nombreux buveurs consciencieux revendiquent leur engagement en faveur de la préservation du climat en se donnant pour ligne de conduite de consommer du vin nature en grande quantité. Grand bien leur fasse ! Le vin nature a le mérite de pousser le bouchon (en liège) un peu plus loin que le vin bio (tellement loin qu'il ne peut généralement entrer dans aucune certification bio). N'oubliez pas à ce sujet que le vin labellisé bio n'existe que depuis 2012. Avant cette date, seuls les raisins étaient certifiés bios. Gardez juste en tête que plus un vin respecte des critères bios, de faible rendement et dans le cadre d'une agriculture raisonnée, plus vous gagnez des points de karma pour aller au paradis des écolos.

EAU SECOURS !

ON NE LIT PAS ENCORE L'AVENIR DANS LE MARC DE GODET, MAIS LE GOÛT DU VIN RISQUE BIEN DE CHANGER DANS LES ANNÉES À VENIR… PIRE ENCORE, LA PRODUCTION DE VIN POURRAIT ÊTRE MISE SUR LA SELLETTE À CAUSE DU RÉCHAUFFEMENT CLIMATIQUE ET DE TOUT LE TINTOUIN.

LE PINARD DANS LA TOURMENTE CLIMATIQUE

Comme toutes les belles plantes, la vigne a besoin qu'on la nourrisse. De l'eau avec parcimonie (ou qui de droit), de la chaleur (mais pas de sécheresse) et beaucoup d'amour (parce qu'on n'est pas des sauvages) ne sont pas de trop pour laisser fleurir le germe. Nonobstant, avec un thermomètre qui grimpe et grimpe encore, on a toutes les chances de frôler la bérézina dans cette affaire de cépage ; les vignerons au front sont déjà obligés de s'adapter.

NOËL AU BALCON, PÂQUES AU TISON !

C'est bien joli un hiver à 10 degrés Celsius, mais ça perturbe les vignes. Pas fût-fût du tonneau, elles se disent qu'avec une température si douce, il serait bien temps de bourgeonner. Les voilà qui fleurissent bêtement sans qu'on les ait sonnées ! On se retrouve alors en mars avec des bourgeons éclatés aussi fragiles que de petits moineaux sortis du nid. Là-dessus, on leur flanque un grand gel printanier. Cet épisode météorologique, de plus en plus fréquent ces dernières années, décime toute la récolte. « En avril ne te découvre pas d'un fil », qu'ils disaient ! À cela, on ajoute des épisodes de pluie plus réguliers à des périodes indues de l'année, qui rendent les vignes malades. À ce rythme-là, on pourrait voir disparaître la moitié du vignoble mondial d'ici 2050, et ce serait la fin des haricots. Enfin, la fin du raisin surtout.

ALERTE ROUGE POUR NOS PAPILLES

Ces aléas ont des conséquences déjà visibles : l'avancée des vendanges qui se produisent trois semaines plus tôt qu'en 1990, et la modification du goût du vin. Moins acide, plus sucré et surtout plus riche en alcool. En 2015, le taux d'alcool des quilles culminait à 15 degrés contre 10 en moyenne dans les années 1980. En outre, sa conservation est moins bonne et la qualité en prend un coup. Bref, les changements climatiques en cours nous mettent tout droit sur le chemin de la piquette, bien que les vins ne soient pas tous impactés de la même façon. Le rouge semble en effet tirer son épingle du jeu et profite (pour le moment) de ces excès de chaleur qui lui permettent d'éviter sa chaptalisation (voir « Profession : œnologue », p. 68), tandis que le vin blanc et le rosé prennent cher.

ON NE PASSE PAS ENTRE LES GOUTTES !

Bas les pattes, arroseurs audacieux ! L'irrigation des vignes en France ne se fait pas à la légère puisqu'elle est interdite entre la période de maturation des fruits (au plus tard le 15 août) et la récolte. En effet, une vigne n'a, en principe, presque pas besoin d'eau en plus de celle de la pluie. Mais ces restrictions ne sont pas évidentes à suivre quand la météo part en sucette.

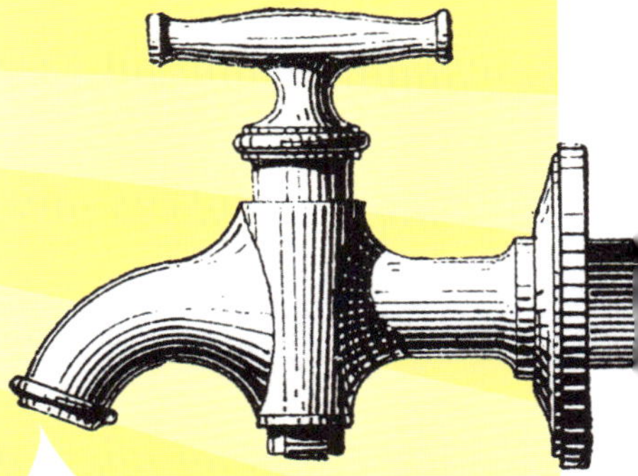

UN NOUVEAU MONDE

De nouvelles régions viticoles pourraient bien voir le jour comme en Breizh. En espérant qu'en Bretagne il (ne) continue de pleuvoir (que) sur les cons, plutôt que sur les vignerons.

Nouvelles façons de boire les choses

ASSEZ PARLÉ, IL EST GRAND TEMPS DE SE PENCHER SANS S'ÉPANCHER SUR LES DOUCES RÉVOLUTIONS À L'ŒUVRE DANS UN MONDE DU VIN EN PLEINE TRANSFORMATION.

Le bon vin rebondit

À l'heure où l'on écrit ces lignes, le Bordelais sort doucement de la crise. Le Beaujolais est remonté dans les sondages. La Bourgogne et le Jura coûtent un rognon, la Savoie décolle, l'Auvergne affriole et le Muscadet réjouit. Depuis plus d'un demi-siècle, le *bon* vin est le produit en croix d'une somme de critères objectifs rassemblés sur une grille organoleptique (ensemble de critères, allant de l'odeur au goût en passant par la texture).

Mais on assiste actuellement au grand retour d'une viticulture plus respectueuse des sols et du vivant, à l'origine de ces vins dits *nature* qui déchaînent tant de passions. Résultat, on trinque à la mise à mort des appellations, on rend ses lettres de noblesse à une appellation *vin de France* qui permet une plus grande liberté là où les cahiers des charges des appellations sont devenus des cotes mal taillées, et l'on s'aligne sur l'esprit des coiffeurs en matière de noms de cuvées. Enfin, l'éternel conflit de générations semble prendre la bonne direction : alors que de plus en plus de vignerons en reviennent aux méthodes de leurs aïeux, jamais le vin n'a été aussi bon qu'à l'époque où nous vivons... et tant mieux !

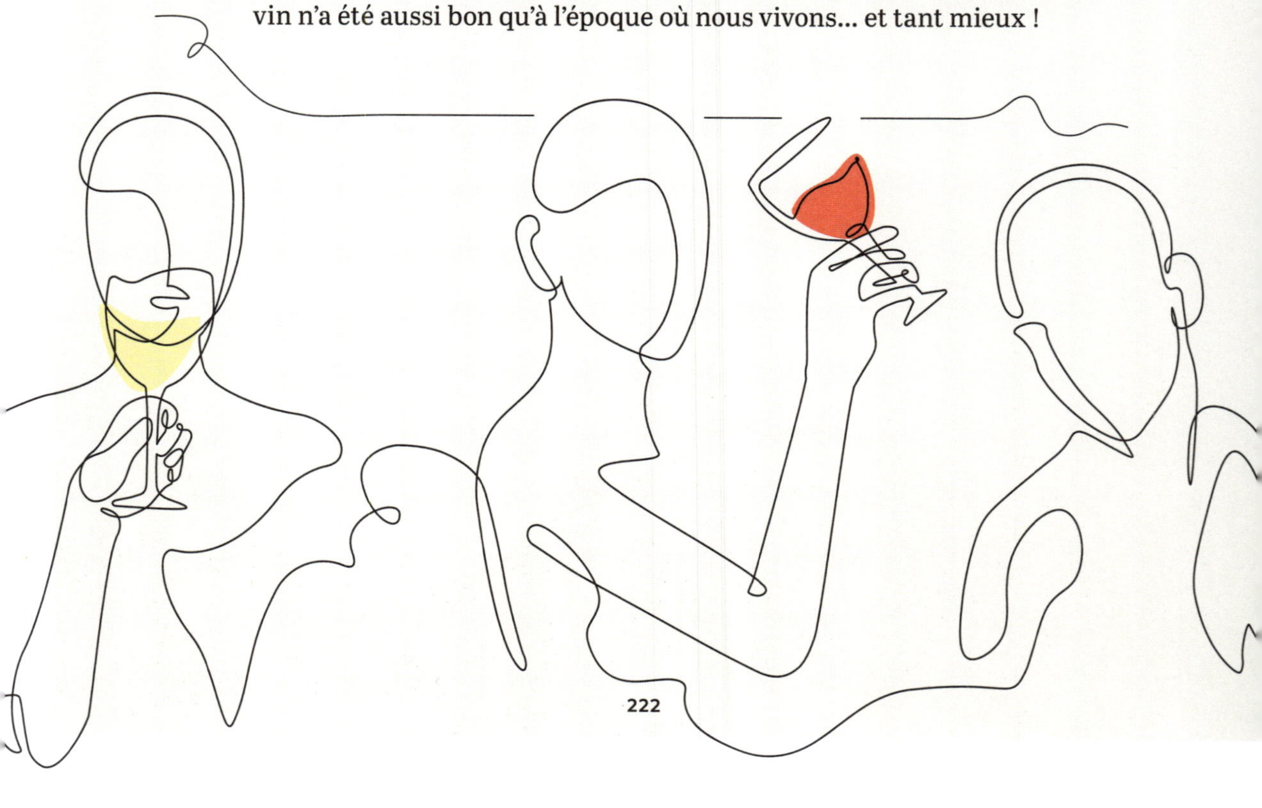

Nouveaux lieux du bien boire

À l'heure où les *rades* ferment en farandoles, où va-t-on pour boire un canon ? Si l'on comptait plus de 500 000 *troquets* en France au début du XXe siècle, on en dénombre aujourd'hui à peine 35 000. En cause, l'exode rural, l'évolution des mentalités et la ruée dans les supermarchés, qui peu à peu sont venus plomber la plus ou moins festive fréquentation des débits de boissons. En ville, aux plus traditionnels *bistrots* où l'on venait siffler un petit ballon au comptoir et aux *tables étoilées* où l'on sirote de moins en moins le petit doigt levé, on préfère désormais *bars à vin* et *caves à manger*, tenants d'une nouvelle façon de consommer, de parler, de voir, et donc de boire les choses.

LE FOND DE LA BOUTEILLE

À DÉGUSTER DANS CETTE PARTIE

Vin mille lieues sous les verres
(roman photo)

BOIRE DU VIN EST UNE DISCIPLINE GOULEYANTE À LA PORTÉE DU PREMIER PALAIS VENU. EN PARLER, C'EST UNE TOUTE AUTRE AFFAIRE ! VOTRE TRIO D'AUTRICES, ACCRO AUX LIQUEURS ET PASTIS, S'EST DONNÉ CORPS ET ÂME POUR ÉLABORER CET OUVRAGE DE BONNE SOIF. AU FIL DE DISCUSSIONS, DE RENCONTRES ET DE DÉGUSTATIONS, LEVONS ENFIN LE VIN DE VOILE SUR QUELQUES COCASSES SITUATIONS.

La connaisseuse amphigourique

Elle en connaît un rayon, pour sûr ! Mais son savoir ampoulé a plutôt tendance à nous courir sur le goulot. Assez parlé, buvons !

La dégustation à l'aveugle ratée

Celle-ci aimerait bien passer pour une goûteuse raffinée.
Malheur à l'erreur de diagnostic qui lui ferait perdre la face !

Écrire un livre sur le vin

Par plaisir ou par obligation, qu'il pleuve, qu'il vente, qu'il canicule ou qu'il neige, le verre de vin est un pilier incontournable.

Ce que mes parents pensent que je fais.

Ce que mes amis pensent que je fais.

Ce que ma maison d'édition pense que je fais.

Ce que je fais vraiment.

ÉPILOGUE : UNE DERNIÈRE RASADE

Finalement, qu'est-ce qu'un bon vin ?
Un moment dont on se souvient.

Après tout, peu importe qu'il soit estampillé ou non d'un quelconque label. Même privé de tout repère, on rattache le vin à une émotion, à une personne, à une atmosphère. Dans la douce euphorie des premières gorgées, on prend soudainement conscience du caractère miraculeux de ce breuvage qui vient de parcourir l'équivalent d'un 800 mètres haies avec une jambe en mousse, bravant la météo, les maladies, les vendanges, et ce long processus de vinification durant lequel le moindre pas de côté peut tout faire basculer dans le vinaigrier.
Alors, à l'heure d'en finir avec ces belles paroles et autres anecdotes vitivinicoles, nous espérons que vous savez, désormais, faire la différence entre merlot et chardonnay. Et que quelques mois plus tard, en feuilletant quelques pages au hasard, vous y découvrirez encore quelques expressions passées sous vos radars.
Si parler du vin n'est pas un acte anodin, il faut savoir aussi s'en amuser, et s'autoriser quelques contre-vérités. Surtout avec un petit coup dans le nez.

MERCI

Merci à la fougueuse équipe des éditions Le Robert qui a allègrement gouloté le sujet de concert avec nous : un immense bravo à la pétulante Bérengère Baucher et à la magistrale Charlotte Lebot, qui nous ont guidées à travers un labyrinthe semé de ceps de vigne avec un flair d'œnologues averties !

Un grand merci à mon taulier Jérôme Bonnin sans qui je ne serais rien, aux nectars de la famille Lang et à leurs bacchanales dans les vignes, à Simon-la-Cave, à *L'Argot du bistrot* de Bob Giraud qui n'est pas « le frère à dégueulasse » et à Tristan, le plus perlant des amoureux.

M.R.

Merci à Goulven Le Polles pour ses relectures avisées et ses conseils avinés, à Romain Jubert et Alexandra Michot pour leur soutien indéfectible, à Emmanuel Clerc pour sa patience angélique, à Pierre Desproges pour ses inspirations d'outre-tombe.

A.D.

Merci à tous les soiffards qui épaulent joyeusement mon ivresse depuis tant d'années. Merci à Balek mon chat, pour son écoute. Et surtout merci à Julien G., le liège de mon bouchon.

L.P.

LE GLOSSAIRE DU VIN NATURE

BIODYNAMIE n. f. • Méthode d'agriculture n'utilisant ni pesticides ni engrais chimiques et tenant compte du rythme des saisons et de la nature. La biodynamie a recours à des solutions réputées pour permettre une meilleure croissance des végétaux ou des animaux « dynamisés », tout en les protégeant contre les diverses maladies. Les moments où ces préparations sont appliquées sont liés au cycle lunaire, à la position des constellations ou du soleil.

INTRANT (BIOLOGIQUE) n. m. • Organisme vivant ou élément d'origine biologique, par opposition aux éléments d'origine chimique de synthèse ou minérale, à la vigne ou au chai, dans le but d'optimiser une production.

LEVURES EXOGÈNES n. f. pl. • Levures qui ne proviennent pas naturellement du terroir, mais qui sont achetées à l'extérieur et ajoutées afin de réaliser la fermentation.

LEVURES INDIGÈNES n. f. pl. • Champignons microscopiques présents naturellement dans le sol des vignobles et sur le raisin, et permettant la fermentation alcoolique.

MACÉRATION n. f. • Contact prolongé du moût avec les parties solides du raisin.

OXYDATION n. f. • Réaction chimique impliquant le transfert d'électrons au contact de l'oxygène contenu dans l'air. La rouille est ainsi le résultat de l'oxydation du fer. Et le vinaigre le stade ultime de l'oxydation du vin.

PERLANT adj. • Se dit d'un vin dégageant de petites bulles de gaz carbonique.

PINOTER verbe • Expression désignant un vin dont les caractéristiques font penser au vénérable pinot noir bourguignon : robe claire, nez frais de fruits rouges, belle acidité, arômes floraux de violette...

RÉDUCTION n. f. • Réaction inverse à l'oxydation. Phénomène chimique que l'on rencontre lorsque le vin est conservé à l'abri de l'air et n'est plus en contact avec l'oxygène.

SOUFRE (DIOXYDE DE) OU SULFITE n. m. • Additif alimentaire antioxydant et antimicrobien permettant de réguler le phénomène d'oxydation, de contrôler la fermentation et de stabiliser le vin au moment de la mise en bouteilles.

SOURIS n. f. • D'origine microbienne, la souris est un défaut impossible à détecter au nez, qui surgit lorsque le PH augmente et que l'acidité diminue.

VOLATILE (ACIDITÉ) adj. • Désigne les acides d'un vin en mesure de s'évaporer. La principale substance de l'acidité volatile est l'acide acétique, autrement dit le vinaigre. Naturellement présente dans tous les vins, son excès peut vite en faire un sacré défaut.

LE TOUT PETIT ROBERT DU VIN

APPELLATION (D'ORIGINE) n. f. • Désignation d'un produit par le nom du lieu où il a été récolté ou fabriqué. *Vin d'appellation d'origine contrôlée (AOC). Appellation d'origine protégée (AOP), protégée par l'Union européenne.*

ASSEMBLAGE n. m. • Assemblage de vins (de Champagne), mélange permettant d'obtenir une cuvée homogène.

BOUQUET n. m. • Ensemble des arômes perçus lors de l'examen olfactif (d'un vin, d'une liqueur). *Ce vin a du bouquet.*

CAPSULE-CONGÉ n. f. • Capsule que l'on appose sur les bouteilles de vin et d'alcool, portant l'attestation du paiement des taxes fiscales.

Les mentions affichées par la capsule-congé peuvent guider les consommatrices et consommateurs de vin :

- La couleur (vert, bleu, orange, rouge lie-de-vin) permet de distinguer le niveau d'appellation et le type d'alcool.
- Les chiffres indiquent le(s) département(s) du producteur ou de l'embouteilleur.
- Les lettres précisent qui a mis le vin en bouteilles : la lettre R si le vin provient d'un *récoltant* (le producteur a fait toutes les actions de la récolte à la mise en bouteilles), N s'il s'agit d'un *non-récoltant* ou d'un *négociant* (le vin n'a pas été récolté par l'embouteilleur, il peut provenir de plusieurs récoltants) et E si le vin vient d'un *entrepositaire* (le vin a été racheté par une marque ou une maison pour être commercialisé en son nom).

CÉPAGE n. m. • Variété de plant de vigne cultivée.

CHÂTEAU n. m. • Propriété productrice de vins (qu'il y ait ou non un château). *Château-Margaux, Château-Yquem.*

CONTRE-ÉTIQUETTE n. f. • Étiquette placée sur une bouteille du côté opposé à l'étiquette principale (étiquette « de corps »). *Des contre-étiquettes.*

CRU n. m. • Ce qui croît dans une région ; la région elle-même. • Vignoble. *Les grands crus de France. Crus classés du Bordelais. Vin de cru, qui provient d'un seul vignoble.* • Vin produit par un terroir déterminé. *Servir un grand cru. Bouilleur de cru.*

CUVE n. f. • Grand récipient de bois ou de maçonnerie utilisé pour la fermentation du raisin. *Cuve à vin. Retirer le moût des cuves.*

MILLÉSIME n. m. • Date de la récolte du raisin qui a servi à la fabrication (d'un vin de cru). *1947 est un grand millésime pour les bordeaux rouges.*

NEZ n. m. • Arômes perçus lors de l'examen olfactif de la dégustation. *Nez complexe, aromatique, boisé. Nez floral avec des notes d'agrumes.*

RAFLE n. f. • Ensemble du pédoncule et des pédicelles d'une grappe (de raisin, de groseille...) ; grappe sans ses grains.

ROBE n. f. • Couleur du vin. *Vin à la robe profonde.*

TANIN n. m. • Tanin du vin, présent dans le vin rouge, provenant des pépins et des rafles du raisin. (On trouve aussi *tannin.*)

TERROIR n. m. • Sol apte à la culture d'un vin. *Terroir produisant un grand cru. Vin qui a un goût de terroir,* un goût particulier tenant à la nature du sol où pousse la vigne.

VENDANGE n. f. • 1 Fait de cueillir et de rassembler les raisins mûrs pour la fabrication du vin. Commencer, faire la vendange, les vendanges. • *Les vendanges : l'époque des vendanges, en automne.* 2 Raisin récolté pour faire le vin. *Fouler, presser la vendange.*

VIEILLISSEMENT n. m. • Processus, naturel ou provoqué, par lequel les vins se modifient, acquièrent leur bouquet. *Vieillissement forcé.*

VIGNOBLE n. m. • Ensemble des vignes d'une région, d'un pays. *Le vignoble bordelais, champenois ; français, italien.*

VINIFICATION n. f. • Tout procédé par lequel le jus de raisin (moût) est transformé en vin. Sous-produits de vinification : marcs, lies, tartres. *Spécialiste de la vinification (ou vinificateur, vinificatrice).*

BIBLIOGRAPHIE

ARGOD-DUTARD Françoise (dir.), CHARVET Pascal, LAVAUD Sandrine, *Voyage au pays du vin : histoire, anthologie et dictionnaire*, Robert Laffont, 2007.

AUGEREAU Sylvie, *Le Vin par ceux qui le font pour ceux qui le boivent*, Gallimard/Hoëbeke, [2018] 2021.

Bob, dictionnaire d'argot de français familier et populaire, disponible en ligne : https://www.languefrancaise.net/

BRUNET Paul, *Le Vin et les vins au restaurant*, BPI, 2015.

CAMPO Élodie, LAGORCE Stéphane, *Le Grand Précis des vins au naturel*, Homos Habilis, 2021.

CARIBASSA François, *Qu'est-ce que boire ?*, Menu Fretin, 2017.

CHAUVET Jules, *L'Esthétique du vin*, Les éditions de l'épure, 2020.

COURTOIS Martine, *Les Mots du vin et de l'ivresse*, Belin, 1984.

DUNETON Claude, *La Puce à l'oreille : anthologie des expressions populaires avec leur origine*, Le Livre de Poche, 1978.

FAVIER Jean, « Le Vin de François Villon », *Bulletin de la Société nationale des antiquaires de France*, 1984.

FORSYTH Mark, *Une brève histoire de l'ivresse*, Les éditions du Sonneur, 2020.

GARRIER Gilbert, *Histoire sociale et culturelle du vin*, Larousse, 1995.

GAUBERT-TURPIN Jules, GRANT SMITH BIANCHI Adrien, *La Carte des vins s'il vous plaît*, Marabout, 2018.

GAUBERT-TURPIN Jules, GRANT SMITH BIANCHI Adrien, GARROS Charlie, *La Route des vins s'il vous plaît*, Marabout, 2021.

GIRAUD Robert, *L'Argot du bistrot*, La Petite Vermillon, [1989] 2010.

LACROIX Alexandre, *Se noyer dans l'alcool ?*, PuF, 2001.

LAPAQUE Sébastien, LEROY Jérôme, *Triomphe de Dionysos, Anthologie de l'ivresse*, Actes Sud, 2008.

LECOUTRE Matthieu, *Le Goût de l'ivresse : une histoire de la boisson en France*, Belin, 2017.

LEFÈVRE Ségolène, *Les Femmes et l'amour du vin*, Gallimard, 2017.

LEGERON Isabelle, *Le Vin nature*, Eyrolles, 2017.

MARGEON Gérard, *Les 100 mots du vin*, PuF, 2018.

NOURRISSON Didier, *Crus et cuites : histoire du buveur*, Perrin, 2013.

NOURRISSON Didier, *Une histoire du vin*, Perrin, 2017.

PITREL Thomas, LE GRAND Victor, *Tournée générale*, Flammarion, 2020.

PRUVOST Jean, *Le Vin*, Champion, 2010.

REY Alain, METOUI Lassaâd, *Pourvu qu'on ait l'ivresse*, Robert Laffont, 2015.

SIMMAT Benoît, CASANAVE Daniel, *L'Incroyable histoire du vin*, Les Arènes, 2018.

TOUSSAINT-SAMAT Maguelonne, *Histoire naturelle et morale de la nourriture*, Le Pérégrinateur, 1987.

INDEX

TABLE DES MATIÈRES

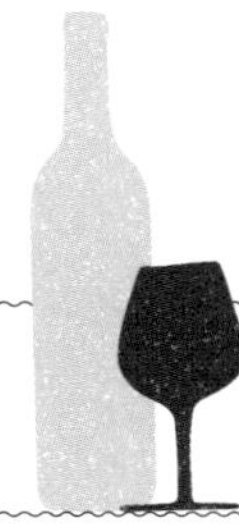

LE B.-A. BOIRE 8

LA GÉOGRAPHIE DU VIN

DES VINS PAR MILLIERS

LA FABRICATION DU VIN

LE VOCABULAIRE DU VIN

DÉCRYPTER LE VIN : COMMENT ACHETER UNE BONNE BOUTEILLE ?

DÉGUSTER LE VIN

CULTURE DE BITURE 158

LE VIN DANS LES ARTS ET LES LETTRES

LA BITURE ET SES TRADITIONS

LE VOCABULAIRE DE LA CUITE

LE VIN DU FUTUR

LE FOND DE LA BOUTEILLE 224

CRÉDITS ICONOGRAPHIQUES

Couverture : © knstartstudio / Shutterstock ; © galyna_p / Adobe Stock ; © Maria Petrish / Shutterstock ; © Marzufello / Shutterstock ; © Afansia / Adobe Stock ; © iralu / Shutterstock ; © Polymath Studio / Shutterstock ; © pics five / Shutterstock ; © masa44 / Shutterstock ; © Ian 2010 / Shutterstock ; © Artkio / Shutterstock.

4 © Marzufello / Shutterstock ; 6 © julymilks / Shutterstock ; 8 © Suzanne d'Hulst ; 10 © Rainer Lesnewski / Shutterstock ; © AlexandrBognat / Shutterstock ; © Klyaksun / Shutterstock ; © Robie Online / Shutterstock ; 11 © Rainer Lesnewski / Shutterstock ; © AlexandrBognat / Shutterstock ; George J / Shutterstock ; © Klyaksun / Shutterstock ; © Robie Online / Shutterstock ; 12 © Rainer Lesnewski / Shutterstock ; © AlexandrBognat / Shutterstock ; © Klyaksun / Shutterstock ; © Robie Online / Shutterstock ; 13 © Rainer Lesnewski / Shutterstock ; © AlexandrBognat / Shutterstock ; George J / Shutterstock ; © Klyaksun / Shutterstock ; © Robie Online / Shutterstock ; 14 © George J / Shutterstock ; © Robie Online / Shutterstock ; 15 © Rainer Lesnewski / Shutterstock ; © AlexandrBognat / Shutterstock ; © Klyaksun / Shutterstock ; © Robie Online / Shutterstock ; 16 © Robie Online / Shutterstock ; 17 © Rainer Lesnewski / Shutterstock ; © AlexandrBognat / Shutterstock ; George J / Shutterstock ; © Klyaksun / Shutterstock ; © Robie Online / Shutterstock ; 18 © MockupSpot / Shutterstock ; © Tatiana Davidova / Shutterstock ; © Morphart Creation / Shutterstock ; 19 © Morphart Creation / Shutterstock ; © Morphart Creation / Shutterstock ; © Tatiana Davidova / Shutterstock ; 20 © nikitos77 / Adobe Stock ; © noarevadi / Adobe Stock ; © barmalini / Adobe Stock ; 21 © WebbiMemo / Shutterstock ; © HADI_TRESNANTAN / Shutterstock ; © kikisora / Adobe Stock ; © Bill Ernest / Adobe Stock ; 22 © asarteaux / Adobe Stock ; © Patrik Stedrak / Adobe Stock ; © Frank Gutierrez / Adobe Stock ; 23 © WebbiMemo / Shutterstock ; © HADI_TRESNANTAN / Shutterstock ; © S Schnaitmann / Shutterstock ; © Frank Gutierrez / Adobe Stock ; 24 © kanchana sukkasem / EyeEm / Adobe Stock ; © barmalini / Adobe Stock ; © Gabrielle / Adobe Stock ; ©michelgrangier / Adobe Stock ; 25 © MM_photos / Shutterstock ; © Julia August / Shutterstock ; © Artem Zarubin / Shutterstock ; 26 © Suzanne d'Hulst ; © Yurlick / Shutterstock ; © grayjay / Shutterstock ; 27 © Yurlick / Shutterstock ; © grayjay / Shutterstock ; 28 © Babich Alexander / Shutterstock ; © YuriyKostin / Shutterstock ; 29 © o_ vishnevska / Shutterstock ; © YuriyKostin / Shutterstock ; 30 © Anastasiia Skliarova / Shutterstock ; © DreamLoud / Shutterstock ; 31 © DreamLoud / Shutterstock ; © darina.ill / Shutterstock ; 32 © everything bagel / Shutterstock ; 33 © everything bagel / Shutterstock ; 34 © M_a_r_ii_a / Shutterstock ; © Watercolor_Art_Photo / Shutterstock ; 35 © M_a_r_ii_a / Shutterstock ; © MaraZe / Shutterstock ; © Watercolor_Art_Photo / Shutterstock ; 36 © Bodor Tivadar / Shutterstock ; © macrovector / Freepik ; © AVA Bitter / Shutterstock ; 37 © MoreVector / Shutterstock ; © macrovector / Freepik ; © Jiephototaipei / Shutterstock ; © VicW / Shutterstock ; © Elyaka / Shutterstock ; 38 © Line and Circle / Shutterstock ; © ZOO.BY / Shutterstock ; 39 © Elivagar / Shutterstock ; © MyStocks / Shutterstock ; © Jiang Zhongyan / Shutterstock ; 40 © galyna_p / Adobe Stock ; 41 © arkadiwna / Adobe Stock ; 42 © Gulman Anya / Shutterstock ; 43 © Maryna Lahereva / Shutterstock ; 44 © Ksw Photographer / Shutterstock ; © Winter Katerina / Shutterstock ; © HiSunnySky / Shutterstock ; 45 © Somachai Som / Shutterstock ; © Morphart Creation / Shutterstock ; © Spayder pauk_79 / Shutterstock ; © Navalnyi / Shutterstock ; © Mindscape studio / Shutterstock ; © Bacsica / Shutterstock ; 46 © vector_ann / Shutterstock ; © Ann Lukashenko / Adobe Stock ; 47 © Nikolayenko Yekaterina / Shutterstock ; © AS.Makarova / Adobe Stock ; © janvier / Adobe Stock ; 48 © Natalia Sheinkin / Shutterstock ; © Ringococo / Shutterstock ; © KissmeDiary / Shutterstock ; 49 © KissmeDiary / Shutterstock ; 50 © vectortatu / Adobe Stock ; 51 © New Africa / Adobe Stock ; © Mr. Music / Adobe Stock ; 52 © pics five / Shutterstock ; © ArtKio / Shutterstock ; © Viktoriia P / Shutterstock ; 53 © pics five / Shutterstock ; © Lilkin / Shutterstock ; 54 © VectorShow / Shutterstock ; © Vectorzz / Shutterstock ; 55 © Jakrit Pongkorntrakul / Shutterstock ; 56 © PHILIPIMAGE / Shutterstock ; 57 © jocic / Shutterstock ; © DarkBird / Shutterstock ; © YummyBuum / Shutterstock ; © Roberto Castillo / Shutterstock ; 58 © KK.KICKIN / Shutterstock ; © macrovector / Freepik ; 59 © Lapffsa / Shutterstock ; © Masei Raman / Shutterstock ; © Lapffsa / Shutterstock ; © Nata_Alhontess / Shutterstock ; 60 © paseven / Shutterstock ; 61 © Stone36 / Shutterstock ; © paseven / Shutterstock ; © Alexkava / Shutterstock ; © Robert HERITIER, Fondation Ateliers d'Artiste ; 62 © Babich Alexander / Shutterstock ; © Qualit Design / Shutterstock ; 63 © Babich Alexander / Shutterstock ; © Qualit Design / Shutterstock ; © macrovector / Freepik ; 64 © MaxNadya / Shutterstock ; © yugoro / Shutterstock ; 65 © iralu / Shutterstock ; © MaxNadya / Shutterstock ; © yugoro / Shutterstock ; 66 © Olllikebaloon / Shutterstock ; © AlexanderTrou / Shutterstock ; 67 © zapolzun / Shutterstock ; © Istry Istry / Shutterstock ; © macrovector / Freepik ; © kjpargeter / Shutterstock ; 68 © Morphart Creation / Shutterstock ; © Bibadash / Shutterstock ; © varvara.sharovatova / Shutterstock ; © Katerina Arts / Shutterstock ; 69 © qnak / Shutterstock ; © Nata_Alhontess / Shutterstock ; 70 © klyaksun / Shutterstock ; 72 © Vasya Kobelev / Shutterstock ; 73 © Vasya Kobelev / Shutterstock ; 74 © Andrey Arkusha / Shutterstock ; © grynold / Shutterstock ; © Sergey yakubovskiy / Shutterstock ; © Enrique Ramos / Shutterstock ; © Lustrator / Shutterstock ; © chyworks / Shutterstock ; 75 © Andrey Arkusha / Shutterstock ; © elenovski / Shutterstock ; © Taras Kvakush / Shutterstock ; Lustrator / Shutterstock ; © Great Bergens/ Shutterstock ; © Plateresca / Shutterstock ; © Andrey Arkusha / Shutterstock ; 76 © Alluvion Stock / Shutterstock ; © Onarada / Shutterstock ; 77 © Ian 2010 / Shutterstock ; © ravl / Shutterstock ; © maxtimofeev / Shutterstock ; © ajt / Shutterstock ; © masa44 / Shutterstock ; © Coyau / Wikimedia Commons / CC BY-SA 3.0 ; 78 © macrovector / Shutterstock ; Stefan Holm / Shutterstock ; 79 © Angelo Giampiccolo / Shutterstock ; © Iasha / Shutterstock ; © Oleksandr Khoma / Shutterstock ; © Bora Balbey / Shutterstock ; 80 © AlexStreIn / Shutterstock ; 81 © AlexStreIn / Shutterstock ; 82 © YamabikaY / Shutterstock ; 83 © YamabikaY / Shutterstock ; © Romanova Ekaterina / Shutterstock ; 84 © Suzanne d'Hulst ; 86 © researcher97 / Shutterstock ; © macrovector / Freepikk ; 87 © researcher97 / Shutterstock ; © shaineast / Shutterstock ; © Oleksandr Khoma / Shutterstock ; BIS / Ph. © Archives Larbor ; 88 © Somchai Som / Shutterstock ; © Vectorcarrot / Shutterstock ; © Alexander_P / Shutterstock ; © Tasty Voxels / Shutterstock ; 89 © Somchai Som / Shutterstock ; © AVA Bitter / Shutterstock ; © Alexander_P / Shutterstock ; 90 © Lola Pankratova / Shutterstock ;© Hein Nowens / Shutterstock ; © dgim-studio / Freepik ; 91 © Eroshka / Shutterstock ; © Malysh Falko / Shutterstock ; © Bodor Tivadar / Shutterstock ; © macrovector / Freepik ; 92 © Poguda Anastasia / Shutterstock ; © Maisei Raman / Shutterstock ; © InnaBor / Shutterstock ; © Yevheniia Lytvynovych / Shutterstock ; © Paladin12 / Shutterstock ; 93 © lookus / Shutterstock ; 94 © raynv37 / Shutterstock ; 95 © Vectorgoods studio / Shutterstock ; 96 © Blan-k / Shutterstock ; © Ivan Smuk / Shutterstock ; 97 © franceso de marco / Shutterstock ; © Wlad74 / Shutterstock ; 98 © JRP Studio / Shutterstock ; © Blan-k / Shutterstock ; 99 © vander / Shutterstock ; © GO DESIGN / Shutterstock ; 100 © Goga / Adobe Stock ; © William Fehr / Adobe Stock ; © Alexander_P / Shutterstock ; 101 © GIvaga / Adobe Stock ; ylivdesign / Adobe Stock ; 102 © lynea / Shutterstock ; © tutsi / Shutterstock ; © Vectorcarrot / Shutterstock ; 103 © Bodor Tivadar / Shutterstock ; © Bejlui / Shutterstock ; © Barashkova Natalia / Shutterstock ; © Alexander_P / Shutterstock ; 105 © mart / Shutterstock ; 106 © Suzanne d'Hulst (bouchon) ; © bejo / Shutterstock ; © Ivo Pohl / Shutterstock ; 107 © Roman Sigaev / Shutterstock ; © Natalia Hubbert / Shutterstock ; © PONOMARCHUK OLGA / Shutterstock ; © Le Panda / Shutterstock ; 108 © Iliveinoctober / Shutterstock ; © MURRIRA / Shutterstock ; © mimibubu / Shutterstock ; © Navalnyi / Shutterstock ; © Julia August/ Shutterstock ; 109 © Galyna_P / Shutterstock ; © lunokot / Shutterstock ; © Art_KVA / Shutterstock ; 110 © Farferros / Shutterstock ; © abeadev / Shutterstock ; © cve iv / Shutterstock ; © Morphart Creation / Shutterstock ; 111 © GAMMA RAPHO / Keystone France ; © MM_photos / Shutterstock ; 112 © Ron and Jo / Shutterstock ; © Agavonov Oleg / Shutterstock ; 113 © Ron and Jo / Shutterstock ; 114-115 © Marzolino / Shutterstock ; © Anastezia Luneva / Shutterstock ; 116-117 © Dave Rheaume Artist / Shutterstock ; 118 © Nata _Alhontess / Shutterstock ; © Bodor Tivadar / Shutterstock ; © Babich Alexander / Shutterstock ; © Morphart Creation / Shutterstock ; © andersphoto / Shutterstock ; 119 © rtguest / Shutterstock ; © rtguest / Shutterstock ; © Bodor Tivadar / Shutterstock ; © Sketch Master / Shutterstock ; © andersphoto / Shutterstock ; 120 © Kirasolly / Shutterstock ; © Bodor Tivadar / Shutterstock ; © Tartila / Shutterstock ; 121 © chyworks / Shutterstock ; © pirtuss / Shutterstock ; © Morphart Creation / Shutterstock ; 122 © Suzanne Tucker / Shutterstock ; © Morphart Creation / Shutterstock ; © mlnpvlv / Shutterstock ; © yingthun / Shutterstock ; © lynea / Shutterstock ; 123 © mlnpvlv / Shutterstock ; © yingthun / Shutterstock ; © Suzanne Tucker / Shutterstock ; © lukeruk / Shutterstock ; 124 © Morphart Creation / Shutterstock ; © chyworks / Shutterstock ; 125 © lynea / Shutterstock ; © chyworks / Shutterstock ; © shtiel / Shutterstock ; © Vectorzz / Shutterstock ; © macrovector / Freepik ; 126 © Luc Vernimmen / Shutterstock ; © Babich Alexander ; © Morphart Creation / Shutterstock ; 127 © dimm3d / Shutterstock ; © Babich Alexander ; 128 © KKHA/ Shutterstock ; © Ografica / Shutterstock ; © jiris / Shutterstock ; 129 © Portare fortuna / Shutterstock ; © Paladin12 / Shutterstock ; © alex74 / Shutterstock ; © Channarong Pherngjanda / Shutterstock ; 130 © Bodor Tivadar / Shutterstock ; © Alexander_P / Shutterstock ; © Larika24 / Shutterstock ; © olesya volkova / Shutterstock ; 131 © Bodor Tivadar / Shutterstock ; © Nata _Alhontess / Shutterstock ; © Alexander_P / Shutterstock ; © graficriver_icons_logo / Shutterstock ; © Larika24 / Shutterstock ; © olesya volkova / Shutterstock ; 132 © Artex67 / Shutterstock ; © primopiano / Shutterstock ; © Kantee / Shutterstock ; © Kirasolly / Shutterstock ; © ROGER-VIOLLET / Albert Harlingue ; © ROGER-VIOLLET / Musée carnavalet ; © ROGER-VIOLLET / Pierre Petit et Trinquart / Musée Carnavalet ; 133 © Kirasolly / Shutterstock ; 135 © merrymuuu / Shutterstock ; 137 © arxichtu4ki / Shutterstock ; © pixnix / Shutterstock ; 138 © lestyan / Shutterstock ; © Morevector / Shutterstock ; © Ninja Artist / Shutterstock ; © elpashtetto / Shutterstock ; 139 © Bodor Tivadar / Shutterstock ; © Channarong Pherngjanda / Shutterstock ; © Masei Raman / Shutterstock ; 140 © Solomandra / Shutterstock ; 141 © dibrova / Shutterstock ; © Solomandra / Shutterstock ; © Nadya_Ivanova / Shutterstock ; 142 © Undrey / Shutterstock ; © Valya Trait / Shutterstock ; © Kovaleva_Ka / Shutterstock ; 143 © pics five / Shutterstock ; © Julia Tim / Shutterstock ; 144 © Mint Fox / Shutterstock ; © Alexander_P / Shutterstock ; 145 © Mint Fox / Shutterstock ; 146 © Lightix / Shutterstock ; © Oxford Square / Shutterstock ; © gdvcom / Shutterstock ; © Oksana Mizina / Shutterstock ; © Bodor Tivadar / Shutterstock ; 147 © mylisa / Shutterstock ; © Babich Alexander / Shutterstock ; © Natalia Sheinkin / Shutterstock ; 148 © Gulnara Khadeeva / Shutterstock ; © Mumtaza / Shutterstock ; 149 © VicW / Shutterstock ; © Ilonitta / Shutterstock ; 150 © Dan Kosmayer / Shutterstock ; © Mu-ta-bor / Shutterstock ; © Tatiana Liubimova / Shutterstock ; 151 © Bodor Tivadar / Shutterstock ; © Alexander_P / Shutterstock ; © Jolygon / Shutterstock ; 152 © BNF ; © TADDEUS / Shutterstock ; © BNF ; © Liubov Dmitrieva / Shutterstock ; © Babich Alexander / Shutterstock ; BIS / Ph. Franz Jupp © Archives Larbor ; 153 © Nata_Alhontess / Shutterstock ; © Golden Shrimp / Shutterstock ; © jessicahyde / Shutterstock ; © Alexander_P / Shutterstock ; 154 g © Musée Carnavalet, Histoire de Paris / Ville de Paris ; 154 bas BIS / Ph. © Etienne Carjat - Archives larbor ; © Everett Collection / Shutterstock ; © Natata / Shutterstock ; © J. Helgason / Shutterstock ; © Vectorzz / Shutterstock ; 155 © Everett Collection / Shutterstock ; © Vectorzz / Shutterstock ; 156 © baza178 / Shutterstock ; 157 LA COLLECTION / Artothek / Christie's ; 158 © Suzanne d'Hulst ; 160 © Delpixel / Shutterstock ; © Natata / Shutterstock ; Marish / Shutterstock ; 161 © Irina Vaneeva / Shutterstock ; © Natata / Shutterstock ; 162 © Maisei Raman / Shutterstock ; © abstract_art7 / Shutterstock ; 163 © Maisei Raman / Shutterstock ; 164 © Tatiana Davidova / Shutterstock ; © Quang Vinh Tring / Shutterstock ; 166 AKG-Images / Mondadori Portfolio ; © ESB Professional / Shutterstock ; © Marquess789 / Shutterstock ; 167 167 AKG-Images ; © Marquess789 / Shutterstock ; © YummyBuum / Shutterstock ; 168 © mart / Shutterstock ; © Thoom / Shutterstock ; © Svetlana Vorotniak / Shutterstock ; © runLenaurun / Shutterstock ; © runLenarun / Shutterstock ; 169 © NastyaSigne / Shutterstock ; 170 © alexblacksea / Shutterstock ; 171 © macrovector / Freepik ; © Umy Art / Shutterstock ; © Vectorzz / Shutterstock ; © Gizele / Shutterstock ; © Soifi / Shutterstock ; 172 © jakkapan / Shutterstock ; © Anna Igolana / Shutterstock ; 173 © Anna Igolana / Shutterstock ; 174 © LiliGraphie / Shutterstock ; 175 © julymilks / Shutterstock ; 176 © Alvaro_Cabrera / Freepik ; 177 © barka / Shutterstock ; © djvstock / Freepik ; 178 © Pavel L Photo and Video / Shutterstock ; © alex74 / Shutterstock ; © Nata_Alhontess / Shutterstock ; © first vector trend / Shutterstock ; © macrovector / Shutterstock ; © shtiel / Shutterstock ; 179 © Pavel L Photo and Video / Shutterstock ; © Vector Tradition / Shutterstock ; © George J / Shutterstock ; © sini4ka / Shutterstock ; © Angelus / Wikimedia Commons / CC BY-SA 3.0 ; 180 © Afanasia / Adobe Stock ; 182 © Babich Alexander / Shutterstock ; © Alexander_P / Shutterstock ; 184 © Viktoriia_M / Shutterstock ; © Julia August / Shutterstock ; 185 © AlexanderTrou / Shutterstock ; © Gwens Graphic Studio / Shutterstock ; © kateluck / Shutterstock ; © Quang Vinh Tran / Shutterstock ; 186 © photka / Shutterstock ; © Agafonov Oleg / Shutterstock ; 188 © chyworks / Shutterstock ; © Angorius / Shutterstock ; © messer16 / Shutterstock ; © Babich Alexander / Shutterstock ; © Jula_Lily / Shutterstock ; © Sketch Master / Shutterstock ; © Leila_Ing / Shutterstock ; © mart / Shutterstock ; 189 © chyworks / Shutterstock ; © shtiel / Shutterstock ; © Natalia Hubbert / Shutterstock ; © Irisha_Risha / Shutterstock ; © Bodor Tivadar / Shutterstock ; © Sketch Master / Shutterstock ; © Nata_Alhontess / Shutterstock ; © art GALA / Shutterstock ; © Sidorova Tatyana / Shutterstock ; © Vectorzz / Shutterstock ; 190 © omerta / Shutterstock ; © lynea / Shutterstock ; 191 © Ganna Zelinska / Shutterstock ; © Irina Trusova / Shutterstock ; 192 © 24Novembers / Shutterstock ; © Mariyana M / Shutterstock ; © Ilyafs / Shutterstock ; © Faenkova Elena / Shutterstock ; 193 © Alexander_P / Shutterstock ; © vvoe / Shutterstock ; © Mirowatercolor / Shutterstock ; © Quang Vinh Tran / Shutterstock ; 194 © JetN / Shutterstock ; © Le Panda / Shutterstock ; 195 © runLenarun / Shutterstock ; © Dinkoobraz / Shutterstock ; © Khaneeros.T / Shutterstock ; © gigi rosa / Shutterstock ; © Angry_red_cat / Shutterstock ; 196 © Evgeny Turaev / Shutterstock ; Alexander_P / Shutterstock ; 197 © Vectorpocket / Shutterstock ; © German Vizulis / Shutterstock ; © Nata_Alhontess / Shutterstock ; 199 © Erica Guilane-Nachez / Adobe Stock ; © Zenina / Adobe Stock ; © Keiko Takamatsu / Adobe Stock ; © Nikolai / Adobe Stock ; 200 © Filip Bjorkman / Shutterstock ; © ASUWAN MASAE / Shutterstock ; © Alisa Roschik / Shutterstock ; 201 © Filip Bjorkman / Shutterstock ; © Mestano Mes / Shutterstock ; © Meda01 / Shutterstock ; 202 © Le Panda / Shutterstock ; © Katong / Shutterstock ; © Ografica / Shutterstock ; © a-yun / Shutterstock ; 203 © Le Panda / Shutterstock ; 204 © Le Panda / Shutterstock ; © Hanna Yashchenko / Shutterstock ; © Katong / Shutterstock ; 205 © Le Panda / Shutterstock ; 206 © Nenilkime / Shutterstock ; © mamita / Shutterstock ; © Bodor Tivadar ; © FoxyImage / Shutterstock ; Alexander_P ; Shutterstock ; © polygraphus / Shutterstock ; 207 © Eroshka / Shutterstock ; © Sofia Voronkova / Shutterstock ; © polygraphus / Shutterstock ; 208 © Istry Istry / Shutterstock ; © Morphart Creation / Shutterstock ; © simplevect / Shutterstock ; © Vector Tradition / Shutterstock ; 209 © ColorMaker / Shutterstick ; © Victor Metelskiy / Shutterstock ; 210 © Galyna_P / Shutterstock ; © Alena Ohneva / Shutterstock ; © sergio34 / Shutterstock ; 211 © Ade Santani / Shutterstock ; © mamanamsai / Shutterstock ; © Tatiana Popova / Shutterstock ; 212 © worker / Shutterstock ; © Анастасия Погуда / Adobe Stock ; 213 © Slanapotam / Shutterstock ; © Arif S / Shutterstock ; CaptureAndCompose / Adobe Stock ; 214 © Olga Beliaeva / Shutterstock ; © Ihnatovitch Maryia / Shutterstock ; © Plateresca / Shutterstock ; 215 © konopgalen / Shutterstock ; © Nancy White / Shutterstock ; © SanaAquarelle / Shutterstock 216 © AVA Bitter / Shutterstock ; © Bodor Tivadar / Shutterstock ; © Nata_Alhontess / Shutterstock ; © Wiktoria Matynia / Shutterstock ; 217 © Wiktoria Matynia / Shutterstock ; Istry Istry / Shutterstock ; © Bodor Tivadar / Shutterstock ; © Babich Alexander / Shutterstock ; © Qualit Design / Shutterstock ; © Michiru13 / Shutterstock ; 218 © Ografica / Shutterstock ; © kowappa / Shutterstock ; 219 © Artkio / Shutterstock ; © Kashtal / Shutterstock ; 220 © ComicSans / Shutterstock ; © Vectorgoods studio / Shutterstock ; © Artsem Vysotski / Shutterstock ; 221 © Morphart Creation / Shutterstock ; © art_of_sun / Shutterstock ; 222 © Iryn / Shutterstock ; 223 © logaryphmic / Shutterstock ; 224 © Suzanne d'Hulst ; 226 © Alicia Dorey, Marcelle Ratafia, Louise Pierga ; © JOJOSTUDIO / Shutterstock ; 227 © Alicia Dorey, Marcelle Ratafia, Louise Pierga ; © JOJOSTUDIO / Shutterstock ; 229 © Kate Demyanovska / Shutterstock ; 236-239 © sibiranna / Shutterstock ; © file404 / Shutterstock.

N° éditeur : 911739/10277680 - Dépôt légal : novembre 2022
Achevé d'imprimer en France par Pollina en octobre 2022 - 44373